全国职业教育“十三五”规划教材·机车车辆类

# 内燃机车检修专业实训指导书


主　编　马　越　吴秀霞

副主编　于彦良　许建林　钟铁柱

主　审　张春雨


（扫描二维码，观看配套教学视频）




北京交通大学出版社

·北京·

## 内容简介

本书以高等职业教育铁道机车专业“内燃机车检修”实训课程教学大纲为基础，结合铁路工作现场对内燃机车检修相关岗位必备核心技能要求，对学生进行内燃机车检修技能实训。

全书共设 9 个项目 38 个任务，涉及内燃机车专业认知（6 个任务）、内燃机车车体检修技能训练（4 个任务）、内燃机车转向架检修技能训练（7 个任务）、内燃机车柴油机检修技能训练（6 个任务）、内燃机车电机电器检修技能训练（2 个任务）、内燃机车整备作业技能训练（3 个任务）、内燃机车辅助装置检修技能训练（2 个任务）、内燃机车电气试验及故障处理（4 个任务）、内燃机车制动机检查试验技能训练（4 个任务）。

本书配有相关任务的操作视频，可用作高职、中专院校相关专业的教学用书，也可供铁路企业相关岗位的技术人员培训使用。



**图书在版编目（CIP）数据**

内燃机车检修专业实训指导书 / 马越，吴秀霞主编. —北京：北京交通大学出版社，2020.11

ISBN 978-7-5121-4343-2

Ⅰ. ① 内… Ⅱ. ① 马… ② 吴… Ⅲ. ① 内燃机车－机车检修－高等职业教育－教学参考资料 Ⅳ. ① U269.5

中国版本图书馆 CIP 数据核字（2020）第 192001 号

**内燃机车检修专业实训指导书**
NEIRAN JICHE JIANXIU ZHUANYE SHIXUN ZHIDAOSHU

责任编辑：陈跃琴
出版发行：北京交通大学出版社　　电话：010-51686414　　http://www.bjtup.com.cn
地　　址：北京市海淀区高梁桥斜街 44 号　　邮编：100044
印 刷 者：北京时代华都印刷有限公司
经　　销：全国新华书店
开　　本：185 mm×260 mm　　印张：14.75　　字数：369 千字
版 印 次：2020 年 11 月第 1 版　　2020 年 11 月第 1 次印刷
印　　数：1～2 500 册　　定价：48.00 元

本书如有质量问题，请向北京交通大学出版社质监组反映。对您的意见和批评，我们表示欢迎和感谢。
投诉电话：010-51686043，51686008；传真：010-62225406；E-mail：press@bjtu.edu.cn。

# 前　　言

机车检修技能实训是高职院校铁道机车专业的核心课程之一，本书适应当前高职教育人才培养模式和课程改革相关要求，根据铁道机车专业教学指导委员会制定的最新专业教学标准编写，主要内容包括：内燃机车专业认知、内燃机车车体检修技能训练、内燃机车转向架检修技能训练、内燃机车柴油机检修技能训练、内燃机车电机电器检修技能训练、内燃机车整备作业技能训练、内燃机车辅助装置检修技能训练、内燃机车电气试验及故障处理、内燃机车制动机检查试验技能训练等。

本书通过互联网和移动终端平台，对传统纸质教材内容与新媒体视频资源进行了有机融合。采用"项目—任务—活动"的编排结构，适用于理实一体化教学模式，既可以作为高职、中专院校相关专业的教学用书，也可以作为铁路企业技术人员的培训用书。

本书创建了相关资源的链接，学习者可以用智能手机扫描扉页的二维码，观看与之相关的教学视频。

本书由河北轨道运输职业技术学院马越、吴秀霞担任主编，河北轨道运输职业技术学院于彦良、许建林及中国铁路北京局集团有限公司怀柔北机务段钟铁柱担任副主编，中国铁路北京局集团有限公司怀柔北机务段田冲和河北轨道运输职业技术学院贺保华参编，具体编写分工为：马越、于彦良编写项目 1，马越、田冲编写项目 2，马越编写项目 3，马越、钟铁柱编写项目 4，贺保华编写项目 5，吴秀霞编写项目 6、7，吴秀霞、贺保华编写项目 8，许建林编写项目 9。本书由中国铁路北京局集团有限公司怀柔北机务段张春雨担任主审。

本书在编写过程中得到中国铁路北京局集团有限公司机务部、职工培训部、怀柔北机务段、石家庄电力机务段、唐山机务段等单位的大力支持和帮助，在此一并表示感谢！

由于作者水平有限，书中难免有缺陷和不足，恳请广大读者批评指正。

编　者

**2020 年 10 月**

# 目　　录


**项目 1　内燃机车专业认知** ……1

任务 1.1　实习组织及安全教育 ……1

任务 1.2　熟悉机务段及检修车间概况 ……4

任务 1.3　熟悉整备车间及运用车间概况 ……8

任务 1.4　熟悉东风$_{7C}$型内燃机车总体布置 ……10

任务 1.5　熟悉东风$_{4D}$型内燃机车总体布置 ……13

任务 1.6　熟悉 $HX_N5$ 型内燃机车总体布置 ……17

**项目 2　内燃机车车体检修技能训练** ……23

任务 2.1　东风$_{7C}$型内燃机车车体检修 ……23

任务 2.2　东风$_{4D}$型内燃机车车体检修 ……27

任务 2.3　$HX_N5$ 型内燃机车车体检修 ……30

任务 2.4　东风$_4$型内燃机车车钩及缓冲装置检修 ……36

**项目 3　内燃机车转向架检修技能训练** ……42

任务 3.1　东风$_{7C}$型内燃机车转向架检修 ……42

任务 3.2　东风$_{4D}$型内燃机车转向架检修 ……49

任务 3.3　$HX_N5$ 型内燃机车转向架检修 ……54

任务 3.4　东风$_{4D}$型内燃机车轴箱检修 ……62

任务 3.5　东风$_{4D}$型内燃机车轮对检修 ……67

任务 3.6　东风$_{4D}$型内燃机车牵引杆装置检修 ……72

任务 3.7　东风$_{4D}$型内燃机车油压减振器检修 ……76

**项目 4　内燃机车柴油机检修技能训练** ……82

任务 4.1　气缸盖检修 ……82

任务 4.2　气缸套检修 ……87

任务 4.3　活塞连杆组检修 ……92

任务 4.4　凸轮轴检修 ……101

任务 4.5　喷油泵检修 ……105

任务 4.6　喷油器检修 ……113

**项目 5　内燃机车电机电器检修技能训练** …… 119
任务 5.1　牵引电动机检修 …… 119
任务 5.2　牵引电器检修 …… 127

**项目 6　内燃机车整备作业技能训练** …… 135
任务 6.1　整备作业认知 …… 135
任务 6.2　熟悉内燃机车整备设备 …… 137
任务 6.3　内燃机车整备作业 …… 146

**项目 7　内燃机车辅助装置检修技能训练** …… 158
任务 7.1　变速箱检修 …… 158
任务 7.2　静液压系统检修 …… 166

**项目 8　内燃机车电气试验及故障处理** …… 174
任务 8.1　东风 $_{7C}$ 型内燃机车电气试验 …… 174
任务 8.2　东风 $_{7C}$ 型内燃机车常见故障处理 …… 177
任务 8.3　$HX_N5$ 型内燃机车电气试验 …… 187
任务 8.4　$HX_N5$ 型内燃机车常见故障处理 …… 193

**项目 9　内燃机车制动机检查试验技能训练** …… 200
任务 9.1　JZ–7 型制动机认知 …… 200
任务 9.2　JZ–7 型制动机检查及常见故障原因分析 …… 202
任务 9.3　CCB Ⅱ型制动机认知 …… 218
任务 9.4　CCB Ⅱ型制动机检查与故障处理 …… 221

**参考文献** …… 228

# 项目1

# 内燃机车专业认知

## 任务1.1　实习组织及安全教育

### 【任务描述】

本项目主要讲述机车专业认识实习的组织程序和准备工作，实习前人身安全教育内容，机务段运输生产组织方式，以及东风型、和谐型内燃机车的基本概况。专业认识实习是学生专业学习阶段重要的实践性教学环节之一，是学生必须完成的专业认识实习内容。

### 【学习目标】

| 知识目标 | 掌握铁路职工人身安全及检修作业安全的基本要求 |
|---|---|
| 能力目标 | 能正确分析机务段安全生产的特点，能指出人身安全及检修作业安全的重要性和必要性，逐步养成遵守规章的自觉性 |
| 素质目标 | 养成细致、认真的工作作风；养成独立分析问题的良好习惯；能够比较自如地与他人沟通、协作完成工作 |

### 活动1.1.1　实习组织准备

【活动要点】：安全教育基本要求。

**1. 组织程序**

① 在学校进行专业认知实习动员，宣布实习纪律、制度。

② 进入机务段，接受教育科入段教育。

③ 经段级安全培训合格后，按照实习安排，到实习车间，由车间进行安全教育。

④ 经车间级安全培训合格后，车间根据实习要求分配学生到班组，由班组进行安全教育，培训合格后方可开始实习。按照计划，定期进行岗位的轮换实习。

**2. 安全教育要求和主要内容**

进入机务段实习要进行三级安全教育。段级教育侧重思想教育、传统教育和纪律教育；车间教育侧重安全技术基础知识的教育；班组教育侧重现场安全操作的教育。

在组织学生对机务段运转车间、检修车间、整备场等现场进行参观时，应针对各车间生产特点，结合安全规章，对生产组织情况和安全注意事项进行实地讲解，使学生牢固树立安全第一的思想，确保实习工作顺利进行。

## 活动 1.1.2　安全教育

【活动要点】：职工人身安全基本要求。

**1. 职工在现场行走时的安全规定**

禁止在枕木或道心上行走，横越线路或道口时，要“一站、二看、三确认、四通过”，严禁抢行、钻车。不得脚踏尖轨和道岔转动部分，严禁从集中联动的道岔处通过。

**2. 铁路职工严禁在何种情况下逗留、休息及避风雨**

在任何情况下，均不得在机车、车辆、机械设备等下面或有倒塌危险、有毒气体和过分潮湿的地点附近休息、乘凉或避风雨。不准在铁路钢轨、轨枕上坐卧、逗留，禁止在吊起的重物下停留或行走。

**3. 机务职工在工作时的规定**

工作时，职工必须按照规定穿戴好防护用品，注意整洁。冬季不得把防护耳孔盖严；夏季禁止赤足裸臂，禁止穿凉鞋、高跟鞋、塑料底鞋、钉子鞋上岗作业。双层作业时，必须戴好安全帽。工作时要精神集中，坚守岗位，不准做与本职工作无关的事情。

**4. 机务部门确保人身安全的“四必”“四防”措施**

四必：动车人必齐，运行必关门，登高必站稳，作业必互控。

四防：动车防伤害，机具防击伤，登高防坠落，高压防触电。

## 活动 1.1.3　检修人员安全作业的一般要求

【活动要点】：检修人员安全作业要求。

① 工作前，要将所规定的防护用品穿戴整齐，工作场地保持整齐、干净，物件放置稳当有序，要对所用的工具、量具、夹具、卡具、设备及试验装备进行检查，排除一切不安全因素。

② 任何机械在拆卸前，必须切断电源并挂上“禁动”牌或做出明显的标志，以免发生工伤事故。

③ 在机车下部工作时，应在修理的机车制动机制动手柄上挂上“禁动”牌。修理机车走行部时，要用止轮器塞住车轮。用千斤顶顶升时，千斤顶应放置平稳。垫高机器或部件时，禁止使用砖、碎木或其他容易碎裂的物体，还要注意防滑。

④ 登高作业时，应系好安全带，做好防护措施，确保作业安全。

⑤ 吊运大型零部件时，绳索应良好，绑扎要牢固，零部件应重心平衡，安放稳定。

⑥ 在同一工位，不得上下同时重叠作业。必须重叠作业时，要有中间层防护，上面工作者要注意不得让物件坠落下来，下面工作者要戴好安全帽。

⑦ 所用大锤、手锤不准有卷边、飞刺和淬火裂纹，锤把要用坚实、光滑硬木制成。锤头必须加楔，安装牢固。打锤时，不准戴手套，手上不得有油腻，把铲者要与打锤者保持互为 90° 的位置。

⑧ 所用锉刀、刮刀须镶木把、戴套箍。清除锉刀上的铁屑时要用钢丝刷，禁止用嘴吹。不准用锉刀撬东西，防止锉刀伤人。

⑨ 使用风钻或台钻时，严禁戴手套。不准直接用手清除铁屑，也不准用手拿着工件钻孔。使用电钻时，必须符合电气安全技术规程。

⑩ 使用砂轮时，要遵守砂轮机的操作规程。

⑪ 刮研时，工件要放稳、卡紧。使用三棱刮刀时，双手要握牢，头部在任何情况下都要与刮刀尖保持一定距离，确保安全。

⑫ 用油清洗零件时不准吸烟，距离明火要按照规定保持安全距离。

⑬ 工作完毕时，要收拾工具、材料，清理工地。对于大型机件，要检查其是否稳固，防止倾倒。

## 活动 1.1.4 检修车间电网下安全作业要求

【活动要点】：检修车间电网下安全作业制度。

① 检修人员必须熟知电气化安全作业知识，机构考试合格后方准上岗。

② 由于电力机车起动运行无声，因此通过道口时必须执行“一站、二看、三确认、四通过”制度。

③ 通过整备场时，所携带的物件与接触网设备的带电部分必须保持 2 m 以上的距离。

④ 在整备场作业时，必须按规定穿戴好防护用品。

⑤ 整备场接触网的各导线及其连接部件，通常带有高压电，因此禁止直接或间接地与上述设备接触。

⑥ 内燃机车电网下安全作业制度如下：

a）机车上水时，必须有人在现场，防止泡水或将水喷向空中；

b）禁止从外部登高至超过车顶以上部分作业；

c）禁止从车顶门以外的其他地方登上车顶；

d）内燃机车在接触网下进行车顶作业时，必须停在安全作业区内，在确认断开隔离开关，并挂有明显的接地线标志情况下，经值班员同意，方准作业。

## 【考核评价】

**1. 自我评价**

① 自我考核：对铁路职工检修作业安全要求的描述。

② 自我评价（见表 1–1）。

表 1–1　自我评价（每项满分为 10 分）

| 序号 | 评价内容 | 得分 | 亮点 |
|---|---|---|---|
| 1 | 课前知识查阅、调研完成情况 | | |
| 2 | 课前、课中与人协作沟通表现 | | |
| 3 | 铁路职工安全作业知识掌握情况 | | |
| 4 | 课前、课中学习态度表现 | | |

**2. 小组评价（见表 1–2）**

表 1–2　小组评价（每项满分为 10 分）

| 序号 | 评价内容 | 得分 | 亮点 |
|---|---|---|---|
| 1 | 课中学习态度表现 | | |
| 2 | 课前、课中与人协作沟通表现 | | |
| 3 | 铁路职工安全作业知识掌握情况 | | |

**3. 教师评价（见表 1–3）**

表 1–3　教师评价（每项满分为 10 分）

| 序号 | 评价内容 | 得分 | 亮点 |
|---|---|---|---|
| 1 | 课前知识查阅、调研完成情况 | | |
| 2 | 课中参与及协作情况 | | |
| 3 | 掌握铁路职工安全作业知识的效果 | | |

**【教师建议】**

熟悉并掌握铁路职工人身安全的基本要求，掌握检修车间电网下安全作业要求，为今后从事检修工作打好基础。

# 任务 1.2　熟悉机务段及检修车间概况

**【任务描述】**

了解机务段及检修车间的概况。将学生分成若干小组，以小组为单位对机务段及检修车间的生产组织情况进行参观学习。结合小组讨论，使学生进一步熟知机务段及检修车间的组织管理制度。

## 【学习目标】

| 知识目标 | 熟悉机务段及检修车间的生产组织管理过程 |
|---|---|
| 能力目标 | 能描述机务段组织机构，了解机务段的主要职责，熟知机务段的安全管理制度 |
| 素质目标 | 养成细致、认真的工作作风；养成独立分析问题的良好习惯；能够比较自如地与他人沟通、协作完成工作 |

## 活动 1.2.1　机务段组织管理制度

【活动要点】：机务段组织机构及安全管理制度。

**1. 机务段组织机构**

机务段主要由管理机构和生产车间组成。

段级管理机构主要有办公室、安全科、技术科、材料科、职教科、计划科、统计科、人事科、财务科、验收室等。

生产车间主要有检修车间、运用车间、整备车间、设备车间、折返段、救援列车及其他辅助车间。

① 检修车间设有各种工区、班组，主要负责机车修理、配件加工、质量检验等工作。

② 运用车间设有机车队、机车组，主要负责机车运用管理和乘务员担当牵引组织工作。

③ 整备车间主要负责机车用燃料、润滑油、水、砂、软水剂等物资的供应及机车的各种整备作业。

④ 设备车间负责机务本段和折返段的机械设备、水电设施的管理及维修工作。

**2. 机务段主要职责**

① 编制机车运用计划，组织本段的配属机车和乘务组完成所担当区段的列车牵引作业和车站调车作业任务。

② 对运用机车进行整备和日常保养检查。

③ 编制机车检修计划，组织机车按照计划实施段修，落实机车的大、中修工作，确保机车技术状态良好。

④ 科学地组织人员，合理地调配机车，以良好的质量完成机车检修作业、列车牵引作业及调车作业任务。

**3. 机务段安全管理制度**

1）会议制度

在机务段生产过程中，贯彻“安全第一”的指导思想，主要会议制度如下：

① 每天上午主要部门及岗位负责人要开交接班会议。

② 机务段及车间定期召开安全生产的专题分析会。

③ 机务段每半年召开一次安全生产经验交流会。

机务段召集的会议由段长主持，车间召集的会议由车间主任主持。

2）检查制度

机务段及车间定期实施安全生产检查。安全生产检查的主要内容包括：

① 安全知识宣传、教育开展情况；

② 安全生产技术规范的执行情况；

③ 班组安全员工作开展情况；

④ 生产事故、违章操作的处理情况，是否实施了“三不放过”；

⑤ 安全生产分析情况，以及有关安全的合理化建议反馈情况。

3）教育制度

机务段安全生产实行段、车间、班组三级教育制度。教育科负责组织职工进行技术教育和安全教育；

① 每年必须对职工进行一次或两次系统的安全生产知识培训和考试。

② 对于新入职的职工（包括学徒工、合同工、实习人员），必须进行三级教育，使新入职人员熟知一般的安全常识、劳动纪律及将要参加的某项工作的安全技术知识，经考核合格后，才准许上岗工作。

③ 对于特殊工种（电气设备、焊接、起重机械、锅炉、压力容器等）操作人员，必须具备安全技术知识，还必须经过专门培训，经考核合格并持有操作证，才准许上岗操作。

## 活动 1.2.2 检修车间概况认知

【活动要点】：检修车间的工作任务及作业组织。

**1. 检修车间组织**

检修车间组织分为工区和作业班组。

① 工区。按照修程可分为电力机车架修工区和小辅修（定修）工区；按照检修组织模式和管理模式可分为上车工区、备品工区。

② 作业班组。作业班组通常包括调度室、包修组、轮对走行组、牵引电机组、辅助电机组、制动组、受电弓组、电器组、电子组、蓄电池组、仪表组等。

**2. 检修车间工作任务**

① 贯彻执行有关规章、制度、命令。

② 按照全面质量管理的原则，抓好机车检修质量、检修时间、劳动生产率、配件材料及能源消耗等主要经济技术指标。

③ 贯彻执行按固定机车的综合性保修负责制或按机车主要部分的专业性保修负责制，并根据检修任务设立相应的班组，加强对生产班组的管理。

④ 在段修过程中，严格执行“四按三化记名修”制度，不断提高机车检修工作的程序化、文明化、机械化程度，建立健全各种修程的检修台账和记录，把记名修落实到班组管理和岗位责任制中。

⑤ 建立健全会议制度，正确指挥车间生产。

⑥ 抓好机车检修、配件修复、段制品生产等的调度工作。

⑦ 根据段定职工培训计划，按生产班组的不同专业，有计划地组织检修人员学习技术

业务，不断提升职工的技术水平及业务素质。

⑧ 加强安全生产思想教育，坚持安全生产制度，及时总结和推广安全生产经验，确保人身及设备安全。

**3. 机车检修作业组织指挥程序**

主管段长负责机车检修的组织及指挥，技术科负责人负责制订机车大、中、小、辅修计划，根据修程合理地选择各检修部门生产过程的组织形式，由检修及相关车间负责实施机车检修作业。

## 【考核评价】

**1. 自我评价**

① 自我考核：机务段及检修车间概况描述。

② 自我评价（见表 1–4）。

**表 1–4　自我评价（每项满分为 10 分）**

| 序号 | 评价内容 | 得分 | 亮点 |
| --- | --- | --- | --- |
| 1 | 课前知识查阅、调研完成情况 | | |
| 2 | 课前、课中与人协作沟通表现 | | |
| 3 | 机务段及检修车间了解情况 | | |
| 4 | 课前、课中学习态度表现 | | |

**2. 小组评价（见表 1–5）**

**表 1–5　小组评价（每项满分为 10 分）**

| 序号 | 评价内容 | 得分 | 亮点 |
| --- | --- | --- | --- |
| 1 | 课中学习态度表现 | | |
| 2 | 课前、课中与人协作沟通表现 | | |
| 3 | 机务段及检修车间了解情况 | | |

**3. 教师评价（见表 1–6）**

**表 1–6　教师评价（每项满分为 10 分）**

| 序号 | 评价内容 | 得分 | 亮点 |
| --- | --- | --- | --- |
| 1 | 课前知识查阅、调研完成情况 | | |
| 2 | 课中参与及协作情况 | | |
| 3 | 掌握机务段及检修车间概况的效果 | | |

【教师建议】

熟悉机务段的安全管理制度、检修车间的工作任务及作业组织指挥程序，为今后可能参加检修或其他工作做准备。

# 任务 1.3 熟悉整备车间及运用车间概况

【任务描述】

熟悉机务段整备车间及运用车间。将学生分成若干小组，以小组为单位对机务段整备车间及运用车间的现场生产组织进行参观学习。结合小组讨论，使学生进一步认识机务段整备车间及运用车间的组织管理制度。

【学习目标】

| | |
|---|---|
| 知识目标 | 掌握机务段整备车间及运用车间的生产组织管理过程 |
| 能力目标 | 了解整备车间及运用车间的情况，能说出整备车间及运用车间的生产组织任务 |
| 素质目标 | 养成细致、认真的工作作风；养成独立分析问题的良好习惯；能够比较自如地与他人沟通、协作完成工作 |

## 活动 1.3.1 整备车间概况

【活动要点】：整备车间的工作任务及机车整备作业的组织指挥。

**1. 整备车间的工作任务**

整备车间主要负责完成机车库内整备作业，其主要工作任务如下：

① 贯彻落实国铁集团、铁路局集团公司及机务段有关机车检修、整备的管理工作方针、政策，贯彻“安全第一、质量至上、修养并重、预防为主”的指导思想。

② 充分利用配属设备及场地的能力，合理组织机车整备，保证运用机车的质量及运用机车的台数。

③ 做好机车用燃油、润滑油、水、绝缘油、合金、水处理药品等主要用料的质量检验及质量监督。

**2. 机车整备作业的组织指挥**

机车整备作业由机车调度室负责组织指挥，具体如下：

① 机车计划调度员向外勤值班员传达按日（班）机车交路计划。

② 外勤值班员按照机车交路，以“优先安排急交机车”为原则，合理安排机车停放股道。

③ 整备车间与外勤、监控车间分工协作，按规定组织洗车、行车安全装备检测、上砂、

上水、上油、运行记录转储、油脂领取、隔离开关操作等整备作业。

**注意：**如有临修机车，司机要提前向机车调度员汇报情况，外勤值班员要合理安排机车股道占用。当机车需要转线时，外勤值班员通知司机或调车人员进行转线。

## 活动 1.3.2 运用车间概况

**【活动要点】：**运用车间的工作任务及作业内容。

运用车间主要负责机车调度和乘务人员管理两方面的工作。

**1. 机车调度**

① 认真贯彻执行上级命令、指示，按照列车运行图、机车周转图制订日工作计划，组织机车乘务员完成机车的运用及整备作业。

② 制定机车乘务员乘务作业标准和担当区段的司机操作图，并负责按检修计划扣车和组织机车的中间技术检查作业等。

③ 根据生产要求，运用车间也有由少量检修工人组成的行车修理组，以便及时处理机车运用中的临修故障及加强机车等的日常维护工作。

**2. 乘务人员管理**

根据所担当牵引任务将乘务人员分成若干个机车队，机车队下分若干个机车组。同时，运用车间还设有内勤和外勤，负责机车整备作业的组织。

## 【考核评价】

**1. 自我评价**

① 自我考核：机务段整备车间和运用车间的工作任务及作业内容描述。

② 自我评价（见表 1–7）。

**表 1–7 自我评价（每项满分为 10 分）**

| 序号 | 评价内容 | 得分 | 亮点 |
|---|---|---|---|
| 1 | 课前知识查阅、调研完成情况 | | |
| 2 | 课前、课中与人协作沟通表现 | | |
| 3 | 整备车间及运用车间了解情况 | | |
| 4 | 课前、课中学习态度表现 | | |

**2. 小组评价（见表 1–8）**

**表 1–8 小组评价（每项满分为 10 分）**

| 序号 | 评价内容 | 得分 | 亮点 |
|---|---|---|---|
| 1 | 课中学习态度表现 | | |
| 2 | 课前、课中与人协作沟通表现 | | |
| 3 | 整备车间及运用车间了解情况 | | |

**3. 教师评价（见表 1–9）**

表 1–9　教师评价（每项满分为 10 分）

| 序号 | 评价内容 | 得分 | 亮点 |
|---|---|---|---|
| 1 | 课前知识查阅、调研完成情况 | | |
| 2 | 课中参与及协作情况 | | |
| 3 | 了解机务段整备车间及运用车间的效果 | | |

**【教师建议】**

熟悉整备车间及运用车间的工作任务及作业内容，为今后可能参加机车整备、机车运用或其他工作做准备。

# 任务 1.4　熟悉东风 $_{7C}$ 型内燃机车总体布置

**【任务描述】**

在实训现场，需要提供一台东风 $_{7C}$ 型内燃机车。为了搞清楚该型内燃机车的结构及总体布置情况，可以将学生分成若干学习小组，以小组为单位结合有关理论知识对机车的各个部分进行观察、分析，使学生熟悉各种设备的安装位置，并展开有针对性的讨论。

**【学习目标】**

| | |
|---|---|
| 知识目标 | 了解东风 $_{7C}$ 型内燃机车的总体概况，掌握东风 $_{7C}$ 型内燃机车的总体布置情况 |
| 能力目标 | 能正确分析东风 $_{7C}$ 型内燃机车的结构特点，能指出各种设备的安装位置 |
| 素质目标 | 养成细致、认真的工作作风；养成独立分析问题的良好习惯；能够比较自如地与他人沟通、协作完成工作 |

## 活动 1.4.1　东风 $_{7C}$ 型内燃机车的应用及结构特点

【活动要点】：① 东风 $_{7C}$ 型内燃机车的应用。
② 东风 $_{7C}$ 型内燃机车的结构特点。

东风 $_{7C}$ 型内燃机车是一种交—直流电力传动内燃机车，包括东风 $_{7C}$、东风 $_{7C1}$ 及东风 $_{7C2}$ 3 个型号，主要用于铁路大型编组站、电力机务段、地方铁路和工矿企业铁路专用线的调车、小运转作业。

东风 $_{7C}$ 型内燃机车是在东风 $_{7}$ 型内燃机车的基础上，为改善机车零部件与干线主型内燃机车的互换性而开发的系列产品，其主要零部件可以与东风 $_{4}$ 型内燃机车互换。

东风 $_{7C}$ 型内燃机车的主要特点是牵引力大、起动加速快、经济性能好、运用效率高、安全可靠、乘务条件好、操纵及维修方便等。东风$_{7C}$型内燃机车外形如图 1–1 所示。

图 1–1　东风$_{7C}$型内燃机车外形

## 活动 1.4.2　东风$_{7C}$型内燃机车的总体布置

【活动要点】：① 机车上部功能区的布置。
② 机械设备的安装位置。

东风$_{7C}$型内燃机车采用三相交—直流电力传动，柴油机装车功率：东风$_{7C}$型为 1 470 kW，东风$_{7C1}$型为 1 840 kW，东风$_{7C2}$型根据需要可以加装电阻制动装置。

东风$_{7C}$型内燃机车总体布置（装用 12V240ZJ6 型柴油机）如图 1–2 所示。机车上部依次为电气室、司机室、动力室、冷却室及辅助室五个部分，辅助室端为Ⅰ端，电气室端为Ⅱ端。

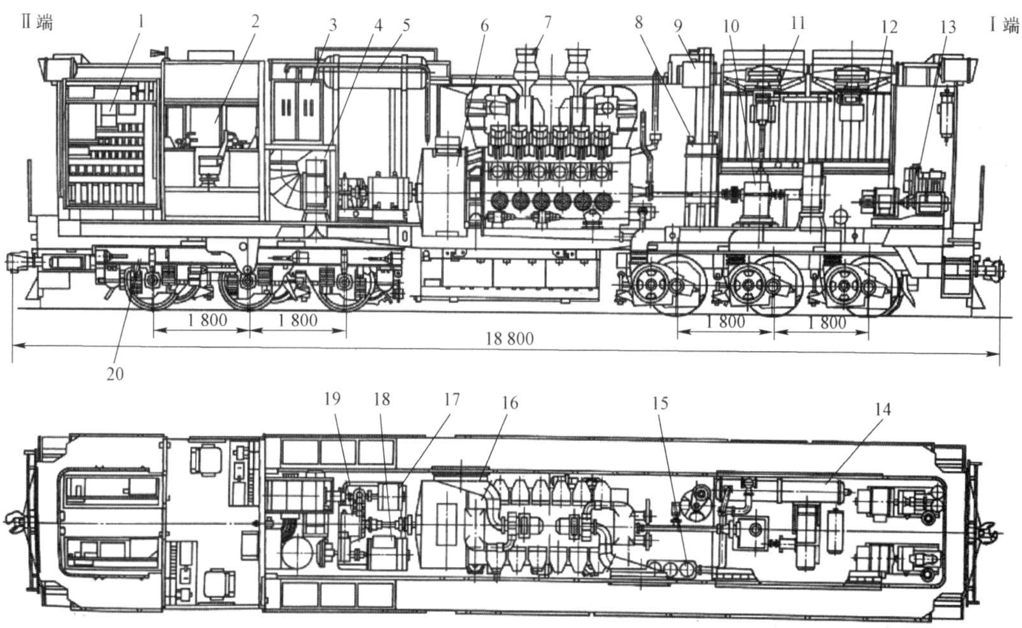


1—电气室；2—司机室；3—整流柜；4—牵引电动机通风机；5—总风缸；6—柴油机–发电机组；7—消声器；8—预热锅炉；9—膨胀水箱；10—辅助齿轮箱；11—液力耦合器；12—冷却装置；13—空气压缩机；14—机油热交换器；15—机油滤清器；16—空气滤清器；17—励磁机；18—起动发电机；19—起动变速箱；20—转向架。

图 1–2　东风$_{7C}$型内燃机车总体布置（装用 12V240ZJ6 型柴油机）（单位：mm）

电气室内设有高低压电器柜。司机室内设有两个结构相同的操纵台（主、副操纵台）。动力室设在机车的中部，由隔墙分成柴油机间和电机间。

冷却室内安装有散热器组、两个冷却风扇和驱动冷却风扇的液力耦合器。冷却室下面的机车车架上，安装有辅助齿轮箱、机油热交换器和Ⅰ端牵引电动机通风机。辅助室内安装有两台空气压缩机及空气净化装置等。

机车采用车架承载、罩式车体、外走廊结构。在机车两侧的中部及两端设有车梯，四周走台设有扶手杆，机车两端安装有牵引缓冲装置。牵引缓冲装置采用 MX–1 型摩擦式橡胶缓冲器、上作用式车钩。机车车架下方两台转向架之间，吊装有燃油箱和蓄电池箱，蓄电池箱位于燃油箱两侧，两者焊接成一个整体。

## 活动 1.4.3　东风 $_{7C}$ 型内燃机车的主要技术参数

【活动要点】：主要技术参数及其取值。

东风 $_{7C}$ 型内燃机车的主要技术参数如表 1–10 所示。

**表 1–10　东风 $_{7C}$ 型内燃机车的主要技术参数**

| 参数 | 参数值 |
|---|---|
| 机车最大速度/（km/h） | 100 |
| 机车持续速度/（km/h） | 12.6 |
| 起动牵引力/kN | 428 |
| 持续牵引力/kN | 308 |
| 机车标称功率/kW | 1 180（东风 $_{7C1}$ 及东风 $_{7C2}$ 为 1 500） |
| 柴油机最大运用功率/ kW | 1 470（东风 $_{7C1}$ 及东风 $_{7C2}$ 为 1 840） |
| 转向架全轴距/mm | 3 600 |
| 机车全轴距/mm | 13 580 |
| 燃油箱容量/L | 5 400 |
| 机油装载量/kg | 750 |
| 冷却水装载量/kg | 1 100 |
| 砂装载量/kg | 600 |
| 轴重/t | 22.5（东风 $_{7C1}$ 及东风 $_{7C2}$ 为 23） |
| 计算整备质量/t | 135（东风 $_{7C1}$ 及东风 $_{7C2}$ 为 138） |
| 通过最小曲线半径/m | 100 |
| 车轮滚动圆直径/mm | 1 050 |
| 机车最大外形尺寸/［（长/mm）×（宽/mm）×（高/mm）］ | 18 800×3 344×4 750 |

## 【考核评价】

**1. 自我评价**

① 自我考核：东风 $_{7C}$ 型内燃机车结构特点及总体布置描述。

② 自我评价（见表 1–11）。

表 1–11　自我评价（每项满分为 10 分）

| 序号 | 评价内容 | 得分 | 亮点 |
|---|---|---|---|
| 1 | 课前知识查阅、调研完成情况 | | |
| 2 | 课前、课中与人协作沟通表现 | | |
| 3 | 东风 $_{7C}$ 型内燃机车总体布置掌握情况 | | |
| 4 | 课前、课中学习态度表现 | | |

**2. 小组评价（见表 1–12）**

表 1–12　小组评价（每项满分为 10 分）

| 序号 | 评价内容 | 得分 | 亮点 |
|---|---|---|---|
| 1 | 课中学习态度表现 | | |
| 2 | 课前、课中与人协作沟通表现 | | |
| 3 | 东风 $_{7C}$ 型内燃机车总体布置掌握情况 | | |

**3. 教师评价（见表 1–13）**

表 1–13　教师评价（每项满分为 10 分）

| 序号 | 评价内容 | 得分 | 亮点 |
|---|---|---|---|
| 1 | 课前知识查阅、调研完成情况 | | |
| 2 | 课中参与及协作情况 | | |
| 3 | 掌握东风 $_{7C}$ 型内燃机车总体布置的效果 | | |

### 【教师建议】

熟悉东风 $_{7C}$ 型内燃机车总体布置，了解东风 $_{7C}$ 型内燃机车主要技术参数，为今后从事内燃机车整备、检修或运用工作等打好基础。

## 任务 1.5　熟悉东风 $_{4D}$ 型内燃机车总体布置

### 【任务描述】

在实训现场，需要提供一台东风 $_{4D}$ 型内燃机车。为了搞清楚该型内燃机车的结构及总体布置情况，可以将学生分成若干学习小组，以小组为单位结合有关理论知识对机车的各个部分进行观察、分析，使学生熟悉各种设备的安装位置，并展开有针对性的讨论。

### 【学习目标】

| | |
|---|---|
| 知识目标 | 了解东风 $_{4D}$ 型内燃机车的总体概况，掌握东风 $_{4D}$ 型内燃机车的总体布置情况 |
| 能力目标 | 能正确分析东风 $_{4D}$ 型内燃机车的结构特点，能指出各种设备的安装位置 |
| 素质目标 | 养成细致、认真的工作作风；养成独立分析问题的良好习惯；能够比较自如地与他人沟通、协作完成工作 |

## 活动 1.5.1　东风 $_{4D}$ 型内燃机车的总体布置

【活动要点】：车体上部结构，车体下部结构，车钩及缓冲装置。

东风 $_{4D}$ 型内燃机车是交—直流电传动货运内燃机车，其总体布置如图 1–3 所示。

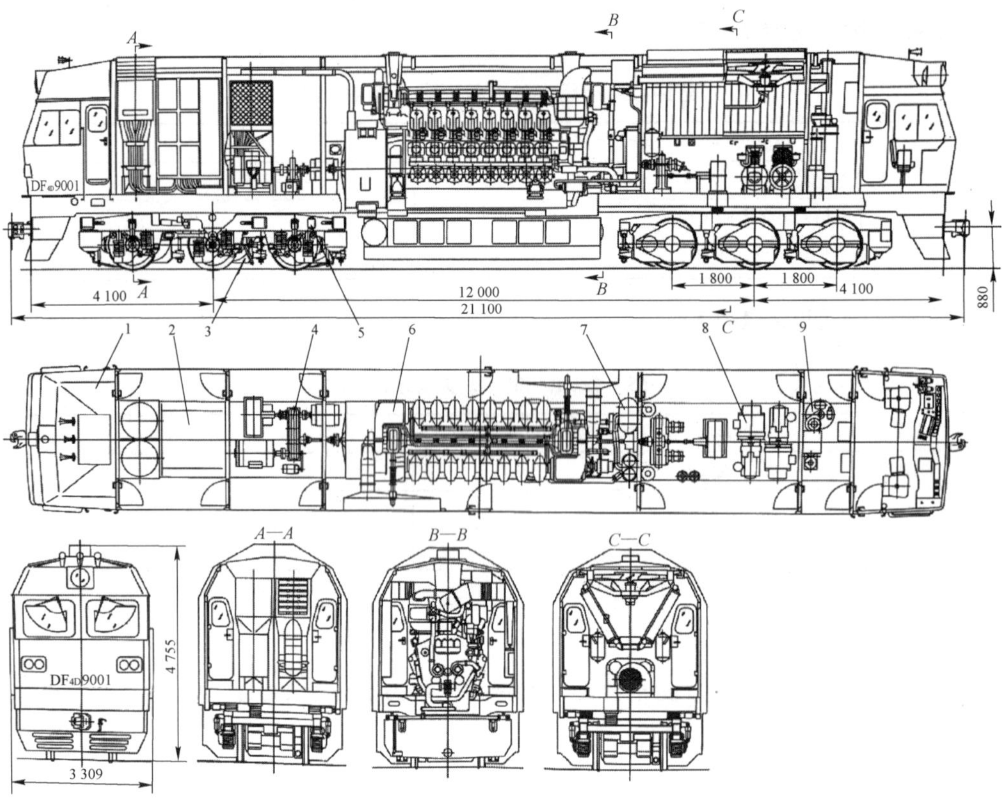


1—车体；2—电气设备；3—转向架；4—辅助传动机构；5—柴油发电机组；6—辅助系统；7—空气制动系统；8—预热系统。

图 1–3　东风 $_{4D}$ 型内燃机车总体布置（单位：mm）

### 1. 车体上部结构

车体为内廊式侧壁承载全焊钢结构。车体上部共分七个部分：依次为第 Ⅰ 司机室、电气室、传动室、动力室、冷却室、辅助室和第 Ⅱ 司机室。

1）司机室

司机室采用规范化设计，司机室前部设有前窗玻璃，玻璃上设有遮阳帘，同时设有下置式风动刮雨器，前窗玻璃中梁设有路面信号八灯显示器。司机室外部左右两侧设有风动后视镜，在操纵台右侧设有后视镜调整手柄，用于调整镜面方向。司机室左右两侧设有提拉窗，供司机向后瞭望。左侧提拉窗下设有辅助司控器及鸣笛按钮，用于调车作业。司机室左右两侧下方均设有功率为 600 W 或 1 500 W（北方用）的电暖风机，可根据侧墙暖风机背部说明自行调整两挡功率，出厂时功率设定为 1 500 W。司机室后墙中部设有饮水机及热饭箱，其下设有两个灭火器，同时在后墙上还设有两个添乘座椅及两个功率为 2 000 W 的电暖风机，后墙左右两侧还设有走廊门，后墙右上部设有用于实施列车紧急制动的紧急放风阀。司机室前部设有司机操纵台，所有驾驶操纵设备及显示仪表均设在前进方向的左侧（正司机侧），左右侧司机踏脚板前方设有电脚炉。操纵台中部右侧门内设有容积为 30 L、功率为 90 W 的食品冷藏箱，用于夏季高温作业时冷藏食品。在司机室右侧，电暖风机上方还设有小工具箱，用以存放乘务员日常用工具。在上端司机室头灯箱内还预埋了从传动间控制柜到天线座的机车电台天线电缆，以方便用户安装无线列调机车电台。

2）电气室

电气室内装有电气柜和电阻制动柜。

3）传动室

传动室上部装有主硅整流柜、励磁硅整流柜及行车安全设备安装箱，下部为起动变速箱、励磁机、起动发电机、测速发电机、前转向架牵引电动机通风机和空气制动系统的分配阀、中继阀等。

4）动力室

动力室内安装有柴油发电机组及其辅助设备，包括空气滤清器、燃油输送泵和燃油滤清器、起动机油泵、机油滤清器、机油热交换器、膨胀水箱，以及各种管路、阀类等。

5）冷却室

冷却室上部装有散热器组、由静液压马达驱动的冷却风扇、静液压油箱等，下部安装有静液压变速箱及静液压泵、后转向架牵引电动机通风机和空气压缩机等。

6）辅助室

辅助室装有预热锅炉和空气干燥器，上部装设 2 个工具箱、空调电源及控制箱等。

**2. 车体下部结构**

机车走行部为两台可以互换的三轴转向架，机车整个上部结构通过八个橡胶–金属堆座落在前后转向架上。每个转向架与车体底架间由一组低位平行四杆牵引机构相连，以传递牵引力或制动力。在车体底架与转向架侧架之间设有弹性侧挡，当机车在曲线上运行时，弹性侧挡可与牵引杆系一起形成一个假想中心，以使转向架绕此中心相对于车体做回转运动。为了改善机车运行平稳性，在车体与转向架之间还装有横向减振器。

底架中央下面吊装着燃油箱，燃油箱两侧装有蓄电池组，前后端装有总风缸。

机车的动力装置为16V240ZJD 型柴油机。它是 V 型、四冲程、直接喷射、开式燃烧室、废气涡轮定压增压并经中间冷却的中速柴油机，其最大运用功率为 2 940 kW。

机车采用交－直流电传动。由柴油机驱动的一台 TQFR–3000E 型三相交流同步发电机所发出的三相交流电，经主硅整流柜三相桥式全波整流后，输送给六台并联的 ZD109B 型直流牵引电动机。再由牵引电动机通过传动齿轮驱动车轮旋转。机车还装有电阻制动装置。

机车采用 JZ–7 型空气制动机，由两台 NPT5 型空气压缩机供风，并设有空气净化装置。机车设有重联装置。

**3. 车体两端设备的布置**

机车的两端装有车钩及缓冲装置，用于机车和车辆的自动连结和分解，同时传递机车牵引力和承受来自车辆的冲击力。

## 活动 1.5.2　东风 $_{4D}$ 型内燃机车主要技术参数

**【活动要点】**：主要技术参数及其取值。

东风 $_{4D}$ 型内燃机车主要技术参数如表 1–14 所示。

**表 1–14　东风 $_{4D}$ 型内燃机车主要技术参数**

| 参数 | 参数值 |
|---|---|
| 机车型号 | 东风 $_{4D}$ |
| 用途 | 干线客运 |
| 轨距/mm | 1 435 |
| 限界 | GB 146.1—1983（车限–1A，车限–1B） |
| 运用条件 | 可在–40 ℃至+40 ℃长隧道或风沙地区正常运行 |
| 机车标称功率/kW | 2 425 |
| 机车速度/（km/h） | |
| 机车运用速度/（km/h） | 132 |
| 机车持续速度/（km/h） | 39.8 |
| 起动牵引力/kN | 302.6 |
| 持续牵引力/kN | 215 |
| 牵引齿轮传动比 | 68/24 |
| 两端车钩中心线间距离/mm | 21 100 |
| 车钩中心线距轨面高度/mm | 880±10 |
| 轴式 | $C_0—C_0$ |
| 轮径/mm | 1 050 |
| 轴重/t | $23^{+3\%}_{-3\%}$ |
| 机车计算重量/t | $138^{+3\%}_{-3\%}$ |
| 机车全轴距/mm | 15 600 |
| 通过最小曲线半径/m | 145 |
| 燃油储备量/L | 9 000 |
| 机油储备量/kg | 1 200 |
| 冷却水储备量/kg | 1 200 |
| 砂储备量/kg | 800 |

## 【考核评价】

**1. 自我评价**

① 自我考核：东风 $_{4D}$ 型内燃机车结构特点及总体布置描述。

② 自我评价（见表 1–15）。

**表 1–15　自我评价（每项满分为 10 分）**

| 序号 | 评价内容 | 得分 | 亮点 |
| --- | --- | --- | --- |
| 1 | 课前知识查阅、调研完成情况 | | |
| 2 | 课前、课中与人协作沟通表现 | | |
| 3 | 东风 $_{4D}$ 型内燃机车总体布置掌握情况 | | |
| 4 | 课前、课中学习态度表现 | | |

**2. 小组评价（见表 1–16）**

**表 1–16　小组评价（每项满分为 10 分）**

| 序号 | 评价内容 | 得分 | 亮点 |
| --- | --- | --- | --- |
| 1 | 课中学习态度表现 | | |
| 2 | 课前、课中与人协作沟通表现 | | |
| 3 | 东风 $_{4D}$ 型内燃机车总体布置掌握情况 | | |

**3. 教师评价（见表 1–17）**

**表 1–17　教师评价（每项满分为 10 分）**

| 序号 | 评价内容 | 得分 | 亮点 |
| --- | --- | --- | --- |
| 1 | 课前知识查阅、调研完成情况 | | |
| 2 | 课中参与及协作情况 | | |
| 3 | 掌握东风 $_{4D}$ 型内燃机车总体布置的效果 | | |

## 【教师建议】

熟悉并掌握东风 $_{4D}$ 型内燃机车总体布置及机车主要技术参数，为今后从事内燃机车整备、检修或运用工作等打好基础。

# 任务 1.6　熟悉 $HX_N5$ 型内燃机车总体布置

## 【任务描述】

在实训现场，需要提供一台 $HX_N5$ 型内燃机车。为了搞清楚内燃机车的结构及总体布置情况，可以将学生分成若干学习小组，以小组为单位，结合所学有关理论知识，对机车的各个部分进行观察、分析，使学生熟悉各种设备的安装位置，并展开有针对性的讨论。

【学习目标】

| 知识目标 | 了解 $HX_N5$ 型内燃机车的总体概况，掌握 $HX_N5$ 型内燃机车的总体布置情况 |
| --- | --- |
| 能力目标 | 能正确分析 $HX_N5$ 型内燃机车的结构特点，能指出各种设备的安装位置 |
| 素质目标 | 养成细致、认真的工作作风；养成独立分析问题的良好习惯；能够比较自如地与他人沟通、协作完成工作 |

## 活动 1.6.1　$HX_N5$ 型内燃机车的特点

【活动要点】：$HX_N5$ 型内燃机车的主要特点。

$HX_N5$ 型内燃机车采用模块化设计及外走廊、车底架承载结构，机车轴重为 25 t，大大方便制造、组装及规模化生产。机车采用大功率 IGBT 变流器，额定功率为 4 400 kW，最大起动牵引力为 620 kN，最大运用速度及最大恒功率速度为 120 km/h。机车具有卓越的防空转、防滑行功能，具有轮周功率大、黏着利用率高、起动加速快、动力学性能和制动性能良好的特性。

$HX_N5$ 型内燃机车的主要特点为：

① 安装了世界上单机功率最大的机车用柴油机。

② 每台牵引电动机由一台单独的变流器控制。与一台变流器控制一台转向架的所有牵引电动机相比，机车的可靠性在多数情况下不受其他变流器的影响。

③ 机车的微机控制系统采用多台微机，具有足够的冗余度，一旦发生故障，系统可以自己重新组合，进而获得更高的可靠性。

## 活动 1.6.2　$HX_N5$ 型内燃机车的总体布置

【活动要点】：$HX_N5$ 型内燃机车司机室、辅助室/逆变室、发电机室、柴油机室的布置。

$HX_N5$ 型内燃机车采用单司机室外走廊罩式结构、整体承载式燃油箱设计。车架采用双箱形梁结构，车体承载能力满足：纵向压缩载荷 3 788 kN，纵向拉伸载荷 3 100 kN。车体运用模块化设计思想，各部分分开设计制造，有利于机器设备的安装和维修，同时也方便了车体的制造。

$HX_N5$ 型内燃机车由 GEVO16 型柴油机、交流电传动及控制系统、车体、转向架、空气滤清系统、设备通风系统、燃油系统、机油润滑系统、冷却系统、CCBⅡ型空气制动系统等部件及系统所组成。$HX_N5$ 型内燃机车的总体布置如图 1–4 所示。

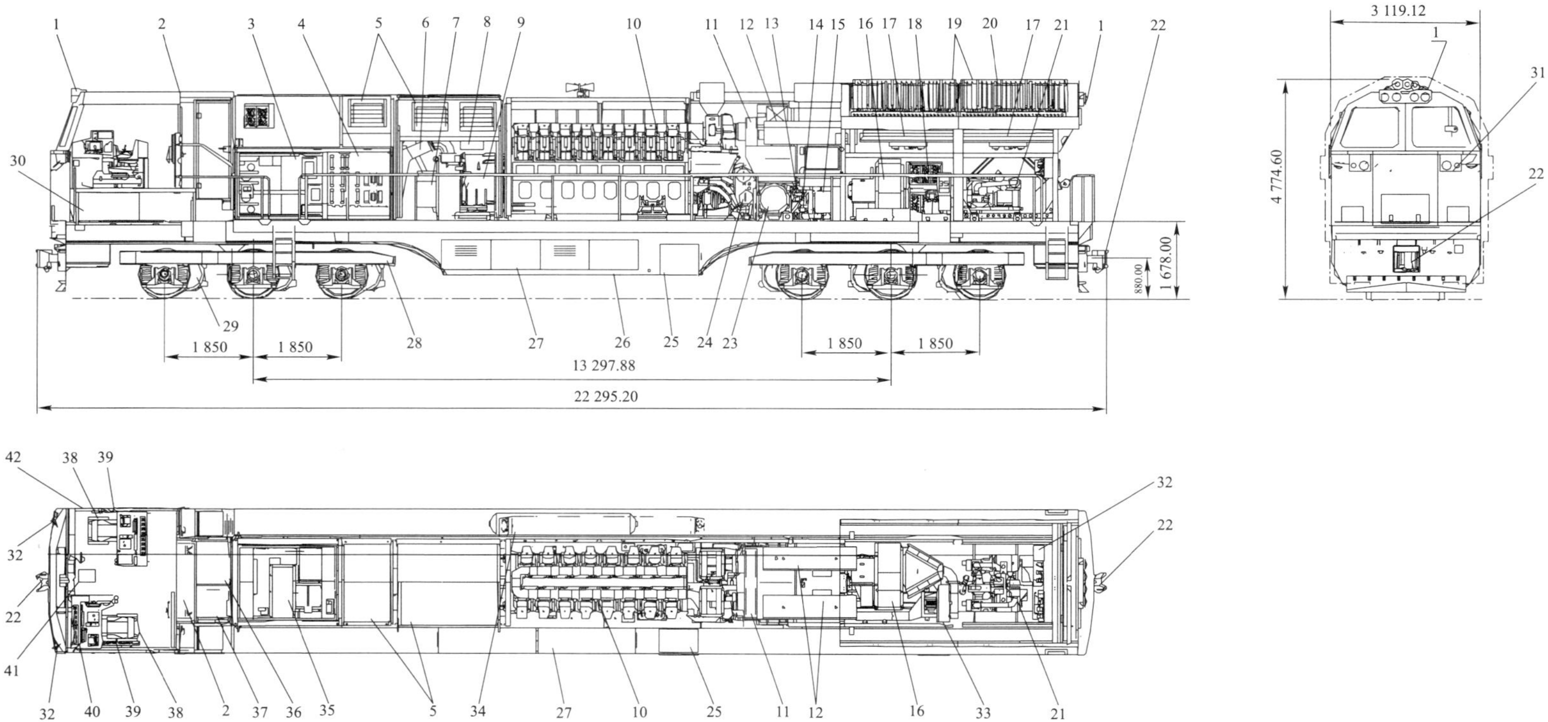


1—头灯；2—控制设备柜；3—牵引逆变器；4—功率装置柜；5—电阻制动装置；6—主发电机通风道；7—辅助发电机；8—CTS 起机转换开关；9—主发电机；10—柴油机；11—空气滤清器；12—冷却水箱；13—低压燃油泵；14—起动机油泵；15—机油热交换器；16—牵引电动机通风机；17—冷却风扇；18—电机通风滤清器；19—散热器百叶窗；20—散热器；21—空气压缩机；22—车钩；23—机油滤清器；24—燃油滤清器；25—污油箱；26—燃油箱；27—蓄电池箱；28—转向架；29—牵引电动机；30—空调；31—标志灯；32—砂箱；33—排尘风机；34—总风缸；35—逆变/主发电机通风机；36—卫生间；37—行车安全设备柜；38—座椅；39—取暖气；40—操纵台；41—冰箱；42—制动柜。

图 1-4 $HX_N5$ 型内燃机车总体布置图（单位：mm）

**1. 司机室**

司机室位于机车前部，设有主操作台和副操作台，操作台安置了全部驾驶和信息控制设备。操作台上布置有构成人机接口的设备：司机控制器、电子制动阀、智能显示器等。副操作台左侧设有加热盘及电烤箱，司机室前端前窗下部设有监控系统主机、信号系统主机、冰箱、灭火器及工具箱，司机室后端设有控制设备柜（CA1 控制区），控制设备柜的后端右侧设有卫生间，左侧为行车安全设备柜。

**2. 辅助室/逆变室**

辅助室/逆变室内部以车顶底板为界分为上下两部分。

① 上部前端装有辅助通风机、主发电机通风机的进风区间，车顶两侧有“V”形过滤网和离心式空气滤清器，车顶前端中央设有排尘出风口，内部设有辅助通风机及排尘机，后端为机车最前面一组电阻制动装置工作区间，两侧均装有制动电阻进风（下方）和排风百叶窗（上方）。

② 下部安装多个辅助、牵引和变压器控制设备的电器柜。电器柜内以中间隔板分为前后两室，前室为高压电器柜（牵引变流器），后室为低压电器柜。牵引系统的主要部件有主整流器、驱动牵引电动机的变流器、变流器专用电源等。电器柜内安装有一些电子控制板、传感器、继电器、接触器。低压电器柜内另设有变流器、主发电机通风机的通风道。

**3. 发电机室**

主发电机室分为上下两部分，上部为机车双支电阻制动装置工作区间，内部安装有两组电阻制动装置。下部安装有主发电机、辅助发电机及起机转换开关。

**4. 柴油机室**

柴油机室安装有 GEVO16 型柴油机，柴油机输出端左侧设有盘车机构的接口。

## 活动 1.6.3　$HX_N5$ 型内燃机车的主要技术参数

【活动要点】：主要技术参数及其取值。

$HX_N5$ 型内燃机车的主要技术参数如表 1–18 所示。

**表 1–18　$HX_N5$ 型内燃机车的主要技术参数**

| 参数 | 参数值 |
|---|---|
| 型号 | $HX_N5$ |
| 用途 | 客运、货运 |
| 传动方式 | 交流传动 |
| 操纵方式 | 单司机操纵 |
| 限界 | 符合 GB 146.1—1983 |
| 轨距/mm | 1 435 |
| 机车整备质量/t | $150^{+3\%}_{-3\%}$ |
| 轴重/t | 25 |

续表

| 参数 | 参数值 |
| --- | --- |
| 车轮 | 整体碾钢轮（AAR M107/208），C 级 |
| 额定功率（主发电机输入功率）/kW | 4 400（AAR 标准） |
| 轮周功率/kW | 4 003（AAR 标准） |
| 制动距离/m | ≤1 100（单机平直道，轨面状态良好） |
| 机车尺寸 | |
| 机车总长/mm | 21 133（车体两端面间距离） |
| 机车宽度/mm | 3 119（司机室处） |
| 机车高度/mm | 4 770 |
| 车钩中心距/mm | 22 295 |
| 燃油箱容量/L | 9 000 |
| 冷却水装载量/L | 1 100 |
| 机油装载量/L | 1 300 |
| 砂装载量/L | 500 |

## 【考核评价】

### 1. 自我评价

① 自我考核：$HX_N5$ 型内燃机车的特点及总体布置情况描述。

② 自我评价（见表 1–19）。

**表 1–19　自我评价（每项满分为 10 分）**

| 序号 | 评价内容 | 得分 | 亮点 |
| --- | --- | --- | --- |
| 1 | 课前知识查阅、调研完成情况 | | |
| 2 | 课前、课中与人协作沟通表现 | | |
| 3 | $HX_N5$ 型内燃机车总体布置掌握情况 | | |
| 4 | 课前、课中学习态度表现 | | |

### 2. 小组评价（见表 1–20）

**表 1–20　小组评价（每项满分为 10 分）**

| 序号 | 评价内容 | 得分 | 亮点 |
| --- | --- | --- | --- |
| 1 | 课中学习态度表现 | | |
| 2 | 课前、课中与人协作沟通表现 | | |
| 3 | $HX_N5$ 型内燃机车总体布置掌握情况 | | |

### 3. 教师评价（见表 1–21）

表 1–21　教师评价（每项满分为 10 分）

| 序号 | 评价内容 | 得分 | 亮点 |
| --- | --- | --- | --- |
| 1 | 课前知识查阅、调研完成情况 | | |
| 2 | 课中参与及协作情况 | | |
| 3 | 掌握 $HX_N5$ 型内燃机车总体布置的效果 | | |

## 【教师建议】

熟悉并掌握 $HX_N5$ 型内燃机车总体布置及机车主要技术参数，为今后从事内燃机车整备、检修或运用工作等打好基础。

# 项目 2

# 内燃机车车体检修技能训练

## 任务 2.1　东风$_{7C}$型内燃机车车体检修

### 【任务描述】

在实训现场，需要提供一台东风$_{7C}$型内燃机车。为了搞清楚该型内燃机车的车体结构，可以将学生分成若干学习小组，以小组为单位，对照机车的车体及车架的各个部分，结合所学有关理论知识，对机车的各个部分进行观察、分析，使学生进一步认知东风$_{7C}$型内燃机车车体的结构及作用，熟练掌握车体检修作业程序，并展开有针对性的讨论。

### 【学习目标】

| 知识目标 | 掌握东风$_{7C}$型内燃机车车体的结构及作用 |
|---|---|
| 能力目标 | 能正确分析东风$_{7C}$型内燃机车车体的结构特点，能按检修作业程序进行车体检修 |
| 素质目标 | 养成细致、认真的工作作风；养成独立分析问题的良好习惯；能够比较自如地与他人沟通、协作完成工作 |

### 活动 2.1.1　东风$_{7C}$型内燃机车车体结构认知

【活动要点】：① 东风$_{7C}$型内燃机车车体钢结构的组成。
② 东风$_{7C}$型内燃机车车架的结构组成。

车体的主要作用是承受车上设备的重量和传递机车牵引力，同时车体还是车上各种设备的安装基础，并为乘务人员提供隔热、通风、采光、瞭望等较好的工作场所。

车体必须具有足够的强度及刚度，确保机车在任何运行状态下安全可靠。

**1. 东风$_{7C}$型内燃机车车体钢结构**

东风$_{7C}$型内燃机车车体主要由车体钢结构和车外附件两部分组成。车体上部由前往后依次为电气室、司机室、动力室、冷却室和辅助室。除了司机室与车架宽度相同（为 3 140 mm）外，其余各室宽度均为 2 000 mm。车体下部包括车架、两端排障器和车钩缓冲装置。车体上部各室与车架组成一个全钢焊接结构。排障器通过螺栓固定在车架端部的牵引梁下方。车钩缓冲装置安装在车架两端牵引梁从板座内。东风 $_{7C}$ 型内燃机车车体钢结构如图 2–1 所示。

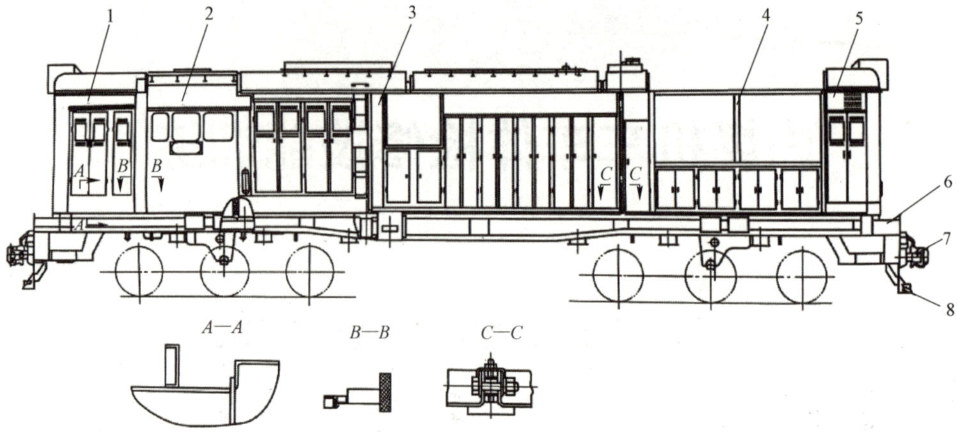


1—电气室；2—司机室；3—动力室；4—冷却室；5—辅助室；6—车架；7—车钩缓冲装置；8—排障器。

图 2–1　东风 $_{7C}$ 型内燃机车车体钢结构

**2. 东风 $_{7C}$ 型内燃机车车架**

东风 $_{7C}$ 型内燃机车车架主要由侧梁、前后牵引梁、旁承梁、机组纵梁、机座横梁、横梁、加强梁、上下盖板及牵引电动机通风道等组成，如图 1–3 所示。侧梁与机组纵梁及旁承梁一起组成车架的主要承载梁。

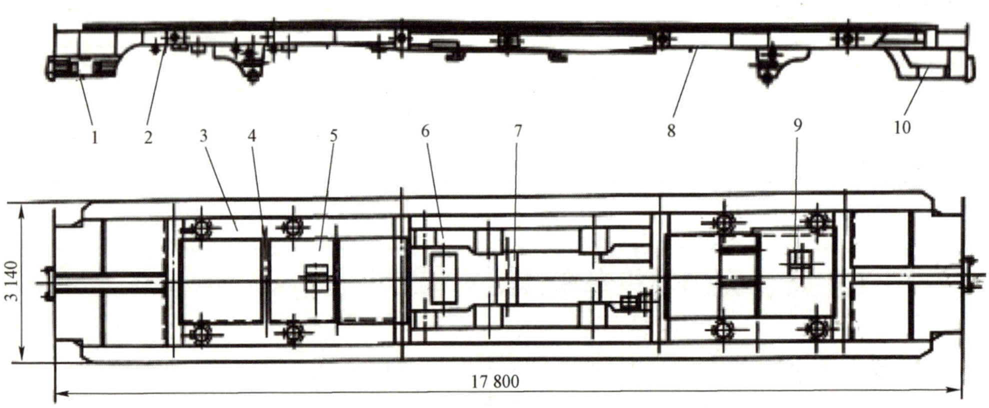


1—后牵引梁；2—横梁；3—旁承梁；4—加强梁；5—上盖板；6—机组纵梁；7—机座横梁；8—下盖板；9—牵引电动机通风道；10—前牵引梁。

图 2–2　东风 $_{7C}$ 型内燃机车车架（单位：mm）

## 活动 2.1.2　东风 $_{7C}$ 型内燃机车车体检修作业程序

【活动要点】：检修作业程序及相应标准。

东风 $_{7C}$ 型内燃机车车体检修作业程序如表 2–1 所示。

**表 2–1　东风 $_{7C}$ 型内燃机车车体检修作业程序**

| 程序 | 序号 | 作业过程 | 工装机具 | 标准 |
|---|---|---|---|---|
| 检查及检修 | 1 | 检查车体外观，对不符合部位进行整修 | 手锤，撬棍，灭火器 | 焊修后铲除焊渣，用腻子刮平，晾干后涂与表面同颜色的油漆 |
| | 2 | 检查门窗、顶盖、百叶窗及其操纵装置 | 12～14 mm、17～19 mm、22～24 mm 开口梅花扳手，一字、十字改锥，油壶，电动打磨机，手锤，撬棍，灭火器 | 装置应动作灵活，关闭严密 |
| | 3 | 检查走板、地板、梯子、扶手、门手、工作台及靠背椅 | 12～14 mm、17～19 mm、22～24 mm 开口梅花扳手，一字、十字改锥，油壶，电动打磨机，手锤，撬棍，灭火器 | 应安装正确，状态及作用良好。破损及功能不良者进行修复 |
| | 4 | 检查排障器、扫石器 | 24～27 mm、30～32 mm 开口梅花扳手，钢板尺 | 螺栓无松动，无弯曲、变形，高度符合技术要求 |
| | 5 | 检查膨胀水箱及支架、侧板、前板 | 手电 | 状态良好，无碰伤 |
| | 6 | 检查水表与膨胀水箱管路 | 一字、十字改锥，14～17 mm、24～27 mm 开口扳手，水刷 | 水表干净、无裂纹，膨胀水箱管路通畅 |
| | 7 | 检查各油、水管路及止阀，水系统连接冷却器集流管及橡胶管连接状态 | 12～14 mm、17～19 mm、24～27 mm 开口扳手，50 mm、65 mm 专用扳手 | 吹扫风管路，管内无异物，包扎防护丝扣良好，各止阀开关灵活、状态良好 |
| | 8 | 检查所有电器部件的代号标牌 | | 完整、清晰、正确 |
| | 9 | 检查电器及电线路 | 500、1 000 MΩ 摇表 | 分解前先将各接线做好悬空绝缘处理并测量绝缘 |
| | 10 | 检查带状电阻 | 万用表 | 无短路和裂断，抽头、接线焊接牢固 |
| | 11 | 检查绕线电阻及 1～3 FL 分流器、1～6 牵引电动机分流器、1～11 信号隔离变压器、110/24 V 电压变换器 | 万用表 | 无短路、断路，外包平均增长，珐琅无严重缺损，可调电阻的活动抽头须接触可靠，定位牢固，阻值整定后做好定位标记 |
| | 12 | 检查：二极管，熔断器，1SM、2SM 延时模块，语音箱，数模转换盒，2、3、4PRS 保护装置 | 万用表 | 无击穿、断路、短路现象 |
| | 13 | 检查电动刮雨器、轮轨润滑器 | 手电，毛刷 | 动作灵活，无烧损、过热 |
| | 14 | 检查电加热套 | 手电，毛刷 | 绝缘层去破损 |
| | 15 | 检查接线排的螺栓、垫圈及连接片 | 8～10 mm 开口扳手 | 应齐全，接线紧固、整齐 |

续表

| 程序 | 序号 | 作业过程 | 工装机具 | 标准 |
| --- | --- | --- | --- | --- |
| 检查及检修 | 16 | 清扫、检查司机控制器、机车速度表、信号灯、仪表照明灯、点牌灯的插头及接线 | 500、1 000 MΩ摇表 | 焊接牢固，无烧损及过热变色 |
| | 17 | 检查各处导线无抗磨车体 | 手电 | 包扎或垫绝缘胶皮处理 |
| | 18 | 检查蓄电池刀闸开关 | 万用表 | 无烧损、灼蚀，各接线紧固，无过热变色 |
| | 19 | 检查各单级自动开关、万能转换开关 | 手电，毛刷 | 动作灵活、无卡滞，软线断股不超过 10%，触指接触良好，接线牢固、无过热 |
| | 20 | 检查大线及互感器 | 手电，毛刷 | |
| | 21 | 检查各个接线盒、线管、线槽及各导线 | | 线盒良好，导线无过热、烧损、变形 |
| | 22 | 清扫机车上的各电器及线路 | 毛刷 | 无油污 |

## 【考核评价】

### 1. 自我评价

① 自我考核：东风 $_{7C}$ 型内燃机车车体结构及检修作业程序描述。

② 自我评价（见表 2–2）。

**表 2–2　自我评价（每项满分为 10 分）**

| 序号 | 评价内容 | 得分 | 亮点 |
| --- | --- | --- | --- |
| 1 | 课前知识查阅、调研完成情况 | | |
| 2 | 课前、课中与人协作沟通表现 | | |
| 3 | 东风 $_{7C}$ 型内燃机车车体结构及检修作业程序掌握情况 | | |
| 4 | 课前、课中学习态度表现 | | |

### 2. 小组评价（见表 2–3）

**表 2–3　小组评价（每项满分为 10 分）**

| 序号 | 评价内容 | 得分 | 亮点 |
| --- | --- | --- | --- |
| 1 | 课中学习态度表现 | | |
| 2 | 课前、课中与人协作沟通表现 | | |
| 3 | 东风 $_{7C}$ 型内燃机车车体结构及检修作业程序掌握情况 | | |

### 3. 教师评价（见表 2–4）

表 2–4　教师评价（每项满分为 10 分）

| 序号 | 评价内容 | 得分 | 亮点 |
|---|---|---|---|
| 1 | 课前知识查阅、调研完成情况 | | |
| 2 | 课中参与及协作情况 | | |
| 3 | 掌握东风 $_{7C}$ 型内燃机车车体结构及检修作业程序的效果 | | |

### 【教师建议】

熟悉并掌握东风 $_{7C}$ 型内燃机车车体结构及检修作业程序，为今后从事内燃机车检修相关工作打好基础。

# 任务 2.2　东风 $_{4D}$ 型内燃机车车体检修

### 【任务描述】

在实训现场，需要提供一台东风 $_{4D}$ 型内燃机车。为了搞清楚该型内燃机车的车体结构，可以将学生分成若干学习小组，以小组为单位，对照机车的车体及车架的各个部分，结合所学有关理论知识，对车体的各个部分进行观察、分析，使学生进一步认知东风 $_{4D}$ 型内燃机车车体的结构及作用，熟练掌握车体检修作业程序，并展开有针对性的讨论。

### 【学习目标】

| | |
|---|---|
| 知识目标 | 掌握东风 $_{4D}$ 型内燃机车车体的结构及作用 |
| 能力目标 | 能正确分析东风 $_{4D}$ 型内燃机车车体的结构特点，能按检修作业程序进行车体检查 |
| 素质目标 | 养成细致、认真的工作作风；养成独立分析问题的良好习惯；能够比较自如地与他人沟通、协作完成工作 |

## 活动 2.2.1　东风 $_{4D}$ 型内燃机车车体结构认知

东风 $_{4D}$ 型内燃机车车体为框架式侧壁承载式车体，主要由上部的司机室、侧墙、顶棚、隔墙，下部的底架，端部的下骨架、排障器和牵引缓冲装置等组成，如图 2–3 所示。

五道隔墙将车体分隔成七个工作间，分别为Ⅰ端司机室、电气室、传动室、动力室、冷却室、辅助室和Ⅱ端司机室。除司机室外，其他各室顶部均设有宽度为 2 350 mm 的开口，以供吊装各室的机组及设备，这些开口均用活动顶盖覆盖。各室侧壁下方设有百叶窗，除冷却室外均设有采光用玻璃窗，动力室顶棚左右两侧安装有通风机。

底架左右侧梁前后设有牵引拉杆座，用以与转向架牵引杆相连接，起到传递牵引力的作用。牵引拉杆座上设有吊车筒和架车座，供起吊机车用。在底架端部两侧设有救援吊车筒，供紧急救援用。

前后端部设有牵引梁，梁内装有牵引缓冲装置。机车车钩采用 TB1595 内燃电力机车车钩（下作用式）。端部组焊有下骨架，用以安装排障器。

【活动要点】：车体结构特点。

东风 $_{4D}$ 型内燃机车车体总图如图 2–3 所示。

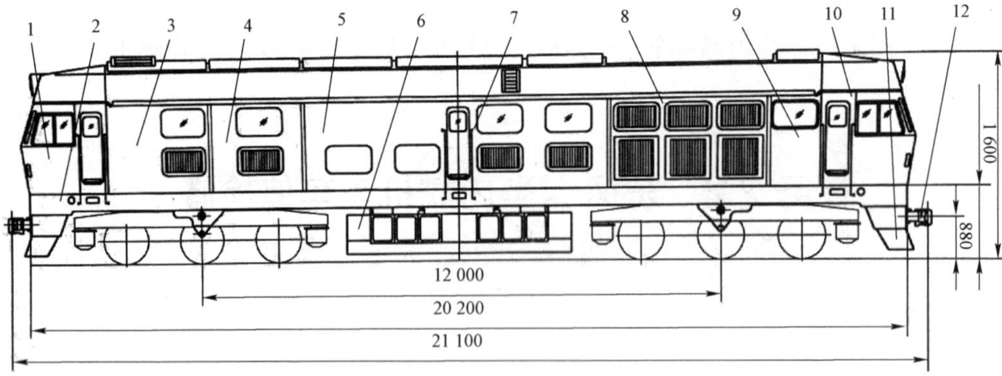


1—司机室；2—底架；3—电气室；4—传动室；5—动力室；6—燃油箱；7—车体附件；8—冷却室；9—辅助室；10—司机室；11—排障器；12—牵引缓冲装置。

图 2–3　东风 $_{4D}$ 型内燃机车车体总图（单位：mm）

## 活动 2.2.2　东风 $_{4D}$ 型内燃机车车体检修工艺

【活动要点】：检修要求与检修作业程序。

**1. 检修要求**

① 车体不许有裂损，表面须平整，各螺栓、螺钉、铆钉及橡胶密封条状态须良好。

② 车体裂纹或焊缝开裂时，须铲除后焊修或加补强板焊修。

③ 门窗、顶盖、百叶窗及其操纵装置须动作灵活，关闭严密。

④ 走板、地板、梯子、扶手、门锁、操作台及座椅等须安装正确，状态及作用良好。

⑤ 排障器、扫石器须安装牢固，不许有裂纹或破损。排障器底面距轨面的距离为 80～140 mm，扫石器安装板下端距轨面的距离为 60～100 mm，胶皮距轨面的距离为 20～30 mm。

**2. 检修作业程序**

① 检查扶手、梯子是否牢固。

② 检查门和锁的作用是否良好。

③ 检查玻璃窗的状态，及时更换断裂或老化的橡胶皮条。司机室玻璃窗应清洁。允许用密封胶修补橡胶压条的漏泄。经常清理侧拉窗导槽中的杂物，使侧拉窗拉动灵活。拉下窗帘时不要用力过猛，以防损坏。

④ 检查每个门，特别是司机室门的橡胶密封条，更换断裂或老化的橡胶密封条，以保证隔声效果。

⑤ 检查可拆顶盖状态，更换有毛病的橡胶密封条。

⑥ 检查排障器距离轨面的高度，应为（120+10）mm，扫石橡胶板距离轨面 20～30 mm。

⑦ 检查车钩的三态（即闭锁、开锁、全开）应作用良好。检查车钩中心线高度，应为（880±10）mm（新造），运用中车钩高度应该在 835～890 mm 范围内。

⑧ 及时排放车架底下污油箱和污油管内的污油。

⑨ 检查燃油箱吊座连接螺栓的牢固性。

⑩ 检查蓄电池箱盖的手柄是否卡牢。

⑪ 检查前窗刮雨器的作用，更换有故障的零件。

## 【考核评价】

### 1. 自我评价

① 自我考核：东风 $_{4D}$ 型内燃机车车体检修作业程序描述。

② 自我评价（见表 2–5）。

表 2–5　自我评价（每项满分为 10 分）

| 序号 | 评价内容 | 得分 | 亮点 |
|---|---|---|---|
| 1 | 课前知识查阅、调研完成情况 | | |
| 2 | 课前、课中与人协作沟通表现 | | |
| 3 | 东风 $_{4D}$ 型内燃机车车体结构及检修作业程序掌握情况 | | |
| 4 | 课前、课中学习态度表现 | | |

### 2. 小组评价（见表 2–6）

表 2–6　小组评价（每项满分为 10 分）

| 序号 | 评价内容 | 得分 | 亮点 |
|---|---|---|---|
| 1 | 课中学习态度表现 | | |
| 2 | 课前、课中与人协作沟通表现 | | |
| 3 | 东风 $_{4D}$ 型内燃机车车体结构及检修作业程序掌握情况 | | |

**3. 教师评价（见表 2–7）**

表 2–7　教师评价（每项满分为 10 分）

| 序号 | 评价内容 | 得分 | 亮点 |
| --- | --- | --- | --- |
| 1 | 课前知识查阅、调研完成情况 | | |
| 2 | 课中参与及协作情况 | | |
| 3 | 掌握东风 $_{4D}$ 型内燃机车车体结构及检修作业程序的效果 | | |

【教师建议】

熟悉并掌握东风 $_{4D}$ 型内燃机车的车体结构及检修作业程序，为今后从事内燃机车检修工作打好基础。

# 任务 2.3　$HX_N5$ 型内燃机车车体检修

【任务描述】

在实训现场，需要提供一台 $HX_N5$ 型内燃机车。为了搞清楚该型内燃机车的车体结构，可以将学生分成若干学习小组，以小组为单位，对照机车的车体及车架的各个部分，结合所学有关理论知识，对车体的各个部分进行观察、分析，使学生进一步认知 $HX_N5$ 型内燃机车车体的结构及作用，熟练掌握车体检修作业程序，并展开有针对性的讨论。

【学习目标】

| | |
| --- | --- |
| 知识目标 | 掌握 $HX_N5$ 型内燃机车车体的结构及作用 |
| 能力目标 | 能正确分析 $HX_N5$ 型内燃机车车体的结构特点，能按检修作业程序进行车体检修 |
| 素质目标 | 养成细致、认真的工作作风；养成独立分析问题的良好习惯；能够比较自如地与他人沟通、协作完成工作 |

## 活动 2.3.1　车体的作用及对机车车体的要求

【活动要点】：① 机车车体的作用。
② 对机车车体的要求。

**1. 机车车体的作用**

机车车体是机车转向架之上的车厢部分（或称上部结构），它既是各种设备，如柴油机、传动装置、电气设备和各种辅助机组的安装基础和司乘人员的工作场所，又要传递各个方向的作用力：

① 将机车车体所承受的垂向载荷通过旁承传递给转向架。

② 机车运行时，传递机车和车辆之间的纵向力、横向力及附加动载荷。

③ 起到保护机械、电气设备和司乘人员的作用。

④ 能够满足机车在各种恶劣工况下安全运行，并为司乘人员提供良好的工作条件，满足瞭望、采光、通风、隔热、隔声等方面的需要。

**2. 对机车车体的要求**

机车车体承受较大的载荷，受力比较复杂，因此应当具有足够的强度及刚度。确保机车安全、可靠地运行。随着机车功率的不断提高，机车重量也随之增加，为了减少机车轴重载荷对线路强度的限制，应尽可能降低车体的重量。对于高速内燃机车，为降低空气阻力的影响，车体头部须具有较好的流线化外形。此外，对车体的要求还有很多，如车体的加工工艺性，拆卸、维修方便性，司机室宽敞明亮、瞭望方便等。

## 活动 2.3.2　$HX_N5$ 型内燃机车车体结构认知

【活动要点】：车体的结构特点。

$HX_N5$ 型内燃机车车体由车架、司机室（电气柜，厕所设置在内）、辅助室、发电机室、柴油机室和冷却室等组成，两端设排障器，每一端各设二扶手和侧梯，便于司乘人员上下机车。$HX_N5$ 型内燃机车车体结构简图如图 2–4 所示。

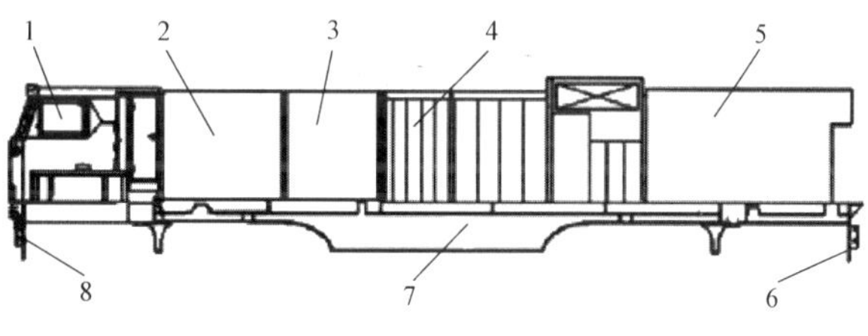


1—司机室；2—辅助室；3—发电机室；4—柴油机室；5—冷却室；6—排障器；7—车架；8—排障器。

图 2–4　$HX_N5$ 型内燃机车车体结构简图

车架是机车承载的主要部分，几乎所有的作用力都通过车架传递，因此对车架要有极高的强度和刚度要求。$HX_N5$ 型内燃机车车架采用双箱形梁结构，由车架端部一、车架端部二、燃油箱装配、侧脚蹬以及扶手栏杆等组成，如图 2–5 所示。

$HX_N5$ 型内燃机车车架端部前后对称，由左右箱形梁、左右起重梁、间壁梁、牵引销装配和端部装配等组装而成。

箱形梁由 20 mm 厚的上下盖板和 8 mm 厚的左右侧板焊接成箱形；起重梁也用 20 mm 的钢板焊接而成。为方便线缆管路布置，箱形梁和起重梁设计有管路线缆穿线孔。间壁梁上下盖板采用 12 mm 的钢板，中间搭配 12 mm 的筋板，呈 W 形排列。牵引销装配上部是牵引销梁与间壁梁，下部是牵引销。

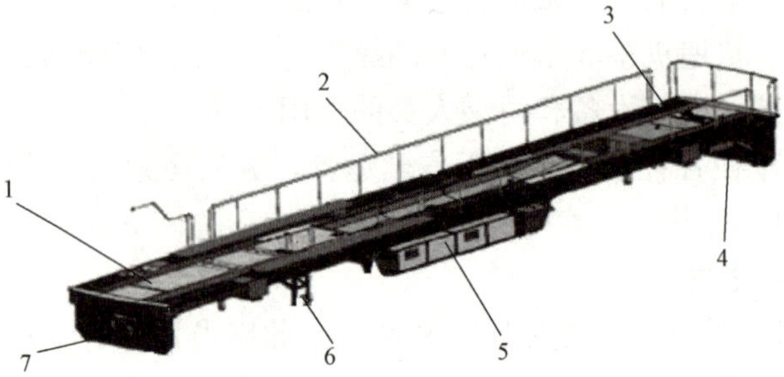


1—车架端部一；2—扶手栏杆；3—车架端部二；4—排障器；5—燃油箱装配；6—侧脚蹬；7—排障器。

图 2-5　$HX_N5$ 型内燃机车车架

端部装配由排障器、车钩缓冲器安装座等组成。$HX_N5$ 型内燃机车端部装配如图 2-6 所示。

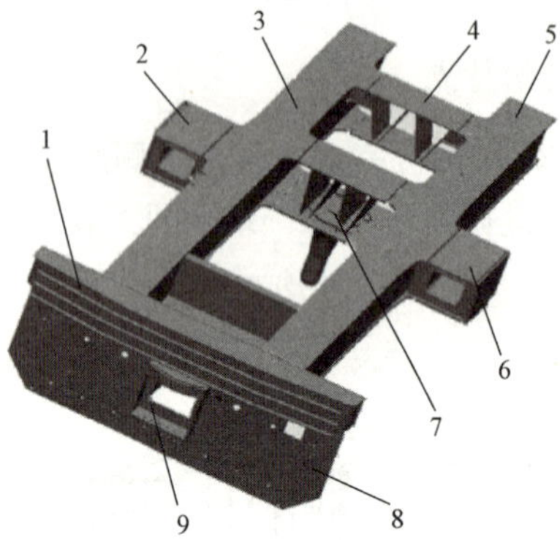


1—防爬装置；2—右起重梁；3—右箱形梁；4—间壁梁；5—左箱形梁；6—左起重梁；
7—牵引销装配；8—排障器；9—车钩缓冲器安装座。

图 2-6　$HX_N5$ 型内燃机车端部装配

## 活动 2.3.3　$HX_N5$ 型内燃机车车体及其附件的检修工艺

【活动要点】：检修工艺与检修标准。

**1. 各室钢结构检修**

① 钢结构无变形，支撑梁、中间立柱和翼板连接牢固，无裂纹。

② 各室门、窗检查：

a）各门、窗关闭严密，开启装置动作良好。检查所有门锁行程开关，工作灵活并正常，不得有卡滞现象。

b）柜门无变形，门轴、门锁、面板完整，无破损。

c）更新不良门密封橡胶条。

③ 司机室检查：

a）司机室外表面破损时须修复。

b）司机室内壁装饰开裂、破损、脱落时须修补，允许用性能相似的其他防震、隔热材料代替，修补厚度须与母材基本一致。

c）清扫并检查可见风道，各部裂纹及开焊须焊补，保持风道内畅通、无异物。修补脱落及破损的风道保温层。

d）司机室操纵台面板开裂、破损、脱落时须修补。

e）司机室地板开裂、破损、脱落时须修补。压条破损严重时须更换。

④ 各室 V 形滤网无破损、变形，安装牢固。

⑤ 厕所检查：

a）厕所各设备须清洁、完整，无破损。

b）水龙头、排污阀开闭灵活，作用良好；冲水泵、电磁阀作用良好。

⑥ 检查电台间的门锁，应无破损、动作灵活。（电台间内侧的门锁把手已取消，注意检查；未取消的按要求进行取消。）

⑦ 扶手栏杆检查：

a）各扶手栏杆底座安装牢固，无变形，相互连接牢固。

b）安全防护栏门动作灵活，弹簧复原良好，锁闭良好，是安全链的要改成安全防护栏。

**2. 车架检修**

① 车架清洁、除锈、涂防锈漆。各梁须清扫检查，裂纹及不良焊缝须彻底清除。各立柱、梁板有裂纹时须焊修，局部腐蚀时须彻底清除，腐蚀面积超过原构件相应面的 40%或深度超过 30%的须切换。

② 清扫并检查可见风道，各部裂纹及开焊须焊补，保持风道内畅通、无异物。

③ 各螺栓、双头螺柱、螺钉及铆钉不良时须更新。

④ 各台板、梯子、侧脚蹬等须完好，并安装牢固。

⑤ 外观检查库用电源外部插座，应外观清洁、状态应完整、齐全。

**3. 蓄电池箱检修**

蓄电池箱须清扫检查，有腐蚀时须彻底清除并修整。把手、轨道不良时须修复，木板应无腐蚀。检查蓄电池箱门，应无变形，安装螺栓牢固、无松动。

**4. 纳污箱检修**

① 纳污箱应安装牢固，清空集污箱，断流阀开启良好，燃油箱通气口、油口销状态良好，能正常开启、关闭。

② 防爬装置无变形、裂纹。

**5. 燃油箱检修**

① 燃油箱进行压力试验，充以（34.5+6.9）kPa 的压力，5 min 内压降不超过 0.07 kPa。油箱标尺位置正确，刻度清晰。 燃油监控单元作用良好。

② 加油口接口状态良好。

**6. 车钩缓冲器安装座检修**

① 不得有变形、裂纹。

② 测量钩缓安装座两侧磨耗板之间的距离，应为 346～347 mm。不符合要求的，可选用不同厚度的磨耗板进行调整，厚磨耗板必须焊接在靠近机车的端部。

③ 测量并记录机车端板到缓冲器安装座后磨耗板的距离，应大于 670 mm。组装缓冲器时，按此数据进行选配，缓冲器后从板至钩尾框前端的距离应接近并小于机车端板到缓冲器安装座后磨耗板的距离。

④ 对减振器座焊缝、柴油机安装座焊缝（柴油机下车时）、起吊板组装焊缝、燃油箱装配与车架端部一、二装配焊接处可探部位先打磨除漆，然后进行磁粉探伤，不得有裂纹存在。有裂纹时必须消除，消除裂纹后，深度不大于 2 mm 的缺陷，周围圆滑过渡；深度大于 2 mm 的缺陷进行焊修处理。

**7. 牵引中心销及其与车体焊缝的检修**

① 对牵引中心销及其焊缝表面进行清洗除漆，目视检查中心销状态，如有变形、拉伤和破损，则应更换。

② 磁粉探伤检查中心销及其与车体的焊缝：

a）牵引中心销与车体的焊缝裂纹必须磨削消除，并探伤确认无裂纹，打磨深度不超过 2 mm 的周围圆滑过渡，不须补焊；打磨深度超过 2 mm 的需补焊处理。

b）牵引中心销裂纹处理。

牵引中心销裂纹区域如图 2–7 所示。

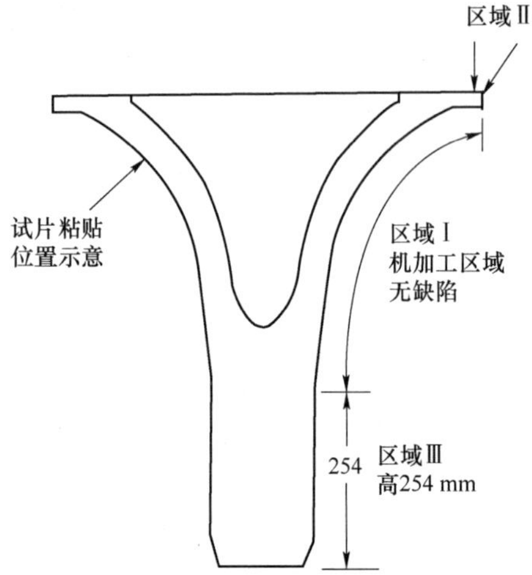


图 2–7　牵引中心销裂纹区域

① 区域Ⅰ允许存在长度小于或等于 3 mm 的磁粉积聚；长度大于 3 mm、深度小于 2 mm 的线形缺陷打磨消除，并圆滑过渡。

② 区域Ⅱ允许存在长度小于或等于 3 mm 的磁粉积聚；线形缺陷长度在 3 mm 至 5 mm 之间的，每 25 mm×25 mm 范围内不得多于 2 条，且间隔不得小于 6.5 mm，深度不得超过

3 mm，可以打磨消除，并圆弧过渡；线形缺陷长度在 3 mm 至 6.5 mm 之间、深度不超过 3 mm 的，可以打磨消除，并圆弧过渡。

③ 区域Ⅲ允许存在长度小于或等于 3 mm 磁粉积聚。线形缺陷长度在 3 mm 至 6.5 mm 之间的，每 25 mm×25 mm 范围内不得多于 2 条，且间隔不得小于 6.5 mm，深度不超过 3 mm，可以打磨消除，并圆弧过渡；线形缺陷长度在 3 mm 至 8 mm 之间、深度不超过 3 mm 的，可以打磨消除，周围圆弧过渡。

④ 超出① 至③ 范围的打磨消除后焊修处理。

## 【考核评价】

### 1. 自我评价

① 自我考核：$HX_N5$ 型内燃机车车体的结构、车体及其附件检修工艺描述。

② 自我评价（见表 2–8）。

表 2–8　自我评价（每项满分为 10 分）

| 序号 | 评价内容 | 得分 | 亮点 |
| --- | --- | --- | --- |
| 1 | 课前知识查阅、调研完成情况 | | |
| 2 | 课前、课中与人协作沟通表现 | | |
| 3 | $HX_N5$ 型内燃机车车体结构及检修工艺掌握情况 | | |
| 4 | 课前、课中学习态度表现 | | |

### 2. 小组评价（见表 2–9）

表 2–9　小组评价（每项满分为 10 分）

| 序号 | 评价内容 | 得分 | 亮点 |
| --- | --- | --- | --- |
| 1 | 课中学习态度表现 | | |
| 2 | 课前、课中与人协作沟通表现 | | |
| 3 | $HX_N5$ 型内燃机车车体结构及检修工艺掌握情况 | | |

### 3. 教师评价（见表 2–10）

表 2–10　教师评价（每项满分为 10 分）

| 序号 | 评价内容 | 得分 | 亮点 |
| --- | --- | --- | --- |
| 1 | 课前知识查阅、调研完成情况 | | |
| 2 | 课中参与及协作情况 | | |
| 3 | 掌握 $HX_N5$ 型内燃机车车体结构及检修工艺的效果 | | |

【教师建议】

熟悉并掌握 $HX_N5$ 型内燃机车车体结构及检修工艺，为今后参加内燃机车的检修工作打好基础。

# 任务 2.4　东风 $_4$ 型内燃机车车钩及缓冲装置检修

【任务描述】

在实训现场，需要提供一台东风 $_4$ 型内燃机车。为了搞清楚该型内燃机车的车钩及缓冲装置结构，可以将学生分成若干学习小组，以小组为单位，对照机车的车钩及缓冲装置，结合所学有关理论知识，对车钩及缓冲装置的各个部分进行观察、分析，使学生进一步认知东风 $_4$ 型内燃机车车钩及缓冲装置的结构及作用，熟练掌握车钩及缓冲装置检修作业程序，并展开有针对性的讨论。

【学习目标】

| | |
|---|---|
| 知识目标 | 掌握东风 $_4$ 型内燃机车车钩及缓冲装置的结构及检修作业程序 |
| 能力目标 | 能正确分析东风 $_4$ 型内燃机车车钩及缓冲装置的结构特点，能按检修作业程序进行车钩及缓冲装置检修 |
| 素质目标 | 养成细致、认真的工作作风；养成独立分析问题的良好习惯；能够比较自如地与他人沟通、协作完成工作 |

## 活动 2.4.1　东风 $_4$ 型内燃机车车钩及缓冲装置的结构

【活动要点】：车钩装置的结构。

车钩及缓冲装置的作用是实现机车与车辆（或机车）之间的连挂，同时传递并缓和列车在运行、制动或在调车作业时所产生的牵引力和冲击力。

车钩及缓冲装置主要由车钩、钩尾销、前从板、缓冲器、后从板、钩尾框、钩尾框托板等组成。东风 $_4$ 型内燃机车车钩及缓冲装置的结构如图 2–8 所示。

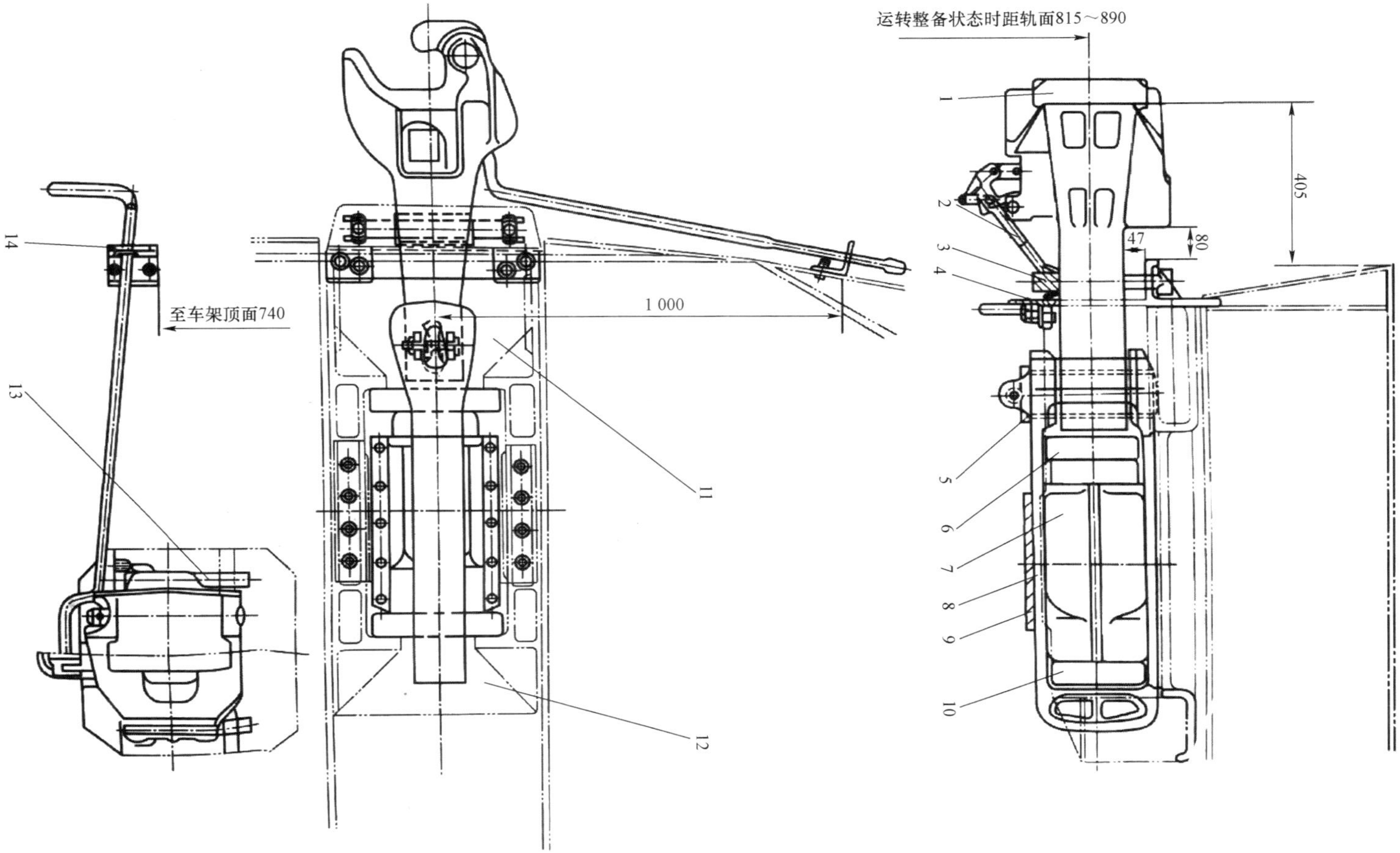


1—车钩；2—提杆；3—均衡梁；4—车钩托板；5—钩尾销；6—前从板；7—缓冲器；8—钩尾框；9—钩尾框托板；10—后从板；11—前从板座；12—后从板座；13—吊杆；14—提杆座。

图 2-8　东风 $_4$ 型内燃机车车钩及缓冲装置的结构（单位：mm）

## 活动 2.4.2　限度表

【活动要点】：检修项目及限度要求。

东风 $_{4D}$ 型内燃机车车钩及缓冲装置检修限度表如 2–11 所示。

**表 2–11　东风 $_{4D}$ 型内燃机车车钩及缓冲装置检修限度表**

| 序号 | 名　称 | | 原形 | 限度 | |
|---|---|---|---|---|---|
| | | | | 中修 | 禁用 |
| 1 | 钩舌销与钩耳套孔径向间隙/mm | 短向 | 1.2～2.6 | 3.0 | 4.0 |
| | | 长向 | 3.0～4.4 | 5.0 | 6.0 |
| 2 | 钩舌销与钩舌套孔径向间隙/mm | | 1.0～1.8 | 3.0 | 4.0 |
| 3 | 钩舌与钩体上下承力面的间隙/mm | | 1.0～6.0 | 1.0～8.0 | — |
| 4 | 钩舌与钩体上下面间隙/mm | | 1.0～6.0 | 10.0 | — |
| 5 | 钩舌与钩碗内侧门面间的距离/mm | 闭锁状态 | 112～122 | 127 | 130 |
| | | 全开状态 | 220～235 | 245 | 250 |
| 6 | 钩体扁销孔的尺寸/mm | 长 | $110^{+3}_{0}$ | 118 | — |
| | | 宽 | $44^{+2}_{0}$ | 49 | — |
| 7 | 钩尾框扁销孔的长度/mm | | $106^{+3}_{0}$ | 115 | — |
| 8 | 钩尾框内侧面磨耗量/mm | 两侧 | 25 | 7 | — |
| | | 尾端 | $125^{+5}_{-2}$ | 6 | — |
| 9 | 从板厚度/mm | | $57^{+2}_{0}$ | 56 | 54 |
| 10 | 钩头肩部与缓冲座的距离/mm | | 80 | 60 | — |
| 11 | 车钩尾部与从板的间隙/mm | | 2.0 | 5.0 | 9.0 |

## 活动 2.4.3　东风 $_4$ 型内燃机车车钩及缓冲装置检修作业程序

【活动要点】：检修作业程序及技术标准。

东风 $_4$ 型内燃机车车钩及缓冲装置检修作业程序如表 2–12 所示。

**表 2–12　东风 $_4$ 型内燃机车车钩及缓冲装置检修作业程序**

| 程序 | 序号 | 作业过程 | 工装机具 | 技术标准 |
|---|---|---|---|---|
| 分解 | 1 | 用丁字尺测量车钩中心线距轨面高度，以备重新组装时参考 | 车钩钩尺 | 840～890 mm |
| | 2 | 检查车钩在闭锁位时锁铁向上的活动量、防跳作用及锁铁与钩尾的状态和间隙 | 150 mm 塞尺 | ≤4 mm |
| | 3 | 检查车钩的三态作用 | | |

续表

| 程序 | 序号 | 作业过程 | 工装机具 | 技术标准 |
| --- | --- | --- | --- | --- |
| 分解 | 4 | 检查车钩在闭锁位和全开位时的车钩开度 | | |
| | 5 | 检查车钩尾部与从板的间隙 | 150 mm 塞尺 | 2～9 mm |
| | 6 | 检查从板、缓冲器底板与车体前后从板座是否有间隙 | 150 mm 塞尺 | |
| | 7 | 打下钩舌销上的开口销，拆下钩舌销后，提开车钩，拆下钩舌 | 手锤，撬棍 | |
| | 8 | 向上提起提杆，使钩锁向外转出，从下锁销上拆下钩锁 | | |
| | 9 | 向内翻转提杆，使下锁销从钩体内落下并从钩体中脱出，从提杆上取出下锁销 | | |
| | 10 | 将提杆从支架上取出 | | |
| | 11 | 松开并取下钩尾销螺栓，拆下钩尾销，吊下钩体 | 30 mm 梅花扳手，天车 | |
| | 12 | 松开并取下钩尾框托板螺栓，取下钩尾框托板，放置于横移车上 | 30 mm 梅花扳手 | |
| | 13 | 把车体用架车镐架至适当高度后，把车钩拆装专用工具推到钩尾框缓冲器下方，起动油泵，升起两顶镐，支撑钩尾框和缓冲器 | | |
| | 14 | 将工艺尾销装入钩尾框的钩尾销孔内，将专用顶镐放在从板与工艺尾销之间，在专用油镐上接好油管，起动油泵，给专用油镐加压，压缩缓冲器 5 mm 以上时，使前后从板座出现间隙并保压，使钩尾框与缓冲器落在两个托镐上 | | |
| | 15 | 缓缓落下两个托镐，使钩尾框缓冲器脱出缓冲箱，落在横移小车上，横向推出小车，沿过桥将钩尾框与缓冲器推出车体外 | | |
| | 16 | 起动油泵，缓解专用油镐，松开油镐油管，取下工艺尾销，用钢丝绳和天车吊下钩尾框与缓冲器 | | |
| | 17 | 从尾框内取出缓冲器及从板 | | |
| 清洗 | 1 | 煮洗各部件 | | |
| 检查与修理 | 1 | 探伤钩体、钩舌、钩舌销、钩尾框、尾销，应符合技术要求 | | |
| | 2 | 检修车钩各部件，应符合技术要求 | | |
| | 3 | 测量钩舌销与钩耳套内孔的径向间隙，应符合技术要求。钩耳销孔磨耗到限时，应镗孔镶套处理或更换经过硬化处理的新销套，或更换钩舌销 | 200 mm 游标卡尺 | 3～4.4 mm |
| | 4 | 检查钩尾框磨耗状态，内侧面的磨耗量，应符合技术要求，当磨耗到限时可焊修修复 | 钢板尺 | ≤7 mm |
| | 5 | 检查测量钩尾框扁销孔长度，应符合技术要求，超限时可焊修 | 钢板尺 | 106～109 mm |
| | 6 | 检查测量钩体扁销孔，应符合技术要求 | | |
| | 7 | 检查测量从板的磨耗量，应符合技术要求。磨耗到限时，可进行堆焊刨削修复 | 200 mm 游标卡尺 | ≤2 mm |
| | 8 | 焊修钩体裂纹时，焊坡应沿钩体的纵向堆焊，扁销的焊坡应按同心圆堆焊。焊修钩体的纵向裂纹时，应先在裂纹的终点钻$\phi$4～6 mm 的止孔，并沿裂纹铲成 V 形坡口，再进行焊修，做好记录 | | |
| | 9 | 外观检查均衡梁及吊杆，应无裂纹、变形 | | |
| | 10 | 检查缓冲座内侧磨耗板，应无严重磨耗压痕、开焊裂纹。检查前后从板座间距离，应符合技术要求 | 盒尺 | |

续表

| 程序 | 序号 | 作业过程 | 工装机具 | 技术标准 |
| --- | --- | --- | --- | --- |
| 组装 | 1 | 将缓冲器从板放入钩尾框内，装上工艺尾销和专用油镐，连接油管 | | |
| | 2 | 将组装好的钩尾框、缓冲器用吊车吊到横移车上，从过桥上推到车体缓冲座下 | | |
| | 3 | 起动油泵，使两托镐托起钩尾框、缓冲器，组装于前后缓冲座间 | | |
| | 4 | 起动油泵，使专用油镐压缩缓冲器，使缓冲器及从板对准前后缓冲座，同时升起前后两托镐，把钩尾框及缓冲器组装顶到缓冲座内 | | |
| | 5 | 释放专用油镐压力，使缓冲器伸张，支撑在前后缓冲座内。松下油管，拆下工艺扁销，取出专用油镐 | | |
| | 6 | 托起钩尾框托板，紧固钩尾框托板螺栓。落下前后托镐。将拆装车钩专用工具从车下推出，吊放到存放地点 | | |
| | 7 | 检查从板与前缓冲座，应密贴，允许局部有不贯通的间隙 | | |
| | 8 | 待推入转向架、吊入排障器、落下车体后，吊起钩体，装到钩尾框内，穿上车钩尾销，装上尾销螺栓，紧固螺母 | 天车，30 mm 梅花扳手 | |
| | 9 | 待装好排障器后，将钩提杆装到支座内；装上下锁销，提起提杆，装入钩锁、钩舌、钩舌销，穿好开口销 | | |
| | 10 | 测量车钩尾部与从板间隙 | 塞尺 | 2 mm |
| | 11 | 测量车钩钩舌与钩腕内侧面距离 | 300 mm 钢板尺 | 闭锁状态 112～122 mm；全开状态 220～235 mm |
| | 12 | 测量钩舌销与钩耳套内侧孔的径向间隙 | 塞尺 | 3～4.4 mm |
| | 13 | 测量钩舌与钩耳上下面间隙 | 塞尺 | ≤10 mm |
| | 14 | 测量钩舌与钩体上下承力面间隙 | 塞尺 | 1～8 mm |
| | 15 | 测量车钩锁闭位时，钩锁向上活动量、钩锁与钩舌尾部间隙及接触面状态和接触高度、钩锁尾部与钩体接触间隙 | 盒尺，塞尺 | 5～22 mm<br>≥40 mm<br>≤4 mm |
| | 16 | 测量车钩中心线距轨面高度 | | 840～890 mm |
| | 17 | 车钩三态作用良好，开关灵活，无卡滞 | | |

## 【考核评价】

### 1. 自我评价

① 自我考核：车钩及缓冲装置的结构、作用及检修作业程序描述。

② 自我评价（见表 2–13）。

**表 2–13 自我评价（每项满分为 10 分）**

| 序号 | 评价内容 | 得分 | 亮点 |
| --- | --- | --- | --- |
| 1 | 课前知识查阅、调研完成情况 | | |
| 2 | 课前、课中与人协作沟通表现 | | |
| 3 | 车钩及缓冲装置结构、检修作业程序掌握情况 | | |
| 4 | 课前、课中学习态度表现 | | |

**2. 小组评价（见表 2–14）**

表 2–14　小组评价（每项满分为 10 分）

| 序号 | 评价内容 | 得分 | 亮点 |
|---|---|---|---|
| 1 | 课中学习态度表现 | | |
| 2 | 课前、课中与人协作沟通表现 | | |
| 3 | 车钩及缓冲装置结构、检修作业程序掌握情况 | | |

**3. 教师评价（见表 2–15）**

表 2–15　教师评价（每项满分为 10 分）

| 序号 | 评价内容 | 得分 | 亮点 |
|---|---|---|---|
| 1 | 课前知识查阅、调研完成情况 | | |
| 2 | 课中参与及协作情况 | | |
| 3 | 掌握车钩及缓冲装置结构、检修作业程序的效果 | | |

**【教师建议】**

熟悉并掌握车钩及缓冲装置的结构、作用及检修作业程序，为今后参加内燃机车的检修工作打好基础。

# 项目 3

# 内燃机车转向架检修技能训练

## 任务 3.1 东风 $_{7C}$ 型内燃机车转向架检修

### 【任务描述】

在实训现场，需要提供东风 $_{7C}$ 型内燃机车转向架。为了搞清楚该型内燃机车转向架的结构，可以将学生分成若干学习小组，以小组为单位，对照机车转向架，结合所学有关理论知识，对转向架的各个部分进行观察、分析，使学生进一步认知东风 $_{7C}$ 型内燃机转向架的结构及作用，熟练掌握转向架检修作业程序，并展开有针对性的讨论。

### 【学习目标】

| | |
|---|---|
| 知识目标 | 掌握东风 $_{7C}$ 型内燃机车转向架的结构及作用 |
| 能力目标 | 能正确分析东风 $_{7C}$ 型内燃机车转向架的结构特点，能按检修作业程序进行转向架检修 |
| 素质目标 | 养成细致、认真的工作作风；养成独立分析问题的良好习惯；能够比较自如地与他人沟通、协作完成工作 |

### 活动 3.1.1 内燃机车转向架作用认知

【活动要点】：转向架的作用。

转向架是内燃机车的重要组成部分，它的主要作用体现在以下几个方面。

① 牵引作用。在给定的黏着重量下，转向架能良好地将轮轨接触处产生的轮周牵引力传递给机车车架、车钩，牵引整个列车运行。

② 支承及传递作用。转向架不但承受机车车架及以上各部分垂直方向上的载荷，将其载荷均匀地传递至各轴的轮对，而且还承受来自轮轨间纵向和横向的牵引力、制动力、横向力及附加的动态作用力。

③ 隔振及缓冲作用。转向架采用多种技术措施来实现其缓和冲击、衰减和隔离振动的

作用，从而保证机车良好的运行平稳性和稳定性。

④ 引导作用。转向架通过结构设计、参数选择及合理匹配，既具有良好的直线运行导向作用，又具有良好的曲线运行导向作用。

⑤ 制动作用。转向架设有基础制动装置，可以确保机车在规定的制动距离内停车。

## 活动 3.1.2　东风 $_{7C}$ 型内燃机车转向架结构认知

【活动要点】：东风 $_{7C}$ 型内燃机车转向架构架的结构特点。

**1. 东风 $_{7C}$ 型内燃机车转向架总体结构**

东风 $_{7C}$ 型内燃机车转向架总体结构如图 3–1 所示。

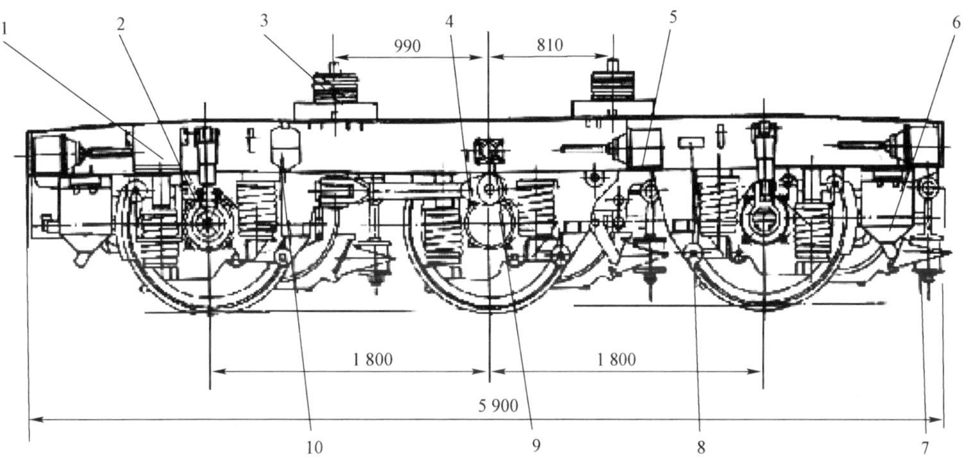


1—构架装配；2—轮对轴箱；3—旁承装置；4—牵引装置；5—基础制动装置；6—砂箱组成；
7—牵引电动机悬挂装置；8—标牌装置；9—侧挡装置；10—轮轨润滑装置。

图 3–1　东风 $_{7C}$ 型内燃机车转向架总体结构（单位：mm）

**2. 东风 $_{7C}$ 型内燃机车转向架构架**

构架是转向架的主体，是安装转向架所有零部件的骨架，也是承载和传递各种作用力的基础。因此，构架是一个受力复杂的结构部件，其结构取决于轴箱定位方式、车轮直径、弹簧悬挂形式、制动方式和车体支承形式等。

东风 $_{7C}$ 型内燃机车转向架构架由两根侧梁、两根横梁、前端梁、后端梁组合焊接成“目”字形框架。在此基础上分别焊有牵引拐臂座、拉杆座、内外侧弹簧座、电机吊杆座、水平杠杆座、横向止挡、制动缸座、制动座以及砂箱座。其结构如图 3–2 所示。

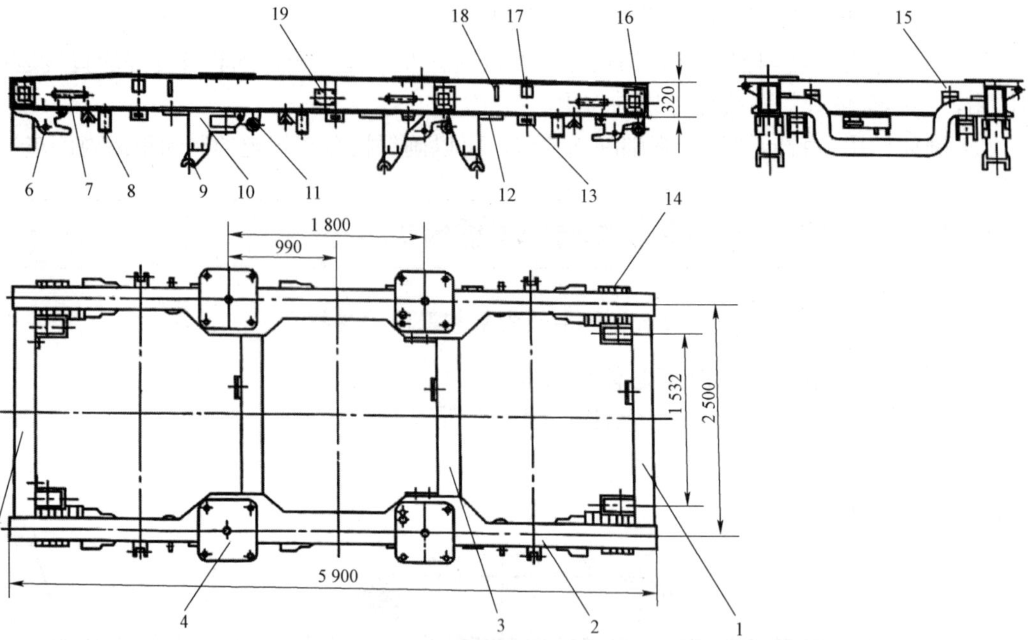


1—后端梁；2—侧梁；3—横梁；4—旁承梁；5—前端梁；6—制动座；7—水平杠杆座；8—外侧弹簧座；9—拉杆座；10—牵引拐臂座；11—电机吊杆座；12—内侧弹簧座；13—横向止挡；14—砂箱座；15—滑轮座；16—制动缸座；17—油压减振器座；18—吊耳；19—侧挡板座。

图 3–2　东风 $_{7C}$ 型内燃机车转向架构架结构（单位：mm）

## 活动 3.1.3　东风 $_{7C}$ 型内燃机车转向架技术参数

【活动要点】：主要技术参数及其取值。

东风 $_{7C}$ 型内燃机车转向架技术参数如表 3–1 所示。

**表 3–1　东风 $_{7C}$ 型内燃机车转向架技术参数**

| 参数 | 参数值 |
|---|---|
| 用途 | 调车及小运转 |
| 轴式 | $C_0$—$C_0$ |
| 最大速度/（km/h） | 100 |
| 轮径/mm | 1 050 |
| 轴重/t | 23 |
| 轴距/mm | 2×1 800 |
| 转向架中心距/mm | 9 980 |
| 通过最小曲线半径/m | 100 |
| 每轴簧下质量/t | 4.3 |
| 砂箱容量/kg | 4×85 |
| 装砂量/kg | 4×75 |
| 转向架重量/包括牵引电动机重量 | 23.9 |
| 转向架外形尺寸/［（长/mm）×（宽/mm）×（高/mm）］ | 5 900.0×3 060.0×1 510.5 |

## 活动 3.1.4 东风$_{7C}$型内燃机车转向架检修作业程序

【活动要点】：① 转向架的解体步骤。

② 转向架的组装步骤。

东风$_{7C}$型内燃机车转向架检修作业程序如表 3–2 所示。

**表 3–2 东风$_{7C}$型内燃机车转向架检修作业程序**

| 程序 | 序号 | 作业过程 | 工卡量具 | 标准 |
|---|---|---|---|---|
| 分解前的准备工作 | 1 | 用专用油桶将抱轴油盒和齿轮箱的油放净 | | |
| | 2 | 用塞尺测量抱轴瓦油润间隙，并填写抱轴瓦检修记录 | 塞尺 | ≤0.7 mm |
| | 3 | 用塞尺检查抱轴瓦背有无间隙 | 塞尺 | |
| | 4 | 将抱轴油盒、齿轮箱、轮对、轴箱弹簧、轴箱等做好标记 | | |
| | 5 | 将卡销插入轴箱弹簧下端的销孔内 | | |
| 分解 | 1 | 拆卸牵引电动机吊挂装置：<br>① 用专用支架将牵引电动机垫平。<br>② 拆去紧固螺母的开口销。<br>③ 拆卸吊杆螺母，并取下橡胶座。<br>④ 拆下安全托铁 | 65 电动扳手，65 套筒扳手 | |
| | 2 | 拆下油压减振器：<br>① 拆卸开口销及紧固螺母。<br>② 取出橡胶垫。<br>③ 从安装座中取出油压减振器 | 36 套筒扳手 | |
| | 3 | 除去轴箱拉杆紧固螺母的防缓铁丝，拆卸各轴箱拉杆与构架的安装螺栓，使拉杆与构架分离 | 24、27 套筒扳手 | |
| | 4 | 拆卸撒砂管，并做好标记 | 专用开口扳手 | |
| | 5 | 调整闸瓦与轮箍间隙至最大，以免吊构架时闸瓦与车轮相碰 | | |
| | 6 | 在构架上装好吊索，用天车缓慢吊起构架，放至检修场地专用支架上 | | |
| | 7 | 拆除制动装置的开口销，拆下各制动杆件 | 手锤，销子棍 | |
| | 8 | 拆下牵引杆销和牵引杆，拆下连接杆销及连接杆，拆下拐臂销及拐臂 | 专用开口扳手 | |
| 清洗 | 1 | 煮洗牵引杆及销、连接杆及销、拐臂及销、基础制动装置等 | | |
| | 2 | 清洁擦拭各关节轴承 | | |
| | 3 | 清扫构架各部 | | |
| 检查与修理 | 1. 检修构架 | ① 检修构架，若存在裂纹或开焊，应在裂纹两端打止裂孔，开“V”形坡口，视裂纹情况加焊补强板；开焊处所清除焊肉，打磨去除氧化物后重新焊接，焊接后进行复探 | | 不许有裂纹，各焊缝不得有开焊 |
| | | ② 检查弹簧座、旁承座、油压减振器座、电动机吊杆座及制动缸座 | | 不得有裂纹 |
| | | ③ 检查转向架球形侧挡磨耗情况 | | 磨耗超过 2 mm 时应更换 |

续表

| 程序 | 序号 | 作业过程 | 工卡量具 | 标准 |
| --- | --- | --- | --- | --- |
| 检查与修理 | 1. 检修构架 | ④ 检查转向架侧挡橡胶缓冲垫 | | 有磨损、老化者，应更换 |
| | | ⑤ 检查构架上的横向止挡 | | 磨耗超过 1 mm 时应更换 |
| | | ⑥ 检查各紧固螺栓、橡胶件 | | 螺栓无松动，橡胶件无老化、破损 |
| | | ⑦ 检查砂箱及砂管 | | 应安装牢固，连接良好，无泄漏 |
| | 2. 检修旁承 | ① 取下球头及橡胶弹簧 | | 磨耗量不许超过 2 mm |
| | | ② 拆下球柱顶端螺钉，取出固定板 | | |
| | | ③ 落下顶镐，取出球头及橡胶垫 | | |
| | | ④ 检查球头、球面及球柱 | | 不得有严重拉伤和磨损 |
| | | ⑤ 检查尼龙摩擦板，允许有轻微拉伤，边缘部分的轻微碰伤可做局部处理 | | 拉伤在厚度方向不许超过 2 mm，直径方向不许超过 5 mm |
| | | ⑥ 检查下摩擦板是否拉伤或磨损，如果有严重拉伤，可磨削处理；当下摩擦板出现镜面时，需上磨床加工清除 | | 磨削量超过 0.5 mm 时应加垫调整，中修时应将下摩擦板旋转 90° |
| | | ⑦ 检查旁承体 | | 不许有裂纹和泄漏 |
| | | ⑧ 检查旁承橡胶垫，应无破损、老化 | | 同一转向架四组旁承橡胶弹簧自由高度差不大于 4 mm，同一机车高度差不大于 6 mm，不符合时可用调整片调整 |
| | 3. 检修牵引杆装置 | ① 探伤检查牵引杆、拐臂、连接杆及各销 | | 不得有裂纹 |
| | | ② 测量拐臂销、连接销与套的间隙及牵引杆销球面轴承的间隙，应符合技术要求 | 游标卡尺 | ① 牵引杆拐臂销、连接杆销与套的间隙不许超过 1.5 mm。<br>② 牵引杆拐臂销、连接杆销的直径减少量不许超过 1.0 mm。<br>③ 牵引销与牵引杆销的球承与套的间隙不许超过 0.5 mm。<br>④ 拐臂座与拐臂销的间隙不许超过 0.5 mm |
| | | ③ 检查各销与球面轴承的状态，拐臂销、连接销、牵引销直径减少量符合技术要求 | 游标卡尺 | 直径减小是不许超过 1 mm |
| | | ④ 检查各销油路，应畅通。组装前，应将各销套涂油润滑 | | |

续表

| 程序 | 序号 | 作业过程 | 工卡量具 | 标准 |
|---|---|---|---|---|
| 检查与修理 | 4. 检修电动机吊挂装置 | ① 检查探伤电动机悬挂吊杆及销轴 | | 不许有裂纹、弯曲 |
| | | ② 检查橡胶座和销轴上的橡胶圈 | | 应无破损或老化，否则应更换。橡胶座有 28 mm 压缩量 |
| | 5. 检修基础制动装置 | ① 探伤检查各制动杠杆、圆销 | | 不许有裂纹，各杆磨耗严重时允许焊修 |
| | | ② 检查各销与套的间隙，应符合技术要求 | 游标卡尺 | 间隙不许大于 2 mm。组装前应将各销套涂油润滑 |
| | | ③ 检修手制动装置 | | 应作用良好 |
| | 6. 检修闸瓦间隙调整器 | ① 松开闸瓦托上的调节螺母，取下螺母和闸瓦托；拆下调整器防缓夹头，取下螺杆 | | |
| | | ② 清洗各零部件。检查螺杆、螺套及套筒的丝扣，应完好，如有乱扣的应顺扣修正 | | 螺杆与螺套的横动量不大于 1.5 mm |
| | | ③ 组装时按解体的相反顺序进行组装。组装后转动手轮应转动灵活，无卡滞现象 | | 闸瓦间隙调节到 6～8 mm。防尘胶套不得破损 |
| 组装 | 1 | 更换牵引杆上下橡胶垫，分别将连接杆销、拐臂销、牵引杆销与连接杆、拐臂、牵引杆组装在一起（组装时各销应涂以适量润滑脂），紧固各螺母、螺栓，穿好防缓铁丝和开口销 | 专用开口扳手 | 拐臂销、连杆销与套间隙不许超过 1.5 mm；牵引销、牵引杆销的球承与球套间隙不许超过 0.5 mm |
| | 2 | 组装后各销应做压油检查 | | 油路应畅通，各杆转动灵活，无卡滞 |
| | 3 | 将基础制动装置的各杆件、闸瓦间隙调整器、闸瓦托组装到转向架上 | 手锤，销子棍 | |
| | 4 | 将检修组装后的牵引电动机、轮对依顺序吊放到组装场地，注意轮对中心线与轨道中心线垂直，并对好轴距，支好电动机，打好止轮器 | | |
| | 5 | 将轴箱用支架垫平，把橡胶减振垫及扣好卡销的轴箱弹簧按顺序放在对应的轴箱弹簧座上 | | 按顺序组装 |
| | 6 | 用天车吊起构架，对好轮对位置，缓慢下落，当轴箱拉杆芯轴与构架拉杆座槽相吻和，电动机悬挂吊杆对好电动机悬挂座孔后，对好构架弹簧座的位置，将构架落到位，撤掉轴箱支架 | | |
| | 7 | 在电动机吊挂座孔上放好橡胶座和垫板，从上穿入吊杆并安装好吊杆及销，在每个电动机吊杆下方装上橡胶座及垫板，拧紧螺母，打好开口销 | 65 电动扳手 | 使橡胶座总压缩 28 mm |
| | 8 | 装上牵引电动机的安全托铁 | 24 套筒扳手 | |
| | 9 | 装好轴箱拉杆，紧固芯轴螺栓，穿好防缓铁丝。组装后，拉杆座与芯轴侧面、槽底面间隙应符合技术要求 | 24 套筒扳手，塞尺，克丝钳 | 局部间隙用 0.08 mm 塞尺检查，塞入深度不许超过 10 mm，芯轴与槽底面间隙不小于 0.5 mm，拉杆端盖与拉杆座槽口内侧面的局部间隙不许超过 0.2 mm |

续表

| 程序 | 序号 | 作业过程 | 工卡量具 | 标准 |
|---|---|---|---|---|
| 组装 | 10 | 安装紧固轴箱垂向油压减振器 | 36 套筒扳手 | |
| | 11 | 组装砂管及卡子，砂管安装应符合技术要求 | 专用开口扳手 | 撒砂管距轨面高度为30～60 mm，距轮箍与轨面接触点为（350±20）mm |
| | 12 | 组装旁承 | 梅花扳手 | 旁承体不许有裂纹和泄漏，球头和球面座无严重拉伤，尼龙摩擦板边缘部分轻微碰伤者允许做局部处理，但在厚度方向不许超过 2 mm，直径方向不许超过 5 mm，下摩擦板的拉伤允许磨削修理，磨削量若超过 0.5 mm，须加垫调整，中修时下摩擦板应旋转 90° |
| | 13 | 安装闸瓦 | | 调整闸瓦与轮箍的间隙为 6～8 mm |
| 记录与标识 | | 填写检修记录 | | 所有记录必须按规定的格式逐项填写，做到及时、准确、整洁，不得错记、漏记及涂改，签章齐全 |

## 【考核评价】

### 1. 自我评价

① 自我考核：东风 $_{7C}$ 型内燃机车转向架结构、检修作业程序描述。

② 自我评价（见表 3–3）。

**表 3–3　自我评价（每项满分为 10 分）**

| 序号 | 评价内容 | 得分 | 亮点 |
|---|---|---|---|
| 1 | 课前知识查阅、调研完成情况 | | |
| 2 | 课前、课中与人协作沟通表现 | | |
| 3 | 东风 $_{7C}$ 型内燃机车转向架结构、检修作业程序掌握情况 | | |
| 4 | 课前、课中学习态度表现 | | |

**2. 小组评价（见表 3–4）**

表 3–4　小组评价（每项满分为 10 分）

| 序号 | 评价内容 | 得分 | 亮点 |
|---|---|---|---|
| 1 | 课中学习态度表现 | | |
| 2 | 课前、课中与人协作沟通表现 | | |
| 3 | 东风 $_{7C}$ 型内燃机车转向架结构、检修作业程序掌握情况 | | |

**3. 教师评价（见表 3–5）**

表 3–5　教师评价（每项满分为 10 分）

| 序号 | 评价内容 | 得分 | 亮点 |
|---|---|---|---|
| 1 | 课前知识查阅、调研完成情况 | | |
| 2 | 课中参与及协作情况 | | |
| 3 | 掌握东风 $_{7C}$ 型内燃机车转向架结构、检修作业程序的效果 | | |

**【教师建议】**

熟练掌握东风 $_{7C}$ 型内燃机车转向架结构、检修作业程序，为今后从事有关内燃机车转向架的检修工作打好基础。

# 任务 3.2　东风 $_{4D}$ 型内燃机车转向架检修

**【任务描述】**

在实训现场，需要提供东风 $_{4D}$ 型内燃机车转向架。为了搞清楚该型内燃机车转向架的结构，可以将学生分成若干学习小组，以小组为单位，对照机车转向架，结合所学有关理论知识，对转向架的各个部分进行观察、分析，使学生进一步认知东风 $_{4D}$ 型内燃机车转向架的结构及作用，熟练掌握转向架检修作业程序，并展开有针对性的讨论。

**【学习目标】**

| | |
|---|---|
| 知识目标 | 了解东风 $_{4D}$ 型内燃机车转向架的概况，掌握东风 $_{4D}$ 型内燃机车转向架的结构特点 |
| 能力目标 | 能正确分析东风 $_{4D}$ 型内燃机车转向架的结构特点，能熟练指出各种设备的安装位置，能按检修作业程序进行转向架检修 |
| 素质目标 | 养成细致、认真的工作作风；养成独立分析问题的良好习惯；能够比较自如地与他人沟通、协作完成工作 |

## 活动 3.2.1 东风 $_{4D}$ 型内燃机车转向架结构认知

【活动要点】：东风 $_{4D}$ 型内燃机车转向架的结构特点。

**1. 东风 $_{4D}$ 型内燃机车转向架的结构**

东风 $_{4D}$ 型内燃机车转向架主要由构架、轮对、轴箱、支承装置、牵引杆装置、电动机悬挂装置、基础制动装置等组成。东风 $_{4D}$ 型内燃机车转向架的结构如图 3–3 所示。

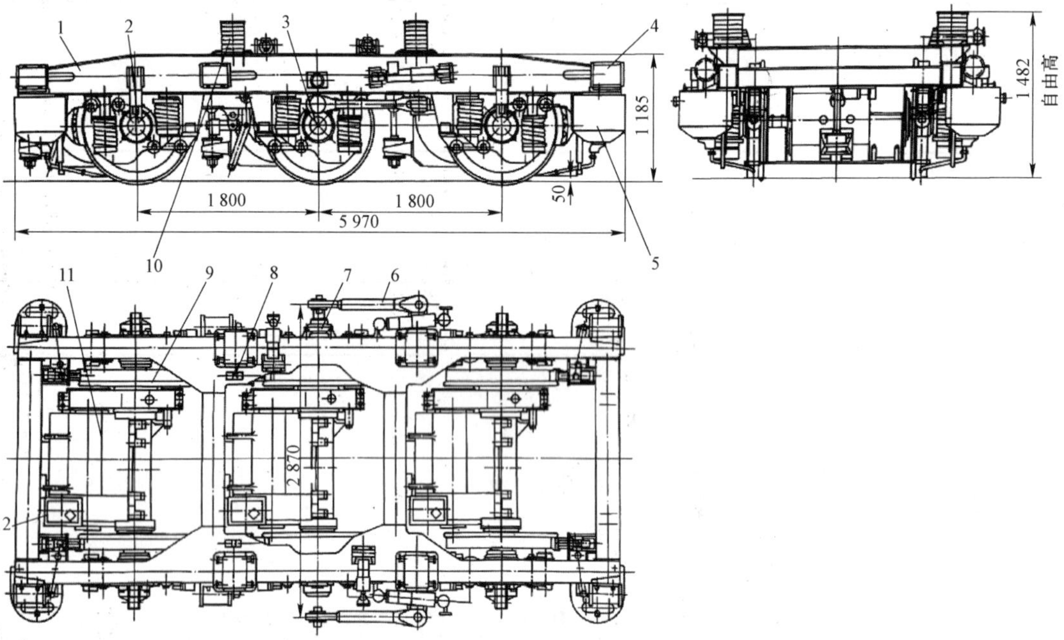


1—构架；2—轴箱（Ⅰ）；3—轴箱（Ⅱ）；4—基础制动装置；5—附件；6—牵引杆装置；7—轴箱（Ⅲ）；8—制动装置；9—轮对；10—支承装置；11—电动机悬挂装置；12—进风道。

图 3–3 东风 $_{4D}$ 型内燃机车转向架的结构（单位：mm）

**2. 东风 $_{4D}$ 型内燃机车转向架的结构特点**

① 牵引电动机顺置排列。

② 采用低位牵引杆装置。

③ 采用二系悬挂系统。

④ 采用四点支承，并加装横向和抗蛇行减振器。

⑤ 采用弹性轴箱拉杆定位。

## 活动 3.2.2 东风 $_{4D}$ 型内燃机车转向架检修要求

【活动要点】：① 转向架的检修、组装要求。

② 检修限度要求。

**1. 转向架检修要求**

① 构架及各焊缝不许有裂纹。

② 砂箱及砂管须安装牢固，连接良好，无泄漏。

③ 转向架球形侧挡磨耗量不大于 2 mm。

④ 转向架左右两侧与车体侧挡间隙之和应为 28～32 mm。

**2. 转向架组装要求**

① 轴箱与构架止挡间的单侧间隙为 6～11 mm。轴箱与轮对间的横动量：中间轴为 ±10 mm，两端轴为 ±3 mm。

② 牵引电动机吊杆的橡胶垫不许有破损或老化、变质。

③ 牵引电动机吊挂组装安装时，吊杆座与电动机应密贴，局部间隙不得大于 0.2 mm，吊杆两块橡胶垫的总压缩量为（28±0.5）mm。

**3. 限度表**

东风 $_{4D}$ 型内燃机车转向架检修限度表如表 3–6 所示。

表 3–6　东风 $_{4D}$ 型内燃机车转向架检修限度表

| 序号 | 名称 | 原形 | 限度 | |
|---|---|---|---|---|
| | | | 中修 | 禁用 |
| 1 | 拐臂销 | 0.010～0.248 | 0.100～0.500 | — |

## 活动 3.2.3　东风 $_{4D}$ 型内燃机车转向架检修作业程序

【活动要点】：① 东风 $_{4D}$ 型机车转向架的解体步骤。
② 东风 $_{4D}$ 型机车转向架的检修方法。

东风 $_{4D}$ 型内燃机车转向架检修作业程序如表 3–7 所示。

表 3–7　东风 $_{4D}$ 型内燃机车转向架检修作业程序

| 程序 | 序号 | 作业过程 | 工卡量具 | 标准 |
|---|---|---|---|---|
| 分解 | 1 | 拆下轴箱与转向架间的油压减振器 | 32 mm、36 mm 呆口扳手 | |
| | 2 | 拆下轴箱挡体的紧固螺栓 | 30 mm 棘轮 | |
| | 3 | 拆下轴箱拉杆与轴箱连接端的紧固螺栓，并把轴箱拉杆芯轴从轴箱的梯形槽内打出 | 30 mm 扭力扳手 | |
| | 4 | 松缓基础制动装置，全悬挂机车为单元制动器，把闸瓦间隙调整到最大 | 50 mm 棘轮 | |
| | 5 | 拆下砂管支架卡子螺栓，松开砂管螺母，取下撒砂管 | | |
| | 6 | 拆下轴箱轴承、牵引电动机轴承温度传感器和机车速度传感器 | | |
| | 7 | 吊下牵引电动机 | 55 mm 叉口扳手 | |
| | 8 | 在构架上装好吊索，缓慢吊起构架并放在支座上 | | |

续表

| 程序 | 序号 | 作业过程 | 工卡量具 | 标准 |
| --- | --- | --- | --- | --- |
| 分解 | 9 | 拆下各制动杆件 | 手锤，撬棍，17、18 mm 叉口扳手 | |
| | 10 | 拆下牵引杆销和牵引杆，拆下连接杆销及连接杆，拆下拐臂销及拐臂 | 24 mm 梅花扳手，46、50 mm 叉口扳手，克丝钳子 | |
| 清洗 | 1 | 煮洗牵引杆及销、连接杆及销、拐臂及销、基础制动装置 | | |
| | 2 | 清扫构架各部 | | |
| 检查与修理 | 1 | 外观检查各部及焊缝，应无裂纹、开焊 | | |
| | 2 | 检查转向架侧挡磨耗量，应符合技术要求 | | |
| | 3 | 检查构架上的轴箱止挡尼龙磨耗板，不得损坏，磨损不得超过 3 mm | | |
| | 4 | 检查轴箱拉杆，应无裂纹；更换各橡胶件；卡环应完整 | | |
| | 5 | 检查球形止挡，状态应良好；更换各橡胶件 | | |
| | 6 | 检查各紧固螺栓，应无松动；橡胶件应无老化、破损 | | |
| | 7 | 半悬挂机车：外观检查橡胶堆，不应有裂纹、老化，橡胶与金属板不应脱开；否则，根据技术要求更换 | | |
| | | 全悬挂机车：外观检查旁承弹簧，应无裂纹；检查各弹簧橡胶垫，应无龟裂、老化变形；否则根据技术要求更换 | | |
| | 8 | 探伤检查牵引杆、拐臂、连接杆及各销，不得有裂纹 | | |
| | 9 | 测量拐臂销、连接销与套的间隙及牵引杆销球面轴承的间隙，应符合技术要求 | | |
| | 10 | 检查各销与球面轴承的状态，各销油路应畅通，拐臂销、连接销、牵引销直径减少量符合技术要求 | | |
| | 11 | 半悬挂机车：<br>① 探伤检查电动机悬挂吊杆，不得有裂纹、弯曲；关节轴承不得有拉伤或烧损<br>② 检查橡胶垫，应无裂损和老化，否则应更换 | | |
| | | 全悬挂机车：探伤检查牵引电动机前吊杆、后吊杆，应无裂纹 | | |
| | 12 | 半悬挂机车：分解、清洗、探伤、检查各制动杆件、圆销，不得有裂纹 | | |
| | | 全悬挂机车：分解、清洗、检查单元制动器缸体和皮碗。缸体内不得有拉伤（轻微拉伤可用细砂布清除）；皮碗不得老化、磨损、破裂。组装时，缸体内应涂适量润滑脂；组装后上试验台试验通风，应无泄漏、作用良好 | | |
| | 13 | 全悬挂机车：外观检查制动器的各杠杆、圆销，各紧固螺栓、螺母应无松动，开口销完好 | | |
| | 14 | 瓦托与螺杆连接销、闸瓦撑与瓦托连接销处，加适量润滑脂，防护罩不得破损老化 | | |
| | 15 | 检修半悬挂机车闸瓦自动调节器 | | |
| 组装 | 1 | 分别将连接杆销、拐臂销、牵引杆销与连接杆、拐臂、牵引杆组装在一起（组装时各销应涂以适量润滑脂），紧固各螺母、螺栓，穿好防缓铁丝和开口销 | 24 mm 梅花扳手，46、50 mm 叉口扳手，克丝钳子 | |
| | 2 | 组装后各销应做压油检查，油路应畅通，各杆转动灵活，无卡滞 | | |

续表

| 程序 | 序号 | 作业过程 | 工卡量具 | 标准 |
| --- | --- | --- | --- | --- |
| 组装 | 3 | 半悬挂机车：将基础制动装置的竖杆、闸瓦自动调节器、闸瓦托组装到转向架上 | | |
| | | 全悬挂机车：安装单元制动器 | | |
| | 4 | 将检修组装后的牵引电动机轮对依顺序吊放到组装场地，注意轮对中心线与轨道中心线垂直，并对好轴距，支好电动机，打好止轮器 | | |
| | 5 | 将轴箱用支架垫平，把橡胶减振垫及扣好卡环的轴箱弹簧按顺序放在对应的轴箱弹簧座上 | | |
| | 6 | 用天车吊起构架，对好轮对位置，缓慢下落，当轴箱拉杆芯轴与构架拉杆座槽口吻合后，对好弹簧座的位置，将构架落到位，撤掉轴箱支架 | | |
| | 7 | 半悬挂机车：在电动机吊挂座孔上放好橡胶垫和垫圈，从上穿入吊杆并安装好吊杆及销，在每个电动机吊杆下方装上胶垫及垫圈，拧紧螺母，使橡胶垫总压缩量为 28 mm，打好开口销 | | |
| | | 全悬挂机车：吊起电动机，撤去支架，装上两杆并紧固螺栓。在构架电动机吊座上放好调整垫，将电动机落在前吊杆上，穿上连接螺栓，带好螺母，落下电动机。吊起前吊杆，将桥板和调整垫放在构架的电动机吊座上，落前吊于桥板上，穿上连接螺栓，带好螺母 | | |
| | 8 | 装好轴箱拉杆，紧固芯轴螺栓，穿好防缓铁丝。组装后，拉杆座与芯轴侧面、槽底面间隙应符合技术要求 | | |
| | 9 | 安装紧固轴箱垂向油压减振器、二系垂向减振器及抗蛇行减振器 | | |
| | 10 | 组装砂管及卡子，砂管安装应符合技术要求 | | |
| | 11 | 半悬挂机车：按技术要求组装橡胶旁承 | | |
| | | 全悬挂机车：将旁承弹簧吊入适当位置，盖好上盖板 | | |
| | 12 | 安装轴箱、牵引电动机温度传感器 | | |

## 【考核评价】

### 1. 自我评价

① 自我考核：东风$_{4D}$型内燃机车转向架的结构及检修作业程序描述。

② 自我评价（见表 3–8）。

**表 3–8　自我评价（每项满分为 10 分）**

| 序号 | 评价内容 | 得分 | 亮点 |
| --- | --- | --- | --- |
| 1 | 课前知识查阅、调研完成情况 | | |
| 2 | 课前、课中与人协作沟通表现 | | |
| 3 | 东风$_{4D}$型内燃机车转向架结构及检修作业程序掌握情况 | | |
| 4 | 课前、课中学习态度表现 | | |

**2. 小组评价（见表 3–9）**

表 3–9　小组评价（每项满分为 10 分）

| 序号 | 评价内容 | 得分 | 亮点 |
|---|---|---|---|
| 1 | 课中学习态度表现 | | |
| 2 | 课前、课中与人协作沟通表现 | | |
| 3 | 东风 $_{4D}$ 型内燃机车转向架结构及检修作业程序掌握情况 | | |

**3. 教师评价（见表 3–10）**

表 3–10　教师评价（每项满分为 10 分）

| 序号 | 评价内容 | 得分 | 亮点 |
|---|---|---|---|
| 1 | 课前知识查阅、调研完成情况 | | |
| 2 | 课中参与及协作情况 | | |
| 3 | 掌握东风 $_{4D}$ 型内燃机车转向架结构及检修作业程序的效果 | | |

### 【教师建议】

在掌握东风 $_{4D}$ 型内燃机车转向架结构及检修作业程序的基础上，进一步学习其他型号内燃机车转向架的结构，为今后参加机车检修工作打好基础。

## 任务 3.3　$HX_N5$ 型内燃机车转向架检修

### 【任务描述】

在实训现场，需要提供 $HX_N5$ 型内燃机车转向架。为了搞清楚该型内燃机车转向架的结构，可以将学生分成若干学习小组，以小组为单位，对照机车转向架，结合所学有关理论知识，对转向架的各个部分进行观察、分析，使学生进一步认知 $HX_N5$ 型内燃机车转向架的结构及作用，熟练掌握转向架检修作业程序，并展开有针对性的讨论。

### 【学习目标】

| | |
|---|---|
| 知识目标 | 了解 $HX_N5$ 型内燃机车转向架的概况，掌握 $HX_N5$ 型内燃机车转向架的结构及作用 |
| 能力目标 | 能正确分析 $HX_N5$ 型内燃机车转向架的结构特点，能熟练指出各种零部件的安装位置，能按检修作业程序进行转向架检修 |
| 素质目标 | 养成细致、认真的工作作风；养成独立分析问题的良好习惯；能够比较自如地与他人沟通、协作完成工作 |

## 活动 3.3.1　$HX_N5$ 型内燃机车转向架结构认知

【活动要点】：① $HX_N5$ 型内燃机车转向架的组成。
② $HX_N5$ 型内燃机车转向架的特点。
③ $HX_N5$ 型内燃机车牵引力的传递。

$HX_N5$ 型内燃机车转向架是在 2006 年从美国 GE 公司进口用于青藏铁路的 $NJ_2$ 型内燃机车转向架的基础上改进而来的，是三轴独立驱动、轴箱导框定位、浮动中心销牵引的无摇枕转向架。

**1. $HX_N5$ 型内燃机车转向架的结构**

$HX_N5$ 型内燃机车转向架主要由构架、轴箱及其定位结构、弹簧悬挂及减振器、轮对、电动机驱动装置、牵引装置、基础制动装置、附件（轮缘润滑装置、排障器、踏面清扫器、撒砂装置）等组成。$HX_N5$ 型内燃机车转向架的结构如图 3–4 所示。

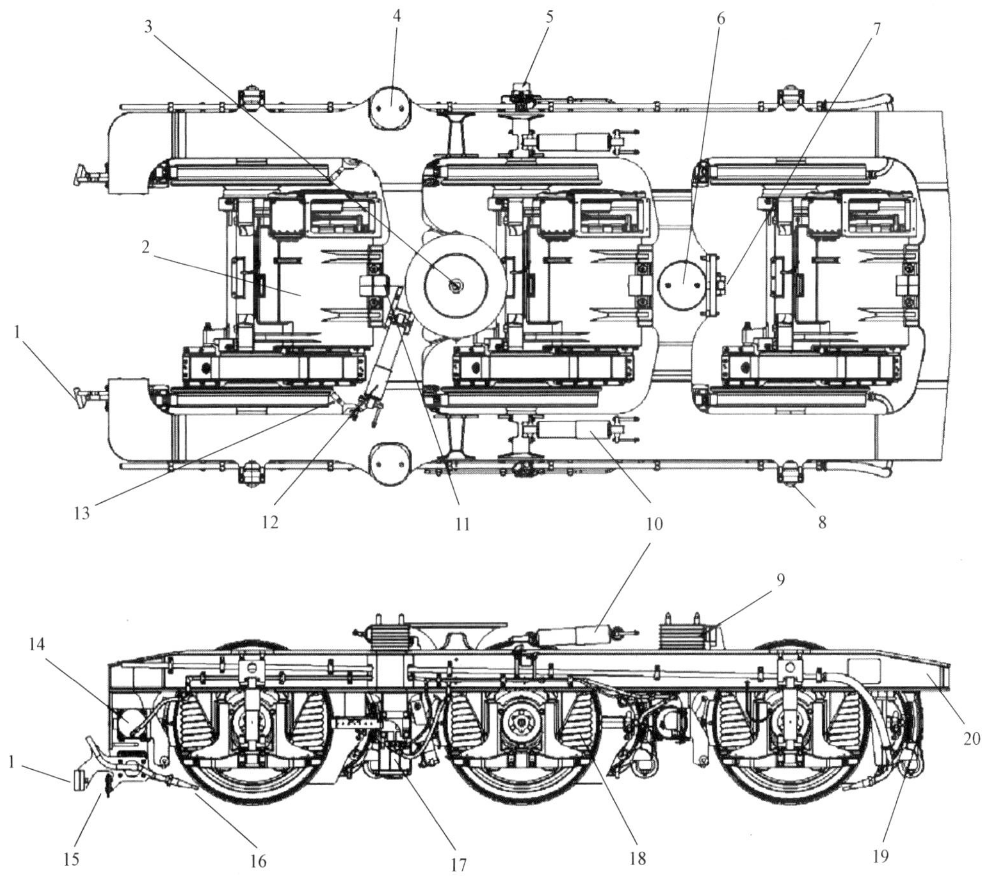


1—排障器；2—牵引电动机；3—中心销；4—承载垫；5—速度传感器；6—承载垫；7—转向架吊钩；8—垂向减振器；9—承载垫；10—抗蛇行减振器；11—牵引电动机吊杆；12—横向减振器；13—轮缘润滑装置；14—单元制动器；15—踏面清扫器；16—撒砂喷嘴；17—单元制动器；18—轴箱弹簧；19—牵引电动机吊杆；20—构架。

图 3–4　$HX_N5$ 型内燃机车转向架的结构

**2. $HX_N5$ 型内燃机车作用力的传递**

1）垂向力

车体及其以上设备的重力传递路线：车体—旁承—构架—轴箱弹簧—轴箱及轴承—车轴轴颈—车轮—钢轨。

钢轨不平顺导致的作用于车轮的垂向冲击力与上述重力的传递方向相反，经弹簧及减振器缓冲后再传递到车体。

2）纵向力（牵引力和制动力）

牵引力或制动力传递路线：钢轨—轮对—轴箱轴承—导框—构架—牵引销—车体。

3）横向力

横向轮轨力传递路线：钢轨—轮对—轴箱轴承—导框—构架—牵引销—车体。

**3. $HX_N5$ 型内燃机车的牵引装置**

$HX_N5$ 型内燃机车采用中心销形式的牵引装置，作为车体与转向架之间的一种连接装置。牵引装置在传递牵引力的同时，还允许转向架相对于车体有适当的横动和转动。

$HX_N5$ 型内燃机车的牵引装置由牵引座、中心销、尼龙衬套、横向止挡、托架、支承架等组成。中心销为铸钢件（材质符合“AAR M–201 B+级”要求），质量约 246 kg。中心销焊装在车体架下部。$HX_N5$ 型内燃机车的牵引装置如图 3–5 所示。

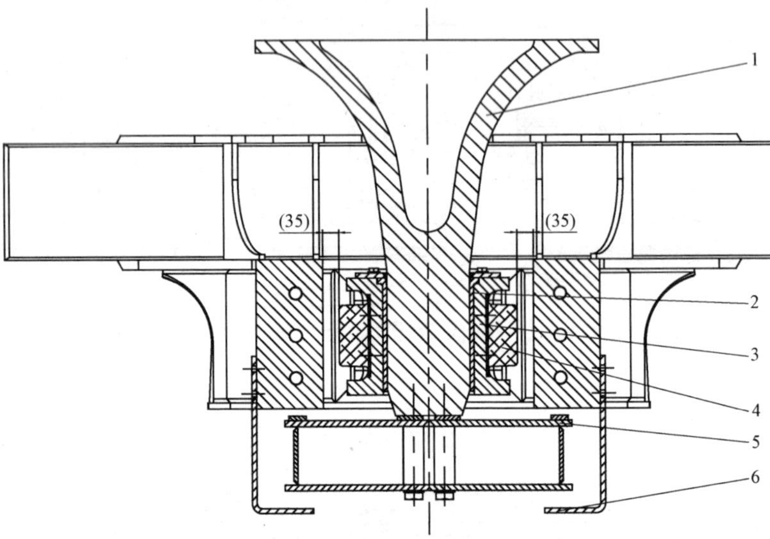


1—中心销；2—尼龙衬套；3—牵引座；4—横向止挡；5—托架；6—支承架。

图 3–5　$HX_N5$ 型内燃机车的牵引装置（单位：mm）

**4. $HX_N5$ 型内燃机车的轴箱**

轴箱是联系转向架构架与轮对的活动关节，起着传递载荷、固定轴距的作用。当机车运行时，还起到传递牵引力、制动力以及横向载荷和纵向载荷的作用。

$HX_N5$ 型内燃机车转向架采用导框式定位结构，由构架导框与轴箱体相互配合组成导框定位。这种定位方式存在摩擦磨损，需要进行定期检测并更换摩擦副组件。

$HX_N5$ 型内燃机车轴箱由轴箱体、轴箱弹簧、轴箱轴承、导框衬垫、磨耗板、轮对托座、轴承保持座、上下弹簧座、调整垫、橡胶垫等组成，如图 3-6 所示。

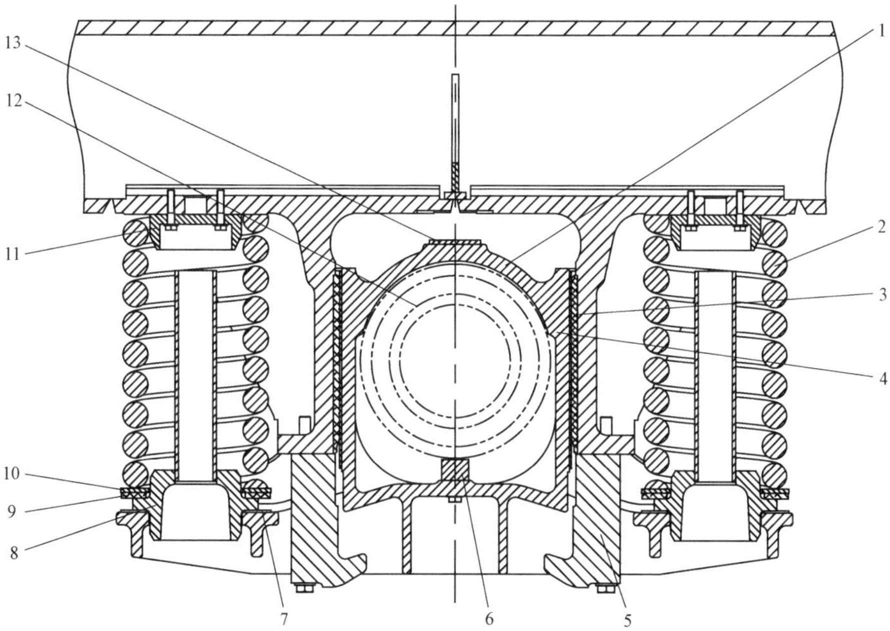


1—轴箱体；2—轴箱弹簧；3—导框衬垫；4—主磨耗板；5—轮对托座；6—轴承保持座；7—调整垫；8—下弹簧座；9—橡胶垫；10—隔板；11—上弹簧座；12—轴箱轴承；13—顶面磨耗板。

图 3-6　$HX_N5$ 型内燃机车的轴箱

## 活动 3.3.2　$HX_N5$ 型内燃机车转向架主要技术参数

【活动要点】：主要技术参数及其取值。

$HX_N5$ 型内燃机车转向架主要技术参数如表 3-11 所示。

**表 3-11　$HX_N5$ 型内燃机车转向架主要技术参数**

| 参数 | 参数值 |
|---|---|
| 轨距/mm | 1 435 |
| 轴式 | $C_0$—$C_0$ |
| 轮径（新）/mm | 1 050 |
| 轴距/mm | 2×1 850 |
| 轴重/t | 25 |
| 两转向架中心距/mm | 12 879 |
| 转向架自重/t | 21.8 |
| 每轴簧下质量/t | 4.35 |

续表

| 参数 | 参数值 |
|---|---|
| 牵引齿轮传动比 | 85:16 |
| 一系悬挂垂向刚度（每个弹簧）/（N/mm） | 430±20 |
| 二系悬挂垂向刚度 | |
| 侧承载垫（每只）/（kN/mm） | 16（1+30%） |
| 中间承载垫/（kN/mm） | 21（1+30%） |
| 牵引点距轨面高度/mm | 600 |
| 通过最小曲线半径/m | 145 |
| 机车最大速度/（km/h） | 120（动轮全磨耗） |
| 机车持续速度/（km/h） | 25（动轮半磨耗）（AAR 标准） |
| 机车牵引力 | |
| 最大起动牵引力（按计算轮径）/kN | 620 |
| 持续牵引力/kN | 565（AAR 标准） |
| 制动缸压力/kPa | 440～460 |
| 制动倍率 | 3.45 |
| 制动效率 | 0.957 |

## 活动 3.3.3　$HX_N5$ 型内燃机车转向架（车体及附件）的检修工艺

【活动要点】：检修内容及相应检修标准。

**1. 工装工具**

内径量表、外径千分尺、游标卡尺、平台、专用工具、油盘、毛刷、试验台、60～300 N・m 扭矩扳手、200～1 000 N・m 扭矩扳手、500～2 000 N・m 扭矩扳手。

**2. 作业材料**

砂纸、清洗剂、硅脂、绸布。

**3. 安全防护**

① 作业前穿戴好劳动保护用品。

② 作业过程中注意人身安全。

③ 登高作业佩戴安全带（绳）。

**4. 作业流程**

转向架—轴箱减振器—横向减振器—卡子—砂管—喷嘴—杆式润滑器—胶墩—铁鞋防脱装置—砂管防脱装置—脚踏面—旁承—闸瓦托。

$HX_N5$ 型内燃机车转向架检修作业程序如表 3-12 所示。

**表 3–12　$HX_N5$ 型内燃机车转向架检修作业程序**

| 序号 | 作业项目 | 作业内容及标准 | 作业图示 | 关键工序 | 安全风险提示及应急处置 |
|---|---|---|---|---|---|
| 1 | 1. 转向架（20 min） | 检查转向架。表面无裂纹、破损，砂箱盖安装牢固，各部件防缓标识清晰、正确 |  | 质 | 工作时注意天车吊物 |
| 2 | | 检查轴箱减振器，应安装牢固，螺栓无松缓，无漏油，安装座无裂纹，螺丝扭矩应为 190 N·m |  | 质 | 作业中站稳抓牢 |
| 3 | 2. 减振器（10 min） | 检查横向减振器。螺栓无松缓，标记清晰，安装牢固，无漏油，安装座无裂纹，螺丝扭矩应为 190 N·m |  | 质 | 禁止跨越地沟 |
| 4 | 3. 砂管（30 min） | 检查砂管卡子。卡子安装良好、无松动，胶管无裂纹 | 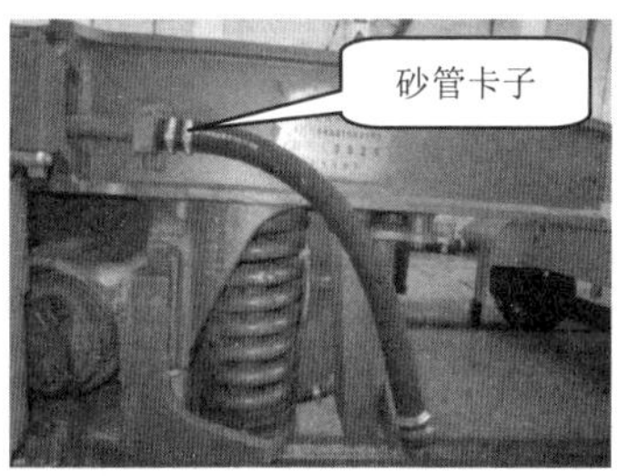 | | 作业中精神集中 |
| 5 | | 检查砂管。砂管无老化破损、龟裂、变形 |  | | 作业时站稳抓牢 |

续表

| 序号 | 作业项目 | 作业内容及标准 | 作业图示 | 关键工序 | 安全风险提示及应急处置 |
|---|---|---|---|---|---|
| 6 | 3．砂管（30 min） | 检查砂管喷嘴。喷嘴垂直轨面正中心，撒砂管、胶管、喷嘴、支架及卡子应安装牢固、无裂损。检查撒砂管出砂口距轨面高度、与踏面距离，应符合技术要求。砂管出砂口最低点距轨面高度范围为 25～30 mm，砂管出砂口距钢轨踏面最近点为 15～30 mm |  |  | 注意天车吊物 |
| 7 | 4．杆式润滑器（10 min） | 检查杆式润滑器。轮缘润滑装置应安装牢固，位置正确，管路无裂损 |  | ◆ | 穿戴好防护用品 |
| 8 |  | 检查杆式润滑器石墨。润滑器石墨对应轮缘表面，机车轮径变化（如镟轮、更换轮对）后及时对润滑装置进行调整。方管端部与轮缘根部距离：1、3、4、6 位为 20～25 mm，2、5 位为 25～30 mm |  |  | 禁止跨越地沟 |
| 9 | 5．铁鞋（20 min） | 检查铁鞋及防脱装置。胶皮无老化，铁鞋链无断口，有断口的需焊接。对铁鞋支架进行探伤检修 | 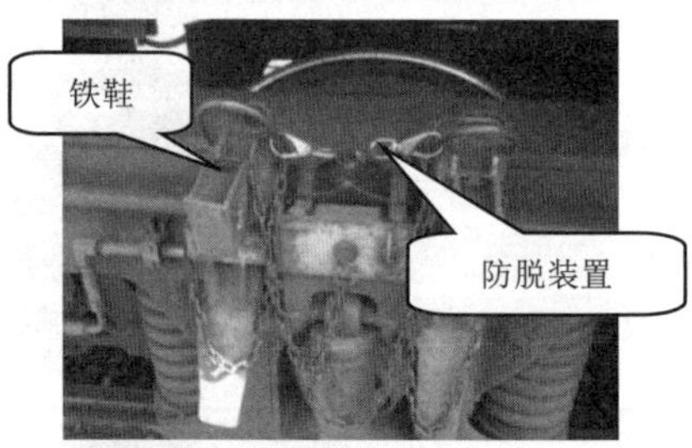 | ◆ | 作业时站稳抓牢 |
| 10 | 砂管防脱装置及踏面（10 min） | 检查砂管防脱装置。撒砂管无断裂、变形，胶皮无老化。螺丝扭矩应为 77 N•m |  | ◆ | 注意天车吊物 |

续表

| 序号 | 作业项目 | 作业内容及标准 | 作业图示 | 关键工序 | 安全风险提示及应急处置 |
|---|---|---|---|---|---|
| 11 | 砂管防脱装置及踏面（10 min） | 检查脚踏面。脚踏面无腐蚀、裂纹、破损，螺栓垫片无断裂 |   |  | 上下机车时注意安全 |
| 12 | 6. 旁承（10 min） | 检查旁承胶堆和紧固螺栓，检查二系橡胶钢板复合旁承，应无老化、裂损，安装座牢固，螺栓无松缓，橡胶墩应符合限度要求：① 顶板和底板不许有裂纹，弯曲不大于 1.0 mm; ② 橡胶表面损坏长度不超过 50 mm，损坏深度不超过 13 mm，且单层任一侧的切断和开裂不超过两处 |   | 质 | 地沟作业站稳抓牢 |
| 13 | 7. 闸瓦托（10 min） | 检查闸瓦托安装吊杆、吊杆轴。吊杆应安装牢固，弹簧无折损。闸瓦钎及定位锁应安装牢固。螺丝扭矩应为 535 N • m | 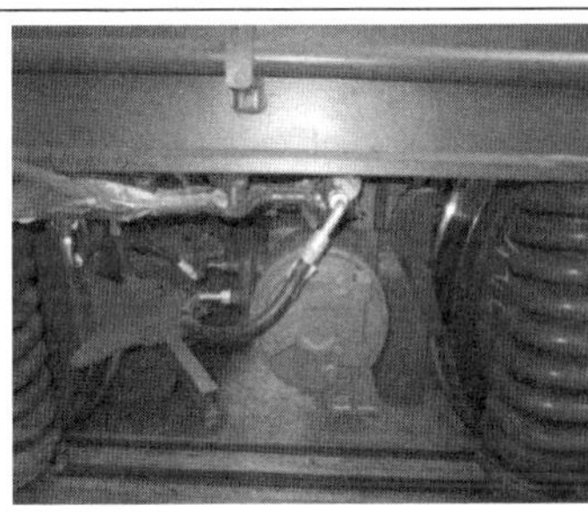 | ◆ | 禁止跨越地沟 |

## 【考核评价】

### 1. 自我评价

① 自我考核：$HX_N5$ 型内燃机车转向架结构及检修作业程序描述。

② 自我评价（见表 3–13）。

**表 3–13　自我评价（每项满分为 10 分）**

| 序号 | 评价内容 | 得分 | 亮点 |
|---|---|---|---|
| 1 | 课前知识查阅、调研完成情况 |  |  |
| 2 | 课前、课中与人协作沟通表现 |  |  |
| 3 | $HX_N5$ 型内燃机车转向架结构及检修作业程序掌握情况 |  |  |
| 4 | 课前、课中学习态度表现 |  |  |

**2. 小组评价（见表 3–14）**

**表 3–14 小组评价（每项满分为 10 分）**

| 序号 | 评价内容 | 得分 | 亮点 |
|---|---|---|---|
| 1 | 课中学习态度表现 | | |
| 2 | 课前、课中与人协作沟通表现 | | |
| 3 | $HX_N5$ 型内燃机车转向架结构及检修作业程序掌握情况 | | |

**3. 教师评价（见表 3–15）**

**表 3–15 教师评价（每项满分为 10 分）**

| 序号 | 评价内容 | 得分 | 亮点 |
|---|---|---|---|
| 1 | 课前知识查阅、调研完成情况 | | |
| 2 | 课中参与及协作情况 | | |
| 3 | 掌握 $HX_N5$ 型内燃机车转向架结构及检修作业程序的效果 | | |

### 【教师建议】

熟悉并掌握 $HX_N5$ 型内燃机车转向架的结构及检修作业程序，为今后从事内燃机车检修工作打好基础。

## 任务 3.4 东风 $_{4D}$ 型内燃机车轴箱检修

### 【任务描述】

在实训现场，需要提供东风 $_{4D}$ 型内燃机车轴箱。为了搞清楚该型内燃机车轴箱的结构，可以将学生分成若干学习小组，以小组为单位，对照机车轴箱，结合所学有关理论知识，对轴箱的各个部分进行观察、分析，使学生进一步认知东风 $_{4D}$ 型内燃机车轴箱的结构及作用，熟练掌握轴箱检修作业程序，并展开有针对性的讨论。

### 【学习目标】

| | |
|---|---|
| 知识目标 | 了解东风 $_{4D}$ 型内燃机车轴箱的概况，掌握东风 $_{4D}$ 型内燃机车轴箱的结构及检修作业程序 |
| 能力目标 | 能正确分析东风 $_{4D}$ 型内燃机车轴箱的结构特点，能熟练指出各种零部件的安装位置，能按检修作业程序进行轴箱检修 |
| 素质目标 | 养成细致、认真的工作作风；养成独立分析问题的良好习惯；能够比较自如地与他人沟通、协作完成工作 |

## 活动 3.4.1　东风 $_{4D}$ 型内燃机车轴箱结构认知

【活动要点】：东风 $_{4D}$ 型内燃机车轴箱的结构特点。

东风 $_{4D}$ 型内燃机车轴箱采用轴箱拉杆定位，通过两根轴箱拉杆与构架连接在一起，以传递牵引力或制动力，同时通过轴承与轮对连接，对轮对起到定位作用。

轴箱由轴箱体、滚柱轴承、弹簧及减振垫、弹簧盖和弹簧座、后盖和防尘圈、端盖和压盖以及轴箱拉杆等组成。防尘圈与滚柱轴承的内圈热套在轴颈上并用压盖压住。端轴轴箱装有一系垂向油压减振器。

轴箱共有三种，分别装在前、后端轴的左右侧、中间轴的左右侧。除防尘圈、端盖和压盖不同，端轴轴箱外侧轴承加直角挡圈外，三种轴箱的其余结构相同。图 3–7 为东风 $_{4D}$ 型内燃机车轴箱结构图，图 3–8 为其装配图。

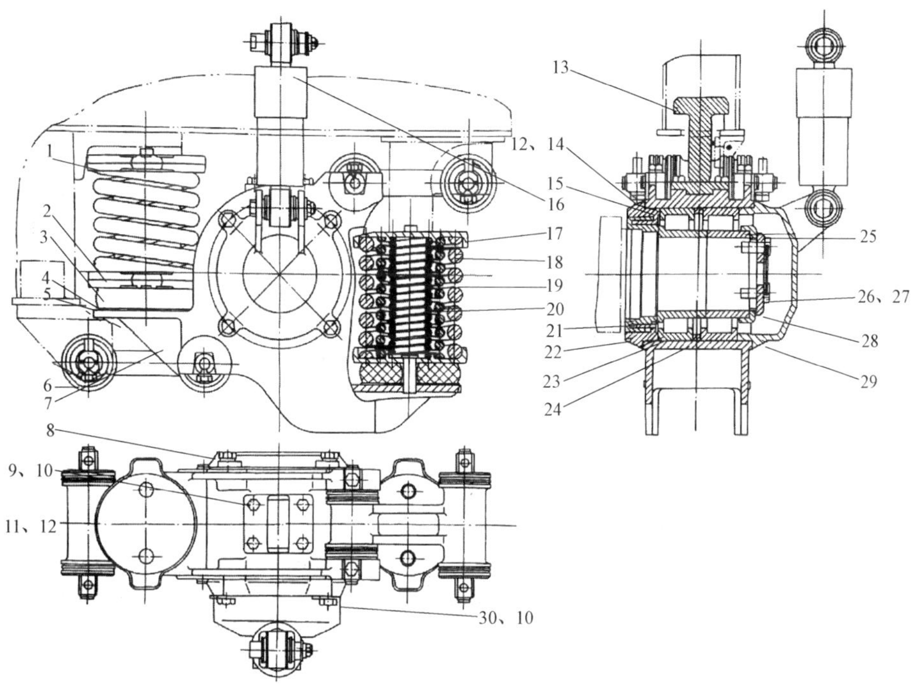


1—弹簧盖；2—弹簧座；3—减振垫；4、5—调整垫片；6—钢丝；7—轴箱拉杆；8—轴箱体；9—螺栓（M22×45）；10—垫圈（22）；11—螺栓（M20×40）；12—垫圈（20）；13—吊钩；14—螺栓（M20×75）；15—橡胶圈；16—油压减振器；17—弹簧盖；18—大圆弹簧；19—小圆弹簧；20—内圆弹簧；21—防尘圈；22—后盖；23、25—滚柱轴承；24—隔环；26—螺栓（M24×50）；27—垫圈；28—压盖；29—端盖；30—螺栓（M22×65）。

图 3–7　东风 $_{4D}$ 型内燃机车轴箱结构图

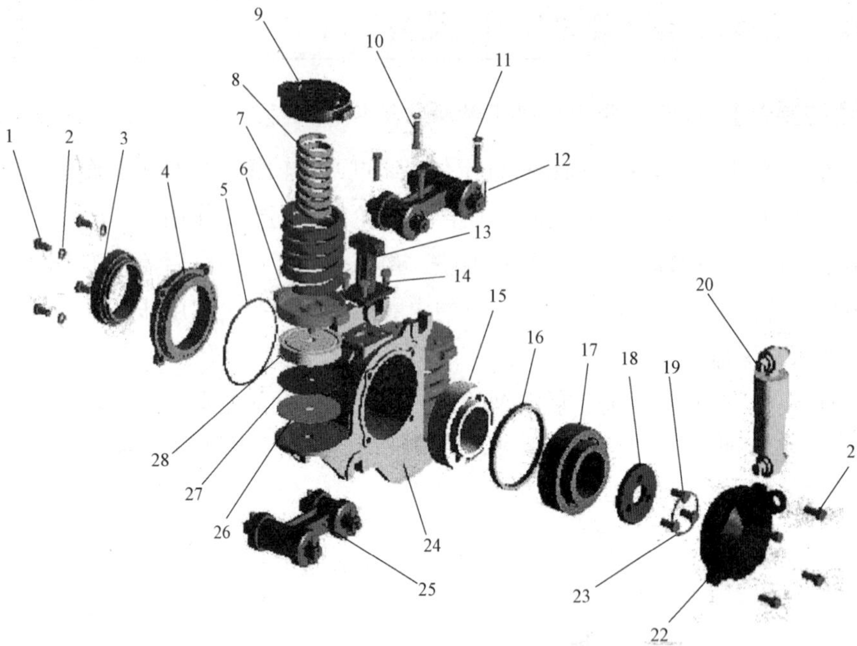


1—螺栓（M22×1.5×45）；2—垫圈（22）；3—防尘圈；4—后盖；5—橡皮圈；6—弹簧座；7—外圈弹簧；8—内圈弹簧；9—弹簧盖；10—螺栓（M20×80）；11—垫圈（20）；12—钢丝（$\phi$1.6×230）；13—吊钩；14—螺栓（M20×40）；15—轴承（NJ2232WB）；16—隔环；17—轴承（NUHJ2232WB）；18—压盖；19—螺栓（M24×50）；20—油压减振器；21—螺栓（M22×1.5×65）；22—端盖；23—钢丝（$\phi$ 1.6×600）；24—轴箱体；25—轴箱拉杆；26—调整垫片（二）；27—调整垫片（一）；28—减振垫。

图 3–8 东风 $_{4D}$ 型内燃机车轴箱装配图

## 活动 3.4.2 东风 $_{4D}$ 型内燃机车轴箱的检修技术要求

【活动要点】：① 检修要求。
② 检修限度表。

**1. 检修要求**

① 轴箱体、前后端盖不许有裂纹，轴箱后盖及防尘圈不许有偏磨，轴箱橡胶圈无老化和破损。

② 轴箱拉杆及其橡胶圈和橡胶垫不许裂损，拉杆芯轴与拉杆座结合斜面应密贴，局部间隙用 0.08 mm 塞尺检查，塞入深度不大于 10 mm，芯轴与槽底部间隙不大于 0.5 mm，拉杆端盖与拉杆座槽口内侧面的局部间隙不大于 0.2 mm。

③ 防尘圈与车轴对应部分装配过盈配合公差为 0.031～0.106 mm。

④ 轴承内圈与车轴颈的过盈配合公差为 0.027～0.077 mm，轴承外圈与轴箱体孔的间隙配合公差为 0.040～0.226 mm，同一轴箱中两套轴承的径向游隙差不大于 0.02 mm。轴承组装后，应在其内套外端面及轴头端面处沿圆周等分画出三条防缓标记线。

⑤ 机车运行中，轴箱温升不超过 38 K，须无明显滴脂现象。

### 2. 限度表

东风 $_{4D}$ 型内燃机车轴箱检修限度表如表 3–16 所示。

**表 3–16　东风 $_{4D}$ 型内燃机车轴箱检修限度表**

| 序号 | 名称 | 原形 | 限度 | |
|---|---|---|---|---|
| | | | 中修 | 禁用 |
| 1 | 轴箱内孔圆柱度 | 0.025 | 0.080 | — |

## 活动 3.4.3　东风 $_{4D}$ 型内燃机车轴箱的检修作业程序

【活动要点】：① 检修流程。
② 检修作业内容及相应技术标准。

东风 $_{4D}$ 型内燃机车轴箱的检修流程为：分解—清洗—检查与修理—组装，其检修作业程序如表 3–17 所示。

**表 3–17　东风 $_{4D}$ 型内燃机车轴箱的检修作业程序**

| 程序 | 序号 | 作业过程 | 工卡量具 | 技术标准 |
|---|---|---|---|---|
| 分解 | 1 | 分解前在轮芯上及轴箱上按顺序做好相应标记 | | |
| | 2 | 从轴箱上拆下轴箱拉杆 | | |
| | 3 | 拆下前盖螺栓，取下轴箱前盖。用塞尺测量轴箱轴承径向游隙，并做好记录 | 300 mm 塞尺 | 0.165～0.215 mm |
| | 4 | 拆下轴承压盖及轴承挡圈 | | |
| | 5 | 用天车将轴箱从轴颈上抽出，放到检修场地 | 天车 | |
| | 6 | 从轴箱内依次取出 NU、NUHJ、NJ 轴承及各零件，并在每排轴承上及内外隔圈上做好与轴箱对应的标记 | | |
| | 7 | 拆下后盖螺栓，取下后盖 | 24 mm 棘轮扳手 | |
| | 8 | 用电磁加热器加热，从轴颈上取下轴承内圈、防尘圈 | | |
| 清洗 | 1 | 用专用清洗剂清洗轴承 | | |
| | 2 | 清洗轴箱体、轴箱端盖 | | |
| | 3 | 清洗其他零件，橡胶件除外 | | |
| | 4 | 将清洗后的零件吹干擦净 | | |
| 检查与修理 | 1 | 用轴承检测仪进行轴承检测，应符合技术要求，并做好记录 | | |
| | 2 | 更换轴箱轴承时应探伤轴颈，不得有裂纹 | | |
| | 3 | 外观检查各轴箱弹簧，应符合技术要求 | | |
| | 4 | 检查轴箱体，不得有裂纹 | | |

续表

| 程序 | 序号 | 作业过程 | 工卡量具 | 技术标准 |
|---|---|---|---|---|
| 检查与修理 | 5 | 检查后盖与防尘圈，应无磨损。更换防尘圈时，与座的过盈量应符合技术要求 | | |
| | 6 | 更换前盖橡胶圈 | | |
| | 7 | 外观检查轴箱拉杆及芯轴，应无裂纹。挡环不得脱离或错位，橡胶垫无裂纹、老化，否则更换新品 | | |
| | 8 | 外观检查轴箱弹簧减振垫，应无脱胶、裂损、老化 | | |
| | 9 | 检查弹簧下座，应无裂纹，止动销无松动、脱落 | | |
| 组装 | 1 | 将清洗干净的后盖用 M24 螺栓紧固在轴箱体上 | | |
| | 2 | 将轴承外圈及隔圈按标记组装在箱体内 | | |
| | 3 | 按要求填充润滑脂，填充量为轴承室总容积的 50%～60% | | |
| | 4 | 装上导向套 | | |
| | 5 | 吊起轴箱体，使导向套对准轴承内圈，推进轴箱体，将导向套顶出，并在轴承内套外端面及轴头端面处沿圆周等分画出三条防缓标记线 | | |
| | 6 | 用三条 M24 螺栓通过压盖将直角挡圈或轴承内圈紧固在轴头上，紧固扭矩为 290～300 N•m，拧紧后用铁丝锁紧 | 34、36 mm 扭力扳手 | 290～300 N•m |
| | 7 | 用螺栓将前盖紧固在箱体上 | | |
| | 8 | 将轴箱拉杆用螺栓紧固在轴箱斜面槽内。装后检查芯轴与轴箱体的状态，应符合要求 | | |

## 【考核评价】

### 1. 自我评价

① 自我考核：东风 $_{4D}$ 型内燃机车轴箱的结构及检修作业程序描述。

② 自我评价（见表 3–18）。

**表 3–18 自我评价（每项满分为 10 分）**

| 序号 | 评价内容 | 得分 | 亮点 |
|---|---|---|---|
| 1 | 课前知识查阅、调研完成情况 | | |
| 2 | 课前、课中与人协作沟通表现 | | |
| 3 | 东风 $_{4D}$ 型内燃机车轴箱结构及检修作业程序掌握情况 | | |
| 4 | 课前、课中学习态度表现 | | |

### 2. 小组评价（见表 3–19）

表 3–19　小组评价（每项满分为 10 分）

| 序号 | 评价内容 | 得分 | 亮点 |
| --- | --- | --- | --- |
| 1 | 课中学习态度表现 | | |
| 2 | 课前、课中与人协作沟通表现 | | |
| 3 | 东风 $_{4D}$ 型内燃机车轴箱结构及检修作业程序掌握情况 | | |

### 3. 教师评价（见表 3–20）

表 3–20　教师评价（每项满分为 10 分）

| 序号 | 评价内容 | 得分 | 亮点 |
| --- | --- | --- | --- |
| 1 | 课前知识查阅、调研完成情况 | | |
| 2 | 课中参与及协作情况 | | |
| 3 | 掌握东风 $_{4D}$ 型内燃机车轴箱结构及检修作业程序的效果 | | |

## 【教师建议】

在掌握东风 $_{4D}$ 型内燃机车轴箱结构、作用及检修作业程序的基础上，进一步学习、掌握其他机型轴箱的结构及检修工艺，为今后从事内燃机车检修相关工作打好基础。

# 任务 3.5　东风 $_{4D}$ 型内燃机车轮对检修

## 【任务描述】

在实训现场，需要提供东风 $_{4D}$ 型内燃机车轮对。为了搞清楚该型内燃机车轮对的结构，可以将学生分成若干学习小组，以小组为单位，对照机车轮对，结合所学有关理论知识，对轮对的各个部分进行观察、分析，使学生进一步认知东风 $_{4D}$ 型内燃机车轮对的结构及作用，熟练掌握轮对检修作业程序，并展开有针对性的讨论。

## 【学习目标】

| | |
| --- | --- |
| 知识目标 | 了解东风 $_{4D}$ 型内燃机车轮对的概况，掌握东风 $_{4D}$ 型内燃机车轮对的结构及检修作业程序 |
| 能力目标 | 能正确分析东风 $_{4D}$ 型内燃机车轮对的结构特点，能熟练指出轮对零部件的安装位置，能按检修作业程序进行轮对检修 |
| 素质目标 | 养成细致、认真的工作作风；养成独立分析问题的良好习惯；能够比较自如地与他人沟通、协作完成工作 |

## 活动 3.5.1 东风 $_{4D}$ 型内燃机车轮对结构认知

【活动要点】：东风 $_{4D}$ 型内燃机车轮对的结构特点。

东风 $_{4D}$ 型内燃机车轮对主要由车轮、车轴、轮箍、齿轮等组成，如图 3–9 所示。

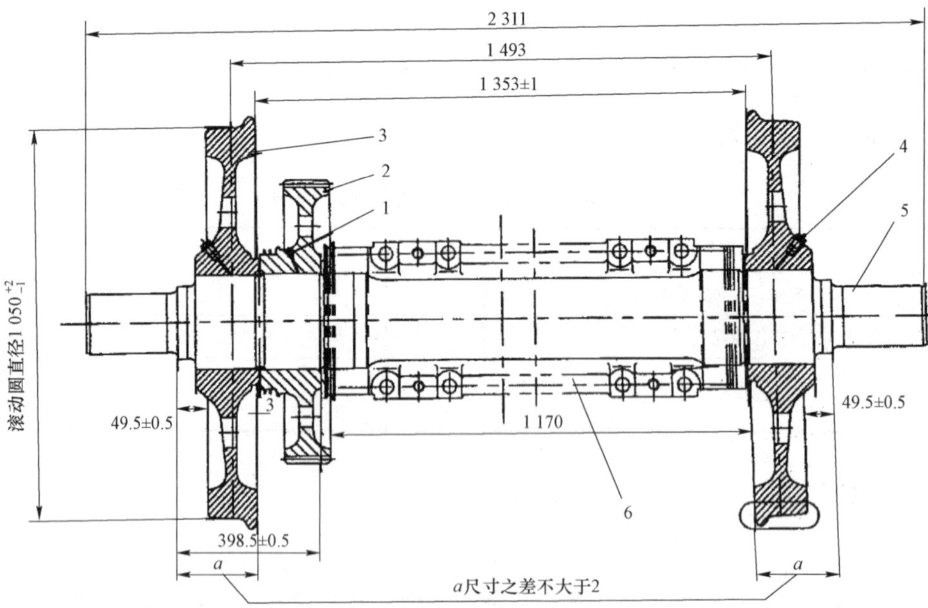


1—橡胶堵（$\phi$15×5）；2—从动齿轮；3—车轮；4—螺堵（M24×2）；5—车轴；6—滚动抱轴箱。

图 3–9 东风 $_{4D}$ 型内燃机车轮对结构图（单位：mm）

车轴采用碳素钢锻造制成，材料必须符合《铁路机车、车辆车轴用钢》（GB/T 5068—2019）的规定。在机车运行中，由于车轴承受较大的交变载荷、牵引力、侧压力以及各种复杂的动载荷等作用，因此车轴应保证有足够的强度，还应尽可能地减少车轴各截面上的应力集中。

轮心采用 ZG310–570 铸钢件制成，轮心与车轴为过盈配合，配合过盈量为 0.25～0.31 mm。轮心组装采用热装工艺。先将轮心在电炉或煤气炉中加热，加热温度不得高于 220 ℃，保温 20～30 min 后热套在轴上。轮心热装后冷至室温，在专用油压机上加 1 568～1 764 kN 压力，反压三次不得有松动。

从动齿轮采用 42CrMo 锻造，从动齿轮与车轴为热装过盈配合，配合过盈量为 0.230～0.285 mm，加热温度不超过 180 ℃，保温 20～30 min 后热套在车轴上。

轮箍采用 LG65–A 材质，轮箍与轮心的配合过盈量要严格控制在 1.15～1.35 mm 之内。装配时，将轮箍用电炉或煤气炉加热至 200～300 ℃，保温 20～30 min 后热装入轮心。当轮箍与轮心的配合表面存在锥度时，其方向应一致，两者之差应不大于 0.1 mm。装配后，轮箍的台阶应与轮心的侧面紧密配合，局部允许有不大于 0.1 mm 的间隙。

## 活动 3.5.2　东风 $_{4D}$ 型内燃机车轮对的检修技术要求

【活动要点】：① 检修要求。
② 检修限度表。

**1. 检修要求**

① 检查轮对状态。车轮踏面无剥离，轮缘无裂纹。

② 检查车轮踏面磨耗状态：

a）轮缘垂直磨耗高度不超过 18 mm，轮缘厚度在距踏面滚动圆向上 10 mm 处：不小于 23 mm。

b）踏面擦伤深度不大于 0.7 mm，踏面磨耗深度不大于 7 mm。当磨耗达到限度时，应重新镟轮。加工后，确保车轮内侧距为（1 353±1）mm，车轮端面对车轴中心线的跳动量不大于 0.5 mm。

c）同一轴上两车轮滚动圆直径之差不大于 1 mm，同一转向架各车轮滚动圆直径之差不大于 2 mm，同一机车各车轮滚动圆直径之差不大于 4 mm。

d）用样板检查踏面轮廓，踏面与样板之间的间隙，沿滚动圆表面允差为 0.5 mm，沿轮缘高度允差为 1 mm，沿轮缘厚度允差为 0.5 mm。检查时，样板应紧贴车轮内侧面；当车轮滚动圆直径达到 975 mm 时，必须报废。

③ 检查滚动抱轴箱轴承腔温度，不得超过 80 ℃。

④ 检查滚动抱轴箱相对于轮对的横动量，不得大于 0.5 mm。

⑤ 轮对检修时，必须防止水进入滚动抱轴箱内。

**2. 限度表**

东风 $_{4D}$ 型内燃机车轮对检修限度表如表 3–21 所示。

**表 3–21　东风 $_{4D}$ 型内燃机车轮对检修限度表**

| 序号 | 名称 | 原形 | 限度 | |
|---|---|---|---|---|
| | | | 中修 | 禁用 |
| 1 | 轮箍厚度/mm | 75 | 50 | 40 |
| 2 | 整体车轮轮辋厚度/mm | 75 | 40 | 30 |
| 3 | 同轴轮箍内侧距离差/mm | 0～1.0 | 1.5 | 2.0 |

## 活动 3.5.3　东风 $_{4D}$ 型内燃机车轮对检修作业程序

【活动要点】：① 检修程序。
② 检修作业内容及相应技术标准。

东风 $_{4D}$ 型内燃机车轮对检修作业程序如表 3–22 所示。

表 3–22 东风 $_{4D}$ 型内燃机车轮对检修作业程序

| 程序 | 序号 | 作业过程 | 工装机具 | 技术标准 |
|---|---|---|---|---|
| 分解 | 1 | 分解前在牵引电动机、轮对、牵引齿轮罩上按顺序写好编号 | 16 mm 内六方扳手，24、30 mm 梅花扳手 | |
| | 2 | 拆下牵引齿轮罩两端罩卡座处的螺栓，将齿轮箱分解，齿轮罩清洗后应无油垢 | | |
| | 3 | 清扫轮对、抱轴箱体或空心轴套外部的油垢 | | |
| 检查与修理 | 1 | 探伤检查轮对、轮箍，不得有裂纹及内部缺陷 | | |
| | 2 | 轮芯经清除油漆后，探伤检查轮芯、工艺孔及吊装孔，不得有裂纹，轮心裂纹禁止焊修。外观检查轮对镶入部，应无弛缓 | | |
| | 3 | 探伤检查车轴，不得有裂纹。更换轴箱轴承退下内圈时，轴颈应进行探伤 | | |
| | 4 | 半悬挂机车：探伤检查抱轴箱体，不得有裂纹；测量抱轴承的轴向间隙，应符合技术要求，并按规定注入润滑脂 | | |
| | | 全悬挂机车：外观检查驱动装置，橡胶球形关节应符合技术要求 | | |
| | 5 | 外观检查牵引从动齿轮，应符合技术要求。探伤检查从动齿轮，应符合技术要求 | | |
| | 6 | 将牵引齿轮罩内残迹和分箱面清洗干净，更换密封毡条。吹扫回油孔，应畅通。检查油封槽，应无磨损 | | |
| | 7 | 罩体无破损、裂纹，一般破损、裂纹应整修，破损严重时应挖补修复或更新 | | |
| | 8 | 检查通气帽，应畅通。加油口盖应完好密封，油尺应符合要求 | | |
| | 9 | 检查各螺栓、丝扣，应完好 | | |
| | 10 | 全悬挂机车电机悬挂驱动装置的零部件严禁互相碰撞，在组装、吊运、存放过程中，空心轴与车轴、空心轴与空心轴套之间的间隙应用专用橡胶垫垫紧 | 天车，吊具 | |
| 组装 | 1 | 将检修完的牵引电动机吊放到组装工作台上 | | |
| | 2 | 在电机油封环槽上装上橡胶圈，涂好密封胶 | | |
| | 3 | 将检修完的轮对吊到组装工作台上，使主、从动牵引齿轮正确啮合，使抱轴箱体或空心轴套与电动机贴合，装上 M36 螺栓，对角紧固，紧固扭矩为 1 175～1 300 N•m，应保证配合面密贴 | | |
| | 4 | 压铅检查主、从动齿轮啮合间隙，应符合技术要求并做好记录 | | |
| | 5 | 用丙酮将迷宫式油封槽及牵引齿轮罩体上下分箱面擦拭干净并均匀涂以密封胶，组装上下罩体 | | |
| | 6 | 分别紧固牵引齿轮罩卡座、拉紧螺栓，牵引齿轮罩与电动机安装处应选用适当垫片，紧固后齿轮罩不得有翘曲现象 | | |
| | 7 | 按规定注入齿轮油 | | |

## 【考核评价】

**1. 自我评价**

① 自我考核：东风 $_{4D}$ 型内燃机车轮对结构、作用及检修作业程序描述。

② 自我评价（见表 3–23）。

**表 3–23　自我评价（每项满分为 10 分）**

| 序号 | 评价内容 | 得分 | 亮点 |
|---|---|---|---|
| 1 | 课前知识查阅、调研完成情况 | | |
| 2 | 课前、课中与人协作沟通表现 | | |
| 3 | 东风 $_{4D}$ 型内燃机车轮对结构及检修作业程序掌握情况 | | |
| 4 | 课前、课中学习态度表现 | | |

**2. 小组评价（见表 3–24）**

**表 3–24　小组评价（每项满分为 10 分）**

| 序号 | 评价内容 | 得分 | 亮点 |
|---|---|---|---|
| 1 | 课中学习态度表现 | | |
| 2 | 课前、课中与人协作沟通表现 | | |
| 3 | 东风 $_{4D}$ 型内燃机车轮对结构及检修作业程序掌握情况 | | |

**3. 教师评价（见表 3–25）**

**表 3–25　教师评价（每项满分为 10 分）**

| 序号 | 评价内容 | 得分 | 亮点 |
|---|---|---|---|
| 1 | 课前知识查阅、调研完成情况 | | |
| 2 | 课中参与及协作情况 | | |
| 3 | 掌握东风 $_{4D}$ 型内燃机车轮对结构及检修作业程序的效果 | | |

## 【教师建议】

熟悉并掌握东风 $_{4D}$ 型内燃机车轮对的结构及检修作业程序，为今后从事内燃机车检修工作打好基础。

# 任务 3.6　东风 $_{4D}$ 型内燃机车牵引杆装置检修

## 【任务描述】

在实训现场，需要提供东风 $_{4D}$ 型内燃机车牵引杆装置。为了搞清楚该型内燃机车牵引杆装置的结构，可以将学生分成若干学习小组，以小组为单位，对照机车牵引杆装置，结合所学有关理论知识，对牵引杆装置的各个部分进行观察、分析，使学生进一步认知东风 $_{4D}$ 型内燃机车牵引杆装置的结构及作用，熟练掌握牵引杆装置检修工艺，并展开有针对性的讨论。

## 【学习目标】

| | |
|---|---|
| 知识目标 | 了解东风 $_{4D}$ 型内燃机牵引杆装置的作用，掌握东风 $_{4D}$ 型内燃机车牵引杆装置的结构及检修工艺 |
| 能力目标 | 能正确分析东风 $_{4D}$ 型内燃机车牵引杆装置的结构特点，能熟练指出各种零部件的检修要点，能按检修工艺检修牵引杆装置 |
| 素质目标 | 养成细致、认真的工作作风；养成独立分析问题的良好习惯；能够比较自如地与他人沟通、协作完成工作 |

## 活动 3.6.1　东风 $_{4D}$ 型内燃机车牵引杆装置结构认知

【活动要点】：东风 $_{4D}$ 型内燃机车牵引杆装置的结构特点。

### 1. 牵引杆装置的结构

东风 $_{4D}$ 型内燃机车牵引杆装置主要由两根牵引杆、两个拐臂、一根连接杆、牵引杆销、球面关节轴承、拐臂销、连接杆销等组成，如图 3–10、图 3–11 所示。

图 3–10　东风 $_{4D}$ 型内燃机车牵引杆外形

东风 $_{4D}$ 型内燃机车牵引杆装置构成一个四杆牵引机构，在转向架与车体间的侧挡配合下完成转向作用。在转向的同时，四个旁承起着转向架与车体间摩擦副的作用。

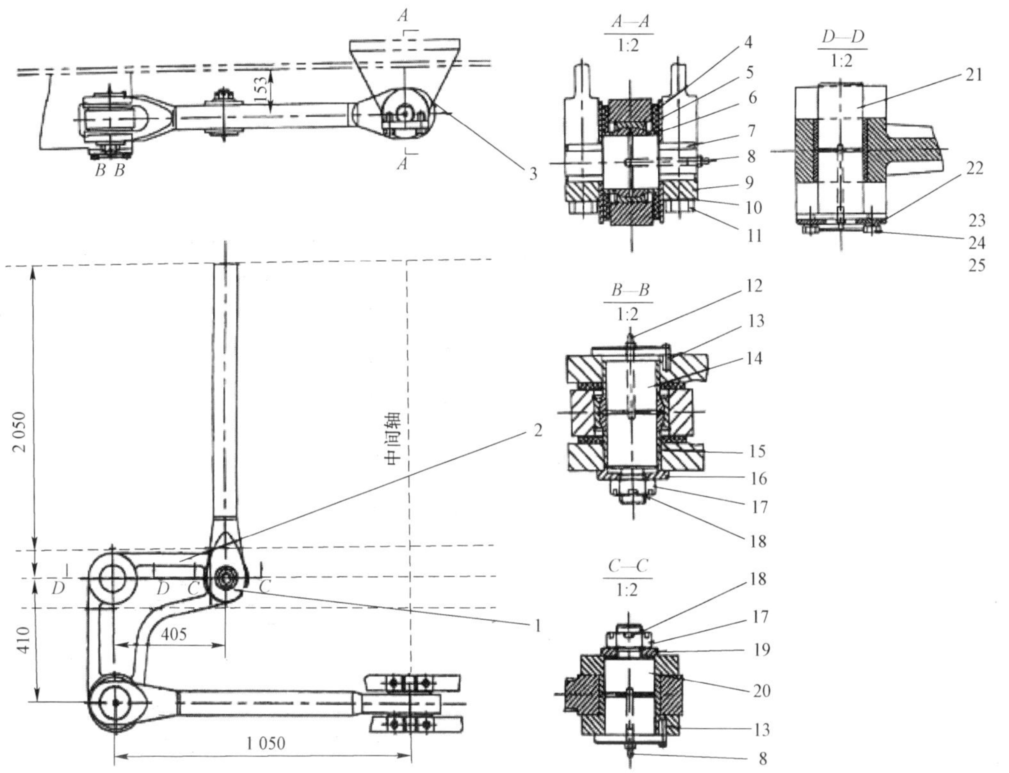

1—连接杆；2—拐臂；3—牵引杆；4—防尘挡板；5—防尘圈；6—隔套（一）；7—牵引销；8—油杯（M10×1）；9—托板；10—止动垫；11—螺栓（M24×55）；12—油杯（45°）；13—销（D10×30）；14—牵引杆销；15—隔套（二）；16—压盖；17—螺母；18—销（D6.3×70）；19—垫圈；20—连接杆销；21—拐臂销；22—止板；23—螺栓（M16×35）；24—垫圈（16）；25—钢丝（$\phi$1.6×500）。

图 3–11 东风 $_{4D}$ 型内燃机车牵引杆装置结构

转向架与车体之间，因为在旁承上设置有二系橡胶弹簧，所以车体与转向架之间的高度在机车发生振动时有所变化，因而在牵引杆与车体牵引座、牵引杆与拐臂的连接处均采用球面关节轴承，保证机车车体与转向架在机车运行中可以发生上下、左右各方向的位移。各连接销和球面关节轴承均设有压住式油杯，在机车运用中要定期给油杯加注润滑油，从而使各销及球面关节轴承或钢套始终保持良好的工作状态。

牵引杆装置各销及套均采用 45 号钢制成，并进行表面淬火。牵引销两侧制成梯形截面，并用压板通过两个 M24×55 螺栓紧固在车体的梯形槽内，便于机车落车时将牵引销顺利装入车体牵引销座上。拐臂销用止板盖固定在构架拐臂座上，不允许拐臂销相对拐臂座转动，只允许拐臂相对拐臂销转动，因此在拐臂上镶一个钢套作为摩擦副，使结构得到简化。连接杆与拐臂的连接，采用圆柱销作为转动轴，由于连接杆仅作水平方向的转动，不必采用球形关节轴承。在拐臂销结构上，端面留有 2 个 M16 工艺螺孔，便于拐臂销的取出。

**2. 牵引杆装置的工作过程**

机车车体与转向架发生回转时，2 个牵引杆在纵向将车体与转向架左右连接起来，使转向架在纵向不能相对移动，只能转动（或摆动），在车体与转向架做相对转动时，左右牵引杆只能绕转向架中心一前一后地同步转动。侧挡对于车体与转向架的横向距离具有限制作用，在纵向和横向均受到一定限制的情况下，借助牵引杆与侧挡的共同作用，转向架相对车体进行回转。

转向架回转的过程中，旁承具有摩擦副的作用，使机车在通过曲线或道岔侧线时，有牵引杆、侧挡、旁承三者共同作用代替心盘的作用，形成一个转动中心。

**3. 牵引杆装置的结构特点**

车体与构架之间的侧挡留有一定的间隙，而且是弹性的，在回转时，转动中心在一定范围内变动，使机车容易通过小半径曲线或道岔侧线，较容易实现低位牵引；相对横动时由于橡胶堆与横向油压减振器的配合，可以引导机车顺利通过曲线并减少机车横向冲击。

## 活动 3.6.2　东风 $_{4D}$ 型内燃机车牵引杆装置的检修技术要求

【活动要点】：① 牵引杆装置技术要求。
② 牵引杆装置各部间隙要求。
③ 探伤检查范围。

**1. 牵引杆装置技术要求**

牵引杆、拐臂、连接杆及各销不许有裂纹，拐臂与连接杆的连接销直径减少量不大于0.5 mm。

**2. 牵引杆装置各部间隙要求**

① 拐臂销、连接销与套的间隙不大于 1 mm。

② 牵引销、牵引杆销的球面关节轴承与球面关节轴承外套间隙不大于 0.5 mm。

③ 牵引销与销座结合斜面须密贴，局部间隙用 0.5 mm 塞尺检查，塞入深度不大于10 mm。

④ 牵引销与槽底部间隙不小于 0.5 mm，牵引杆装置组装后各关节部分须灵活、无卡滞。

**3. 探伤检查范围**

牵引杆、连接杆、拐臂、牵引销、牵引杆销、连接杆销、拐臂销、球面关节轴承及球面关节轴承外套须进行探伤检查。

## 活动 3.6.3　东风 $_{4D}$ 型内燃机车牵引杆装置的检修工艺

【活动要点】：① 清洗。
② 检查与修理。
③ 组装。

**1. 清洗**

清洗牵引杆、拐臂、连接杆及各销。

**2. 检查与修理**

① 牵引杆、拐臂、连接杆须探伤检查，不许有裂纹，但牵引杆、连接杆身上的纵裂纹

允许焊修。

② 测量拐臂销、连接杆销与套的间隙，不得大于 1.0 mm，过限时可更换销或套。

③ 检查牵引销及牵引杆销的球承与球套的间隙，大于 0.5 mm 时应更换。

④ 检查各销油路，应畅通；更换不良油嘴。

⑤ 检查各橡胶件，不得老化、破损。

⑥ 牵引杆装置组装后，牵引销与销座结合斜面应密贴，局部间隙用 0.05 mm 塞尺检查，塞入深度不大于 10 mm，销与槽底部间隙应大于 0.5 mm，各关节部分应转动灵活、无卡滞。

**3. 组装**

按照与拆卸相反顺序将牵引杆装置重新组装。

## 【考核评价】

**1. 自我评价**

① 自我考核：东风 $_{4D}$ 型内燃机车牵引杆装置结构、作用及检修工艺描述。

② 自我评价（见表 3–26）。

**表 3–26　自我评价（每项满分为 10 分）**

| 序号 | 评价内容 | 得分 | 亮点 |
|---|---|---|---|
| 1 | 课前知识查阅、调研完成情况 | | |
| 2 | 课前、课中与人协作沟通表现 | | |
| 3 | 东风 $_{4D}$ 型内燃机车牵引杆装置结构及检修工艺掌握情况 | | |
| 4 | 课前、课中学习态度表现 | | |

**2. 小组评价（见表 3–27）**

**表 3–27　小组评价（每项满分为 10 分）**

| 序号 | 评价内容 | 得分 | 亮点 |
|---|---|---|---|
| 1 | 课中学习态度表现 | | |
| 2 | 课前、课中与人协作沟通表现 | | |
| 3 | 东风 $_{4D}$ 型内燃机车牵引杆装置结构及检修工艺掌握情况 | | |

**3. 教师评价（见表 3–28）**

**表 3–28　教师评价（每项满分为 10 分）**

| 序号 | 评价内容 | 得分 | 亮点 |
|---|---|---|---|
| 1 | 课前知识查阅、调研完成情况 | | |
| 2 | 课中参与及协作情况 | | |
| 3 | 掌握东风 $_{4D}$ 型内燃机车牵引杆装置结构及检修工艺的效果 | | |

## 【教师建议】

在掌握东风 $_{4D}$ 型内燃机车牵引杆装置结构及检修工艺的基础上，进一步学习其他机型的牵引杆装置的结构及检修工艺，为今后从事内燃机车检修相关工作打好基础。

# 任务 3.7　东风 $_{4D}$ 型内燃机车油压减振器检修

## 【任务描述】

在实训现场，需要提供东风 $_{4D}$ 型内燃机车油压减振器。为了搞清楚该型内燃机车油压减振器的结构，可以将学生分成若干学习小组，以小组为单位，对照机车油压减振器，结合所学有关理论知识，对油压减振器的各个部分进行观察、分析，使学生进一步认知东风 $_{4D}$ 型内燃机车油压减振器的结构及作用，熟练掌握油压减振器检修工艺，并展开有针对性的讨论。

## 【学习目标】

| 知识目标 | 了解东风 $_{4D}$ 型内燃机车油压减振器的概况，掌握东风 $_{4D}$ 型内燃机车油压减振器的结构及检修工艺 |
|---|---|
| 能力目标 | 能正确分析东风 $_{4D}$ 型内燃机车油压减振器的结构特点，能熟练指出各零部件的位置，能按检修工艺进行检修 |
| 素质目标 | 养成细致、认真的工作作风；养成独立分析问题的良好习惯；能够比较自如地与他人沟通、协作完成工作 |

## 活动 3.7.1　东风 $_{4D}$ 型内燃机车油压减振器结构认知

【活动要点】：东风 $_{4D}$ 型内燃机车油压减振器的结构特点。

东风 $_{4D}$ 型内燃机车垂向油压减振器主要由四个部分组成：活塞部、进油阀部、缸端密封部、上下连接部，其结构如图 3–12 所示。东风 $_{4D}$ 型内燃机车抗蛇行油压减振器丝钉的结构如图 3–13 所示。

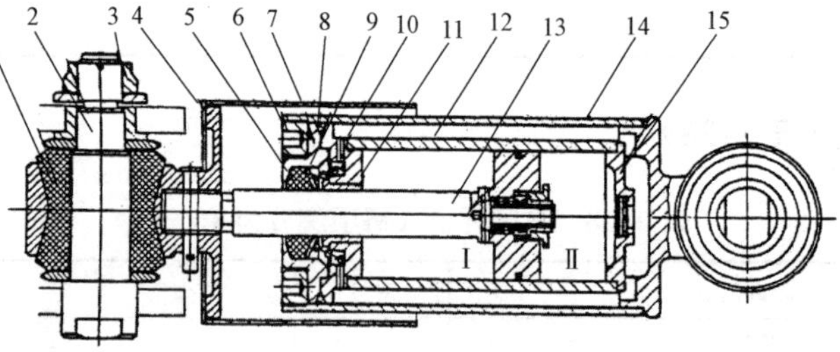


1—胶套；2—销轴；3—螺母；4—防尘罩；5—密封圈；6—螺盖；7—缸端；8—油封圈；9—托垫；10—密封弹簧；11—导向套；12—缸筒；13—活塞部；14—储油缸；15—进油阀；Ⅰ、Ⅱ—油腔。

图 3–12　东风 $_{4D}$ 型内燃机车垂向油压减振器的结构

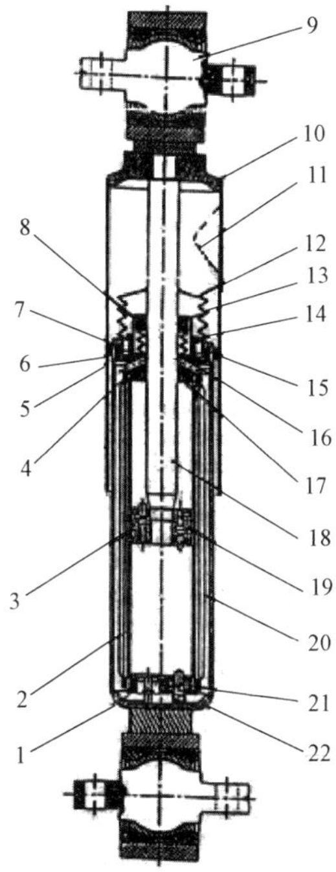


1—底阀单元；2—压力缸；3—活塞；4—200-06000 型 O 形圈；5—530-08509 型 O 形圈；6—支承垫片；7—锁紧螺母；8—密封圈；9—弹性接头；10—防尘罩；11—产品铭牌；12—防护波纹管；13—挡圈；14—紧固螺母；15—导向环；16—活塞导向盖；17—连接件；18—活塞杆；19—活塞头；20—补偿气囊；21—200-05600 型 O 形圈；22—底盖单元。

图 3-13　东风 $_{4D}$ 型内燃机车抗蛇行油压减振器丝钉的结构

## 活动 3.7.2　东风 $_{4D}$ 型内燃机车油压减振器的检修技术要求

【活动要点】：① 技术要求。
② 限度表。

### 1. 技术要求

1）垂向及抗蛇行油压减振器检修要求

须全部分解检修，更换磨损件、油封、密封圈、胶垫及工作油。

2）试验要求

① 垂向及抗蛇行油压减振器组装后须在试验台上进行试验，参数如下：

a）频率：1 Hz；

b）插头行程：60 mm；

c）阻尼系数：$78.5^{+10\%}_{-10\%}$ kN • s/m。

② 拉压阻力差不许超过拉压阻力和的 15%，试验记录的示功图须平滑、无畸形突变。试验中不许有异声，试验完毕后平置 24 h 无渗漏现象。

③ 抗蛇行油压减振器须进行外观检查，应无泄漏，橡胶关节无老化及破损，芯轴无裂纹。

**2. 限度表**

东风 $_{4D}$ 型内燃机车垂向及抗蛇行油压减振器检修限度表如表 3–29 所示。

**表 3–29　东风 $_{4D}$ 型内燃机车垂向及抗蛇行油压减振器检修限度表**

| 序号 | 名称 | 原形 | 限度 | |
|---|---|---|---|---|
| | | | 中修 | 禁用 |
| 1 | 活塞杆与导向套径向间隙/mm | 0.008～0.045 | 0.200 | — |
| 2 | 缸筒圆柱度/mm | 0.01 | 0.05 | — |
| 3 | 活塞与缸筒径向间隙/mm | 0.03～0.09 | 0.20 | — |
| 4 | 阀套与阀座间隙/mm | 0.016～0.070 | 0.200 | — |
| 5 | 心阀与阀套间隙/mm | 0.016～0.070 | 0.200 | — |
| 6 | 阀瓣与阀体间隙/mm | 0.10～0.30 | 0.60 | — |
| 7 | 胀圈自由开口间隙/mm | 8.0 | 4.0 | — |
| 8 | 胀圈工作开口间隙/mm | 0.2～0.3 | 0.4 | — |

## 活动 3.7.3　东风 $_{4D}$ 型内燃机车油压减振器的检修工艺

【活动要点】：① 检修流程。
② 检修作业内容及相应技术标准。

**1. 分解**

分解油压减振器之前，首先卸下弹性接头，然后打开油压减振器，进行以下工作：

① 用起重机把油压减振器拉长。

② 用老虎钳夹紧顶环。

③ 用带式钳子拧下保护套，就可见锁紧螺母。

④ 卸下导向环和防护波纹管。

⑤ 把油压减振器放在工具台上夹紧。

⑥ 用钩形扳手松开锁紧螺母。

⑦ 卸下以下部件：顶环端组件、带活塞杆的活塞、活塞导向套、压力缸、底阀、储油缸、把它们夹放在工具台上。

⑧ 用锤拔出底阀组件。

⑨ 倒空压力缸内剩余的油，并把它拔出。

⑩ 拆下两个活塞环。

⑪ 倒空残留在油压减振器底部的油，用洗涤剂擦洗油压减振器。

⑫ 解体活塞单元的密封部分，彻底解体密封垫单元。

**2. 检查及修理**

① 检查油压减振器，如果发现口径不正确，则更换活塞单元和底阀单元。

② 如果发现有过度磨耗或深度裂纹，更换压力缸。

③ 如果活塞杆导向套有划伤，更换活塞导向套。

④ 如果活塞杆有磨耗、镀铬层脱落或有碰撞，更换活塞杆。

⑤ 检查两个导向活塞环，根据它们的状况，对照技术要求，确定是否需要更换。

在检查及修理时应注意以下几点：

① 所有金属零件均需用清洗剂清洗。

② 清洗后的零件在安装前至少干燥 1 h。

③ 所有连接螺纹部分在组装时应涂乐泰 222 胶。

④ 所有紧固零件按规定扭矩拧紧，扭矩如下：

a）挡圈：70 N • m；

b）紧固螺母：90 N • m；

c）活塞：60 N • m；

d）防尘罩：180 N • m。

**3. 组装**

① 在重新组装时，必须更换所有橡胶密封元件。

② 用洗涤剂彻底清洗底盖、上部底面和保护套内部，应仔细清除油脂并用空气吹干螺纹部分。

③ 把底盖插入到保护套内，螺纹朝向顶端。

④ 先把导向环浸入开水，然后装入底盖。

⑤ 把由此组成的装配安装到工具台上。

⑥ 把预先润滑好的 O 形圈安装到压力缸内的活塞导向套的中部。

⑦ 把以下部件安装到台式工具上：底盖、活塞杆、保护波纹管、锁紧螺母、支撑垫圈、密封垫、活塞导向套、整套装配的活塞（润滑并校准的密封垫）。

⑧ 把两个活塞环放入活塞上相应的凹槽。

⑨ 用洗涤剂清洗压力缸，并以端部为 2.6 mm、45° 的倒角一端安装到活塞上去。注意，压力缸的定位不要损坏活塞环。

⑩ 向压力缸注油至距上边沿 10 mm 处。

⑪ 把预先润滑的 O 形圈安装到底阀元件上。

⑫ 用锤将底阀元件装到压力缸上。

⑬ 把储油缸安装到压力缸的周围。

⑭ 向压力缸注完油后，使其通过底阀元件的阀倾倒。

⑮ 翻转后，把此组成的元件装入底盖，注意对中底阀元件。

⑯ 向压力缸注油到刻线位置，注意不要有气泡。

⑰ 用锤安装好活塞导向套、O 形圈、支撑垫圈。彻底清除锁紧螺母的油脂，在两个

20 mm 完全相对的断面范围内沿着螺母的高度涂上乐泰胶 222。用钩形扳手以 280 N·m 的扭矩拧紧。

⑱ 安装附在埋头螺母上的波纹管。

⑲ 清洗顶端的螺纹，然后在顶端螺纹的整个高度上、在两个完全相对的 20 mm 范围内涂上乐泰胶 222。

⑳ 拧上保护套。

㉑ 用起重器拉伸到安装长度。

此时油压减振器已为试验做好准备，校准后把油压减振器放置大约 24 h，确保没有渗漏，无密封垫失效、螺母紧固不牢等。

㉒ 重新组装弹性接头。

检修时，按下列磨损标准进行检查：活塞杆原直径为 $d$，则直径应在 $(d-0.04,\ d-0.02)$ 范围内；导向套内径应在 $(d,\ d+0.021)$ 范围内；内缸内径应在 $(d,\ d+0.06)$ 范围内，单位为 mm。

## 【考核评价】

**1. 自我评价**

① 自我考核：东风 $_{4D}$ 型内燃机车油压减振器的结构及检修工艺描述。

② 自我评价（见表 3–30）。

**表 3–30　自我评价（每项满分为 10 分）**

| 序号 | 评价内容 | 得分 | 亮点 |
|---|---|---|---|
| 1 | 课前知识查阅、调研完成情况 | | |
| 2 | 课前、课中与人协作沟通表现 | | |
| 3 | 东风 $_{4D}$ 型内燃机车油压减振器结构及检修工艺掌握情况 | | |
| 4 | 课前、课中学习态度表现 | | |

**2. 小组评价（见表 3–31）**

**表 3–31　小组评价（每项满分为 10 分）**

| 序号 | 评价内容 | 得分 | 亮点 |
|---|---|---|---|
| 1 | 课中学习态度表现 | | |
| 2 | 课前、课中与人协作沟通表现 | | |
| 3 | 东风 $_{4D}$ 型内燃机车油压减振器结构及检修工艺掌握情况 | | |

### 3. 教师评价（见表 3–32）

表 3–32　教师评价（每项满分为 10 分）

| 序号 | 评价内容 | 得分 | 亮点 |
|---|---|---|---|
| 1 | 课前知识查阅、调研完成情况 | | |
| 2 | 课中参与及协作情况 | | |
| 3 | 掌握东风 $_{4D}$ 型内燃机车油压减振器结构及检修工艺的效果 | | |

## 【教师建议】

在掌握东风 $_{4D}$ 型内燃机车油压减振器结构及检修工艺的基础上，学习其他车型油压减振器的结构及检修工艺，为今后从事内燃机车检修工作打好基础。

# 项目 4

# 内燃机车柴油机检修技能训练

## 任务 4.1　气缸盖检修

### 【任务描述】

在实训现场，需要提供东风 $_{4D}$ 型内燃机车气缸盖。为了搞清楚该型内燃机车气缸盖的结构，可以将学生分成若干学习小组，以小组为单位，对照气缸盖实物，结合所学有关理论知识，对气缸盖的各个部分进行观察、分析，使学生进一步认知东风 $_{4D}$ 型内燃机车气缸盖的结构及作用，熟练掌握气缸盖检修作业程序，并展开有针对性的讨论。

### 【学习目标】

| 知识目标 | 掌握东风 $_{4D}$ 型内燃机车气缸盖的结构及检修作业程序 |
|---|---|
| 能力目标 | 能正确分析东风 $_{4D}$ 型内燃机车气缸盖的结构特点，能按检修作业程序进行气缸盖检修 |
| 素质目标 | 养成细致、认真的工作作风；养成独立分析问题的良好习惯；能够比较自如地与他人沟通、协作完成工作 |

### 活动 4.1.1　东风 $_{4D}$ 型内燃机车气缸盖结构认知

东风 $_{4D}$ 型内燃机车气缸盖采用铜合金蠕虫状球墨铸铁制成。在气缸盖内腔布置有进排气道。在气缸盖内外还安装有喷油器、进排气门座、气门导管、横臂导管及其驱动机构、示功阀等。

【活动要点】：东风 $_{4D}$ 型内燃机车气缸盖的结构特点。

东风 $_{4D}$ 型内燃机车气缸盖的结构如图 4–1 所示。

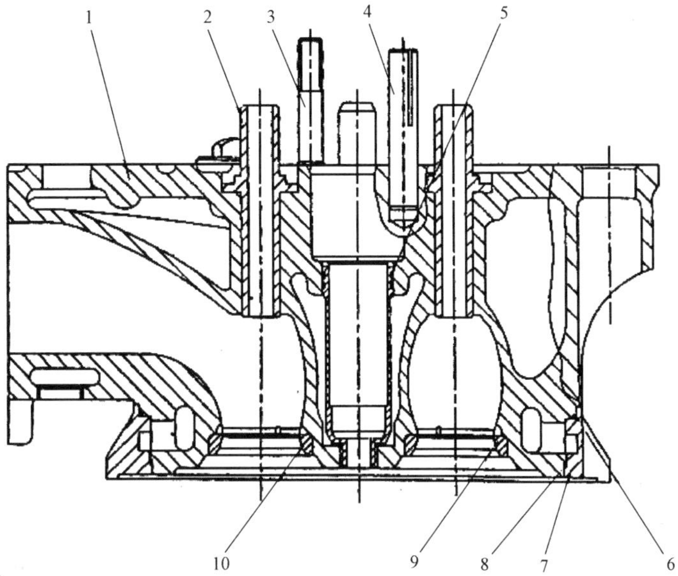


1—气缸盖；2—气门导管；3—螺栓；4—横臂导管；5—护套；6、8—O 形密封圈；
7—过水管；9—进气门座；10—排气门座。

图 4–1　东风 $_{4D}$ 型内燃机车气缸盖的结构

## 活动 4.1.2　东风 $_{4D}$ 型内燃机车气缸盖检修技术要求

【活动要点】：① 技术要求。
② 限度表。

**1. 技术要求**

① 清除积炭、水垢，保持油、水路畅通。

② 更换过水套及喷嘴护套内的 O 形密封圈。装入喷嘴护套时，应在螺纹上涂石墨粉和二流化钼混合剂，并以（250±15）N · m 的扭矩拧紧。过水套与气缸盖组装时，应把过水套加热至 100 ℃热装。

③ 气缸盖底面须平整，允许以进、排气支管安装面定位，做切削加工修理，但此面与燃烧室顶平面的距离不许小于 4.5 mm。

④ 气缸盖、气门座不许有裂纹，气门座、气门导管、横臂导杆、工艺堵无松缓，气门座口密封环带宽度不大于 5.6 mm。更换气门座及气门导管时，装入过盈量应分别为 0.029～0.078 mm 和 0.010～0.025 mm；气门座的座面轴线对气门导管孔轴线的同轴度公差为 0.10 mm。

⑤ 气门不许有裂纹、麻点、凹陷、碰伤、砂眼等缺陷，气门杆不许有烧伤、拉伤；杆身直线度、气门阀口面对杆身的斜向圆跳动量均不大于 0.05 mm，气门阀盘圆柱部厚度不许小于 2.8 mm。

⑥ 气缸盖须进行 0.5 MPa 的水压试验，保持 5 min 不许有漏泄或冒水珠现象，燃烧室面不许有裂纹；示功阀孔须进行 15 MPa 水压试验，保持 5 min 不许有漏泄，保持 10 min 压力

不许下降。

⑦ 气门摇臂、横臂、调整螺钉、压球、压球座、压销、气门弹簧不许有裂纹，油路要畅通。更换摇臂衬套时与摇臂的过盈量应为 0.015～0.030 mm，气门锁夹应无严重磨损，并须成对使用。

⑧ 气缸盖组装时，气门与气门座须严密，用煤油检验，5 min 不许有泄漏。横臂应水平，其调整螺钉、压销与气门杆的端部须接触良好。组装后配气机构应动作灵活。

**2. 限度表**

东风 $_{4D}$ 型内燃机车气缸盖检修限度表如表 4–1 所示。

**表 4–1　东风 $_{4D}$ 型内燃机车气缸盖检修限度表**

| 序号 | 名称 | 原形 | 限度 | |
|---|---|---|---|---|
| | | | 中修 | 禁用 |
| 1 | 进气门与气门导管径向间隙/mm | 0.050～0.112 | 0.210 | 0.270 |
| 2 | 排气门与气门导管径向间隙/mm | 0.095～0.157 | 0.25 | 0.30 |
| 3 | 气门底面对气缸盖底面的凹入量/mm | 1.5～2.0 | 4.5 | 5.0 |
| 4 | 摇臂衬套与摇臂轴径向间隙/mm | 0.025～0.075 | 0.20 | 0.240 |
| 5 | 摇臂轴向总间隙/mm | 0.34～0.89 | 1.00 | 1.20 |
| 6 | 横臂与横臂导杆径向间隙/mm | 0.065～0.119 | 0.300 | — |
| 7 | 锁夹套顶部厚度/mm | 5.0 | ≥4.0 | ≥3.0 |

## 活动 4.1.3　东风 $_{4D}$ 型内燃机车气缸盖检修作业程序

【活动要点】：检修作业内容及相关技术标准。

东风 $_{4D}$ 型内燃机车气缸盖检修作业程序如表 4–2 所示。

**表 4–2　东风 $_{4D}$ 型内燃机车气缸盖检修作业程序**

| 程序 | 序号 | 作业过程 | 工装机具 | 技术标准 |
|---|---|---|---|---|
| 分解 | 1 | 用吊车将缸头吊至专用拆卸台上 | 专用拆卸台 | |
| | 2 | 松开紧固螺母，拆下试功阀 | 18 mm 扳手 | |
| | 3 | 用气阀拆装工具，压下气阀弹簧上座，取出气门锁夹，放置妥当之处 | 专用压簧工具 | 锁夹成对放置 |
| | 4 | 松开气阀拆装工具，取出弹簧上座、（锁夹套）气阀弹簧，再从缸头底面抽出气阀，妥善处置 | | |
| | 5 | 松开喷油器套管的锁紧螺母，拆下套管，取出橡胶圈、铜垫片 | 300～760 N·m 扭力扳手 | |
| | | | 专用套筒 | |
| 清洗及探伤 | 1 | 将缸头、气阀送清洗组煮洗，除去油水污垢及积炭 | 专用煮洗液 | |
| | 2 | 气门送环保组专用设备去除积炭 | 喷砂除炭设备 | |

续表

| 程序 | 序号 | 作业过程 | 工装机具 | 技术标准 |
|---|---|---|---|---|
| 清洗及探伤 | 3 | 将气阀弹簧、座、锁夹、喷油器套管置于专用清洗台上，用清洗柴油、毛刷清洗，其后用压力空气吹干净 | 专用清洗台、毛刷 | |
| | 4 | 将煮洗和除炭后的缸头和气门用清水冲洗，然后用压力空气吹干净 | | |
| | 5 | 探伤组对气缸盖、气门座、气门及弹簧进行探伤 | | |
| 检修 | 1 | 外观检查各装配面，应平整 | | |
| | 2 | 缸头底平面如有压陷、腐蚀等硬伤，允许加工底平面 | 铣床 | 切削量≤0.5 mm |
| | 3 | 缸头进排气口平面、出水支管和示功阀安装面消除毛刺、飞边、碰伤，内螺纹无乱扣、断丝 | 平锉、油石 | |
| | 4 | 各栽丝不得有裂、弯曲、松动，螺纹不得有严重破损，否则更换 | 手电筒、丝锥、栽丝、专用拆装工具 | |
| | 5 | 检查气阀导管、横臂导杆，气阀座无松缓，工作面不得有严重拉伤，无裂纹 | 手电筒 | |
| | 6 | 气阀座、配合面用细粒度砂布专用设备研修 | 200 目砂布、180 目研磨膏、专用摇臂钻 | |
| | 7 | 检查缸头阀口过桥、进排气道、气阀座面，不得有砂眼、裂纹，否则报废 | | |
| | 8 | 检查气阀，不得有裂纹、麻点、凹陷、碰伤、烧伤、拉伤等缺陷 | | |
| | 9 | 检修示功阀。将示功阀置于开通位，从一端通入压力空气，应畅通。将手轮拧紧，支撑体端接压力空气，压力 0.5 kPa，入水中检查不得漏气 | 打压试验装置 | |
| | 10 | 更换气门导管，横臂导杆、气门座在配合表面不得有严重拉伤，轻微拉伤可打磨修理 | 200 号砂布 | |
| 测量 | 1 | 测量气阀座阀口的密封环带宽度，不符合标准的应更换 | 0～150 mm 游标卡尺 | 密封环带宽度＜5.6 mm |
| | 2 | ① 测量气阀杆直径，测上下两点符合技术要求，并做好记录。<br>② 测量气阀门盘圆柱部厚度。<br>③ 用专用检查工具检查气阀杆直线度和气阀阀口面对杆身轴线的斜向周跳动量，杆身在其中活动灵活，否则更换 | 0～25 mm 外径千分尺、0～200 mm 高度尺、气门杆直度工艺量规 | 气阀杆直径为 $18^{-0.095}_{-0.150}$ mm<br>进气阀门圆盘柱部厚度大于 8 mm；排气阀门圆盘柱部厚度大于 5.5 mm<br>直线度为 0.05 mm，调动量为 0.05 mm |
| | 3 | 测量气阀导管内径，上下垂直方向各测两点，并做好记录，计算气门杆与导管的配合间隙 | 18～25 mm 内径百分尺 | 进气阀导管内径：0.095～0.250 mm<br>排气阀导管上部内径：0.095～0.200 mm<br>排气阀导管下部内径：0.095～0.300 mm |
| | 4 | 测量横臂导杆外径、横臂导管内径，上下垂直各测两点，做好记录，并计算配合间隙 | 0～25 mm 外径千分尺、0～25 mm 内径百分尺 | 配合间隙：0.065～0.25 mm |

续表

| 程序 | 序号 | 作业过程 | 工装机具 | 技术标准 |
|---|---|---|---|---|
| 测量 | 5 | 测量底面进排气阀对缸头底面下陷量，应符合技术要求，否则更换气阀座 | 0～300 mm 深度尺 | 进气下陷量：0.7～3.5 mm、排气下陷量：3.0～4.5 mm |
| | 6 | 在平台上用深度尺测量气阀弹簧和横臂弹簧自由高度 | 专用平台、0～300 mm 深度尺 | 气阀外弹簧：(110±1.5)mm、气阀内弹簧：(100±1.5)mm、横臂弹簧：（86±1.5）mm |
| | 7 | 在平台上用直角尺贴靠弹簧上端，用塞尺检查下端面，测量垂直度 | 专用平台、直角尺、塞尺 | 垂直度<0.5 mm |
| | 8 | 更换气阀导管、横臂导杆、气门座，测量其配合件内外径尺寸并做好记录，计算选配过盈量 | 外径千分尺、内径百分表 | 气阀导管：0.01～0.025 mm、横臂导杆：0.01～0.025 mm、气阀座：0.105～0.150 mm |
| | 9 | 测量锁夹上下部厚度 | 0～150 mm 游标卡尺 | 上部：>3.5 mm<br>下部：>5.5 mm |
| | 10 | 测量喷嘴套管底平面至燃烧室平面的距离 *K* 值，选配调整铜垫厚度 | 0～300 mm 深度尺、0～150 mm 游标卡尺 | *K*=21.7～22.2 mm<br>铜垫厚度：2.5 mm |
| 组装试验 | 1 | 组装喷油器套管<br>① 将新的O形胶管均匀涂上少量润滑油脂，装入套管的两道环形槽内。<br>② 装入选配好的铜垫（过火紫铜垫）。<br>③ 将喷嘴套管装入缸头体孔内，用703密封胶涂抹，锁紧螺母，用规定的扭矩将套管压紧 | 专用套管、300～760 N•m 扭力扳手 | O 形胶圈规格：$\phi60\times3.1$ |
| | 2 | 将缸头吊到水压试验台上，装好水堵，加水试压 0.5 MPa，保持 5 min 不漏泄，重点检查过桥、进排气道、示功阀气道口、喷嘴安装孔及各工艺水堵 | 专用水压试验台、专用水堵、18 mm 扳手 | 水压 0.5 MPa 保压 5 min 不泄漏 |
| | 3 | ① 将缸头吊到专用组装翻转台上固定。<br>② 装上选配好的进排气阀和固定防掉托盘，注意装前气阀杆身涂机油。<br>③ 对应装入选配好的气阀弹簧及锁夹套（弹簧上座）。<br>④ 对准锁夹套将锁夹压装胎具固定好，将气门弹簧压下。<br>⑤ 装上选配好的成对气阀锁夹，待锁夹到位后再升起胎具压头，并测量锁夹装配后高度 | 专用组装翻转台、气阀防掉托盘、锁夹压装胎具、0～300 mm 深度尺 | 锁夹套上端面距锁夹上端面距离>12 mm |
| | 4 | 装示功阀并紧固良好 | | |
| | 5 | 在气门凹坑内或进排气道内注入柴油，进行气门与气门座密封性能试验，从进排气道或气阀凹坑内进行检查，如发现 1 min 内泄漏滴油，应予重新修理或选配后再次试验 | 18 mm 扳手、手电、铜棒 | 注油保持 1 min 不漏泄滴油 |
| | 6 | 通过验收员验收后，填写检修记录、试验记录，做好合格标识 | | |

## 【考核评价】

**1. 自我评价**

① 自我考核：东风$_{4D}$型内燃机车气缸盖结构及检修作业程序描述。

② 自我评价（见表 4–3）。

表 4–3　自我评价（每项满分为 10 分）

| 序号 | 评价内容 | 得分 | 亮点 |
|---|---|---|---|
| 1 | 课前知识查阅、调研完成情况 | | |
| 2 | 课前、课中与人协作沟通表现 | | |
| 3 | 东风 $_{4D}$ 型内燃机车气缸盖结构及检修作业程序掌握情况 | | |
| 4 | 课前、课中学习态度表现 | | |

**2. 小组评价（见表 4–4）**

表 4–4　小组评价（每项满分为 10 分）

| 序号 | 评价内容 | 得分 | 亮点 |
|---|---|---|---|
| 1 | 课中学习态度表现 | | |
| 2 | 课前、课中与人协作沟通表现 | | |
| 3 | 东风 $_{4D}$ 型内燃机车气缸盖结构及检修作业程序掌握情况 | | |

**3. 教师评价（见表 4–5）**

表 4–5　教师评价（每项满分为 10 分）

| 序号 | 评价内容 | 得分 | 亮点 |
|---|---|---|---|
| 1 | 课前知识查阅、调研完成情况 | | |
| 2 | 课中参与及协作情况 | | |
| 3 | 掌握东风 $_{4D}$ 型内燃机车气缸盖结构及检修作业程序的效果 | | |

**【教师建议】**

在掌握东风 $_{4D}$ 型内燃机车气缸盖结构及检修作业程序的基础上，进一步做好知识及技能的迁移，熟悉其他型号内燃机车气缸盖的结构及检修作业程序，为今后从事内燃机车检修相关工作打好基础。

# 任务 4.2　气缸套检修

**【任务描述】**

在实训现场，需要提供东风 $_{4D}$ 型内燃机车气缸套。为了搞清楚该型内燃机车气缸套的结构，可以将学生分成若干学习小组，以小组为单位，对照气缸套实物，结合所学有关理论知识，对气缸套的各个部分进行观察、分析，使学生进一步认知东风$_{4D}$型内燃机车气缸套的结构及作用，熟练掌握气缸套检修作业程序，并展开有针对性的讨论。

【学习目标】

| 知识目标 | 掌握东风$_{4D}$型内燃机车气缸套的结构及检修作业程序 |
| --- | --- |
| 能力目标 | 能正确分析东风$_{4D}$型内燃机车气缸套的结构特点，能按检修作业程序进行气缸套检修 |
| 素质目标 | 养成细致、认真的工作作风；养成独立分析问题的良好习惯；能够比较自如地与他人沟通、协作完成工作 |

## 活动 4.2.1　东风$_{4D}$型内燃机车气缸套结构认知

【活动要点】：东风$_{4D}$型内燃机车气缸套的结构特点。

**1. 气缸套的作用**

柴油机的气缸套与活塞、气缸盖共同组成燃烧室，气缸套对活塞起支承和导向作用，并导出活塞在工作时所承受的部分热量。

**2. 气缸套的结构**

东风$_{4D}$型内燃机车气缸套采用湿式结构。为提高气缸套的刚度，缸套壁厚度为 18 mm，气缸套外圆面不设散热筋，通过全面加工以增强抗穴蚀能力。

气缸套的法兰面厚度为 25 mm，法兰外径为 302 mm。气缸套可以在水套内以任意的相对转角位置进行安装，以延长气缸套的使用寿命。水套法兰厚度为 64 mm，水套法兰面上制有冷却水通道和避让气缸盖螺栓的 6 个半圆形缺口。

气缸套与水套之间，上部设有一道橡胶密封圈，下部有三道橡胶密封圈。水套下部外壁设有两道橡胶密封圈，用于在水套与机体定位孔之间进行密封。气缸套与水套之间的配合间隙为 0.020～0.104 mm。

12 个导水管直接装在水套的法兰上，用来连通气缸套水腔和气缸盖水腔，导水管较长，长度为 42 mm，为了便于安装，设有厚 19 mm、外圆形状及尺寸与水套法兰完全一致、内圆直径为 $302^{+0.4}_{-0.3}$ mm 的固定导水管用的导环，导环上沿圆周均布有 12 个直径为 13.5 mm 的孔，导水管可插入孔中，在每个导水管的两端（导环的上、下面）各放入一个橡胶密封圈。将组装后的导环装配到水套法兰面上，方便后期气缸盖与气缸套的组装。在导环端面上还钻有 2 个 M10 的螺纹孔，便于从气缸套上拆卸导环。

气缸套内表面加工采用激光淬火工艺，淬火条纹为螺旋条状，螺旋条纹的螺距由上向下逐步增大，淬火层的表面硬度较高，提高了气缸套工作面的耐磨性。

东风$_{4D}$型内燃机车气缸套的结构如图 4–2 所示。

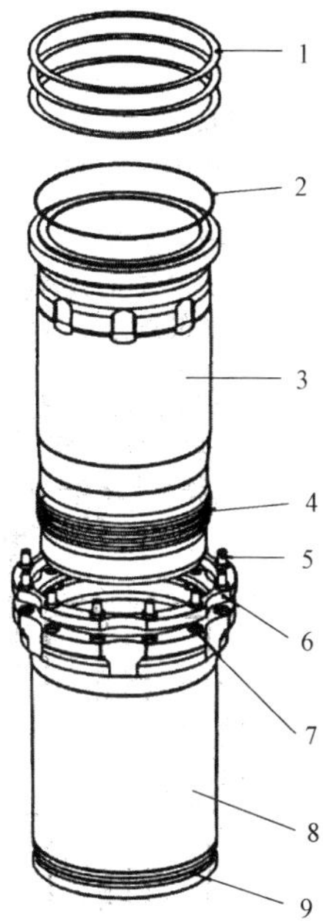


1—调整垫片；2—密封圈；3—气缸；4—O 形密封圈；5—导水管；6—导环；7—橡胶密封圈；8—水套；9—O 形密封圈。

图 4–2　东风 $_{4D}$ 型内燃机车气缸套的结构

## 活动 4.2.2　东风 $_{4D}$ 型内燃机车气缸套检修技术要求

【活动要点】：① 技术要求。

② 限度表。

**1. 技术要求**

① 清洗、去除气缸套与水套的积炭和水垢。气缸套，水套均不许有裂纹；气缸套内表面不许有严重拉伤，外表面穴蚀深度中修时不许大于 6 mm，小修时不许大于 8 mm；水套上下导向支承面不许有腐蚀、锈斑和拉伤，内腔穴蚀深度不许超过 2 mm，进水孔不许有穴蚀。

② 更换气缸套与水套的橡胶密封圈。气缸套与水套的配合间隙为 0.020～0.104 mm。气缸套法兰下端面与水套法兰上端面须密贴。

③ 气缸套与水套组装后须进行 0.5 MPa 水压试验，保持 5 min 不许泄漏。

④ 气缸套装入机体后，其定位刻线对应机体上气缸纵向中心线的位置度公差为 1 mm；对于没有气缸纵向中心线的机体，须保证水套进水口能与机体外侧的进水口对准。气缸套与机体结合面应密贴，允许有不大于 0.03 mm 的局部间隙存在，但沿圆周方向的总长度不超过 1/6 圆周；气缸套内孔的圆度、圆柱度分别为 0.05 mm 和 0.10 mm。在可见部位检查密封圈，不许有啃切现象。

**2. 限度表**

东风 $_{4D}$ 型内燃机车气缸套检修限度表如表 4–6 所示。

表 4–6 东风 $_{4D}$ 型内燃机车气缸套检修限度表

| 序号 | 名称 | 原形 | 限度 | |
|---|---|---|---|---|
| | | | 中修 | 禁用 |
| 1 | 气缸套内径（带水套测量）/mm | $240^{+0.046}_{0}$ | 240.300 | 240.500 |
| 2 | 气缸套与水套组装后的内径圆度/mm | 0.015 | 0.050 | 0.080 |
| 3 | 气缸套与水套组装后的内径圆柱度/mm | 0.020 | 0.100 | — |

## 活动 4.2.3 东风 $_{4D}$ 型内燃机车气缸套检修作业程序

【活动要点】：检修作业内容及相关技术标准。

东风 $_{4D}$ 型内燃机车气缸套检修作业程序如表 4–7 所示。

表 4–7 东风 $_{4D}$ 型内燃机车气缸套检修作业程序

| 程序 | 序号 | 作业过程 | 工装机具 | 技术标准 |
|---|---|---|---|---|
| 分解 | 1 | 取下水套下端的两道密封圈 | | |
| | 2 | 将气缸套吊装在专用拆装台上，使卡盘卡住水套的密封环槽处 | | |
| | 3 | 用油压机将缸套缓缓压出 | 气缸套拆装机 | |
| | 4 | 取下缸套密封圈 | | |
| 清洗及探伤 | 1 | 用刮刀和砂纸清除内外侧法兰面上的积炭、水垢，清除水套的水垢等 | 刮刀、绸布 | |
| | 2 | 用专用清洗剂和泡沫塑料擦洗干净气缸套和水套，并用压力空气吹干净 | 冲洗机 | |
| 检修 | 1 | 检查气缸套和水套，不许有裂纹 | | |
| | 2 | 用细钢针和直尺测量气缸套外表面穴蚀深度，应不大于 6 mm | 细钢针、直尺 | |
| | 3 | 用油石打磨各密封环槽及法兰面、进水支管孔的毛刺或碰伤 | 油石 | |
| | 4 | 根据测量记录选配气缸套和水套，其配合间隙应符合技术要求 | | 配合间隙为 0.020～0.104 mm |
| | 5 | 检查两法兰端面密贴状态 | 0.03 mm 塞尺 | 0.03 mm 塞尺不得塞入 |
| | 6 | 在珩磨机上，消除气缸套内径几何误差，使圆度、圆柱度和表面状态符合技术要求，并珩磨出 120° 夹角的网纹 | | |
| | 7 | 气缸套如有段磨或拉伤，允许磨修，段磨长度累计不大于 100 mm | | |
| | 8 | 气缸套内表面、支承凸肩上下端面、支承凸肩的根部圆角及装封水圈的槽部不许有砂眼、夹渣和疏松等缺陷 | | |
| | 9 | 检查气缸套和水套是否有裂纹、气缸套内工作表面磨损、拉伤状态和水套进水孔的状态 | | |

续表

| 程序 | 序号 | 作业过程 | 工装机具 | 技术标准 |
|---|---|---|---|---|
| 测量 | 1 | 气缸套（带水套测量）内径 | 内径千分尺 | 原形：（240+0.045）mm<br>中修：（240+0.300）mm<br>禁用：（240+0.500）mm |
| | 2 | 气缸套与水套组装后的内径圆度 | | 原形：0.015 mm<br>中修：0.050 mm<br>禁用：0.080 mm |
| | 3 | 气缸套与水套组装后的内径圆柱度 | | 原形：0.02 mm<br>中修：0.10 mm |
| | 4 | 气缸套与机体安装定位圆尺寸 | | 上：300 mm<br>下：299 mm |
| | 5 | 缸套外径 | | 上：278 mm<br>下：276 mm |
| | 6 | 水套内径 | | 上：278 mm<br>下：276 mm |
| 组装试验 | 1 | 装好各密封圈，并伸展平正，涂以锂基脂（注意，新密封圈装前应除掉毛刺和飞边） | | |
| | 2 | 对已使用过的缸套，可把缸套与水套相对位置转过一定角度 | | |
| | 3 | 根据选配好的气缸套和水套，在专用压装台上将气缸套装入水套内，并用压盘卡住水套密封环槽 | | |
| | 4 | 在气缸套和水套配合面处涂适当黄油，并用油压机将气缸套缓缓压入水套 | | |
| | 5 | 水压试验 | 水压试验台 | |
| | 6 | 将气缸套吊放在试验台上 | | |
| | 7 | 装好密封盖 | | |
| | 8 | 打开排气阀，从下部进水，待水从排气阀中流出后关好排气阀 | | |
| | 9 | 将压力打到 0.4 MPa，保持 5 min | | |
| | 10 | 检查法兰贴合面气缸套内、水套外等，不得泄漏 | | |
| | 11 | 长期不装机的气缸套，应涂机油防腐，并整体装箱密封存放 | | |
| | 12 | 落成，填写检修、测量记录 | | |

## 【考核评价】

**1. 自我评价**

① 自我考核：东风$_{4D}$型内燃机车气缸套的结构及检修作业程序描述。

② 自我评价（见表 4–8）。

表 4–8　自我评价（每项满分为 10 分）

| 序号 | 评价内容 | 得分 | 亮点 |
|---|---|---|---|
| 1 | 课前知识查阅、调研完成情况 | | |
| 2 | 课前、课中与人协作沟通表现 | | |
| 3 | 东风 $_{4D}$ 型内燃机车气缸套结构及检修作业程序掌握情况 | | |
| 4 | 课前、课中学习态度表现 | | |

**2. 小组评价（见表 4–9）**

表 4–9　小组评价（每项满分为 10 分）

| 序号 | 评价内容 | 得分 | 亮点 |
|---|---|---|---|
| 1 | 课中学习态度表现 | | |
| 2 | 课前、课中与人协作沟通表现 | | |
| 3 | 东风 $_{4D}$ 型内燃机车气缸套结构及检修作业程序掌握情况 | | |

**3. 教师评价（见表 4–10）**

表 4–10　教师评价（每项满分为 10 分）

| 序号 | 评价内容 | 得分 | 亮点 |
|---|---|---|---|
| 1 | 课前知识查阅、调研完成情况 | | |
| 2 | 课中参与及协作情况 | | |
| 3 | 掌握东风 $_{4D}$ 型内燃机车气缸套结构及检修作业程序的效果 | | |

**【教师建议】**

在掌握东风 $_{4D}$ 型内燃机车气缸套的结构及检修作业程序的基础上，进一步做好知识及技能的迁移，熟悉其他型号内燃机车气缸套的结构及检修作业程序，为今后从事内燃机车检修相关工作打好基础。

# 任务 4.3　活塞连杆组检修

**【任务描述】**

在实训现场，需要提供东风 $_{4D}$ 型内燃机车活塞连杆组。为了搞清楚该型内燃机车活塞连杆组的结构，可以将学生分成若干学习小组，以小组为单位，对照活塞连杆组实物，结合所学有关理论知识，对活塞连杆组的各个部分进行观察、分析，使学生进一步认知东风 $_{4D}$ 型内燃机车活塞连杆组的结构及作用，熟练掌握活塞连杆组检修作业程序，并展开有针对性的讨论。

【学习目标】

| 知识目标 | 掌握东风 $_{4D}$ 型内燃机车活塞连杆组的结构及检修作业程序 |
|---|---|
| 能力目标 | 能正确分析东风 $_{4D}$ 型内燃机车活塞连杆组的结构特点，能按检修作业程序进行活塞连杆组检修 |
| 素质目标 | 养成细致、认真的工作作风；养成独立分析问题的良好习惯；能够比较自如地与他人沟通、协作完成工作 |

## 活动 4.3.1　东风 $_{4D}$ 型内燃机车活塞连杆组结构认知

【活动要点】：东风 $_{4D}$ 型内燃机车活塞连杆组的结构特点。

**1. 东风 $_{4D}$ 型内燃机车所用的钢顶铁裙活塞的结构**

钢顶铁裙活塞由钢顶、铁裙、连接螺栓、连接螺母、弹性垫套、定位销、活塞销、挡圈、活塞环等组成。

活塞顶采用 42CrMoA 优质合金结构钢，锻造后经过调质处理加工制成。活塞顶燃烧室形状为无避阀坑的浅 ω 形，中心部位比四周高出 6 mm。在 ω 形底部设有 2 个深度为 12 mm 的 M10 起吊用的螺孔。

活塞裙材料采用热胀系数小、强度高、耐热、耐磨性能好的 QT700–2 牌号的球墨铸铁。活塞顶与铁裙之间采用台阶配合，用 4 个 18Cr2Ni4WA 制成的连接螺栓紧固，由一个 65Mn 制成的 6 mm×20 mm 的定位销定位。

铁裙顶部与钢顶内壁组成机油冷却油腔，从连杆小头来的机油活塞销的 3 个油腔孔进入活塞销座，然后由一侧活塞销座上的油沟进油孔到达活塞顶的外油腔，再经过活塞顶连通内外油腔的 8 个 $\phi$8 mm 的通孔进入到内油腔，最后从活塞裙顶部正中央的 $\phi$20 mm 油孔流出，回到曲轴箱。在活塞上下运动过程中，进入活塞顶部油腔的机油发生振荡，取得较好的冷却效果。

东风 $_{4D}$ 型内燃机车所用的钢顶铁裙活塞剖面图如图 4–3 所示。

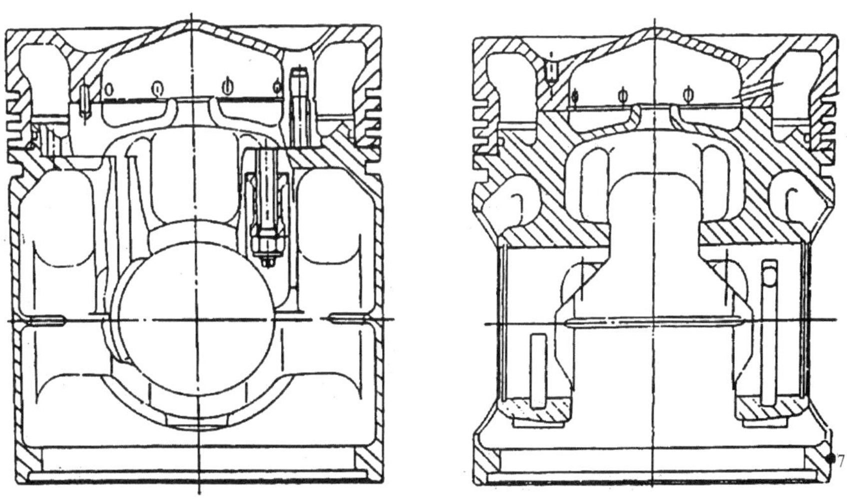

图 4–3　东风 $_{4D}$ 型内燃机车所用的钢顶铁裙活塞剖面图

**2. 东风 $_{4D}$ 型内燃机车活塞连杆组的结构**

东风 $_{4D}$ 型内燃机车活塞连杆组（以下简称连杆组）主要由连杆体、连杆盖、连杆轴承、连杆螺钉等组成，如图 4–4 所示。

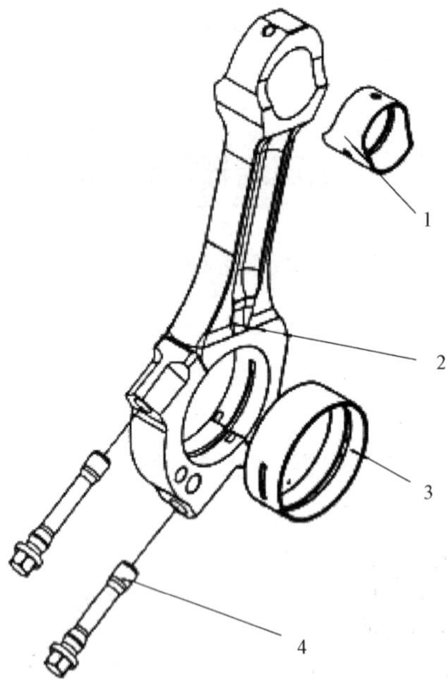


1—小端衬套；2—连杆体及连杆盖；3—轴瓦；4—连杆螺钉。

图 4–4　东风 $_{4D}$ 型内燃机车活塞连杆组的结构

## 活动 4.3.2　活塞连杆组检修技术要求

【活动要点】：① 活塞组检修技术要求。
② 连杆组检修技术要求。
③ 活塞连杆组组装要求。

**1. 活塞组检修技术要求**

① 活塞顶不允许有裂纹、夹杂等可见缺陷。燃烧室表面须进行磁粉探伤检查，不得有裂纹等缺陷，磁粉探伤后应退磁，剩磁不得大于 $3\times10^{-4}$ T。

② 活塞裙部应进行着色探伤。

③ 连接螺栓拧入钢顶时，螺纹部分须涂耐热 250 ℃的黏结剂，并以 70 N•m 的扭矩拧紧。

④ 螺母拧入时，螺纹部分及螺母支承面上必须涂以二硫化钼润滑脂。四个螺母要对角均匀地分两次拧紧，扭矩分别为 40 N•m 和 73 N•m。第二次拧紧后，要把螺母依次松到可以自由拧动状态，再按规定扭矩 $73^{+3}_{0}$ N•m 对角依次扭紧，并做一次复检，然后在螺母上用红油漆做上标记。

⑤ 活塞顶与裙部紧固后，应保证两者外圆的配合面上有 0.05～0.10 mm 间隙。

⑥ 活塞环与环槽的侧面间隙：第一道气环处为 0.13～0.17 mm，第二道气环处为 0.11～

0.15 mm，第三道气环处为 0.09～0.13 mm，油环侧面间隙为 0.06～0.11 mm。

**2. 连杆组检修技术要求**

① 连杆体与连杆盖不许有裂纹，连杆小头衬套不许松动。更换时，衬套的过盈量为 0.044～0.101 mm。

② 在距连杆中心线两侧各 200 mm 处测量大小端孔（小端带衬套）轴线的平行度和扭曲度，应分别不大于 0.25 mm 和 0.30 mm。超限时，在保证衬套尺寸及配合限度的前提下，允许刮修衬套。

③ 连杆螺钉不许有裂纹，其裂纹不许锈蚀、损坏或严重磨损。

④ 连杆螺钉须校核其伸长量，应为 0.56～0.60 mm，并做好刻线记号。往柴油机上组装时，必须对准刻线记号。

**3. 活塞连杆组组装要求**

① 同台柴油机钢顶铝裙活塞组的质量差不许大于 0.2 kg（钢顶铁裙活塞组的质量差不许大于 0.3 kg）；连杆组的质量差不许大于 0.3 kg。钢顶铝裙活塞连杆组和钢顶铁裙活塞连杆组的质量差均不许大于 0.3 kg。

② 各零部件组装正确，油路畅通，连杆能绕轴自由摆动，活塞环转动灵活。

③ 连杆螺钉与连杆盖的接合面须密贴，用 0.03 mm 塞尺检查不许塞入。

## 活动 4.3.3　东风 $_{4D}$ 型内燃机车活塞连杆组检修作业程序

【活动要点】：① 活塞连杆组的探伤。
② 活塞连杆组的检修。
③ 活塞连杆组的测量。

东风 $_{4D}$ 型内燃机车活塞连杆组检修作业程序如表 4–11 所示。

**表 4–11　东风 $_{4D}$ 型内燃机车活塞连杆组检修作业程序**

| 程序 | 序号 | 作业过程 | 工装机具 | 技术标准 |
|---|---|---|---|---|
| 分解 | 1 | 用专用卡环钳依次从上部将活塞环全部取出 | 活塞环拆装钳 | |
| | 2 | 用专用活塞销卡环钳将挡圈取出 | | |
| | 3 | 将活塞加热至 100 ℃左右，用活塞销拆装工具将活塞销打出，同时取下活塞 | | |
| | 4 | 分解活塞顶与裙，清除油垢、积炭，更新橡胶密封圈 | | |
| | 5 | 外观检查活塞顶与裙，不允许有烧损、拉伤或裂纹等缺陷，轻微碰伤的允许打磨处理 | 油石、砂纸 | |
| 清洗及探伤 | 1 | 将活塞顶部朝上放置于专用清洗液中煮洗数小时后取出，再用加温的水冲洗一遍，然后用压力空气吹扫活塞油道 | 专用煮洗池、专用煮洗液 | |
| | 2 | 在油盘中用专用清洗剂、刮刀、海绵等清除活塞销、弹簧卡环的表面污垢、积炭，然后用压力空气吹扫干净 | 专用清洗剂、刮刀、海绵 | |

续表

| 程序 | 序号 | 作业过程 | 工装机具 | 技术标准 |
| --- | --- | --- | --- | --- |
| 清洗及探伤 | 3 | 将连杆体、盖及连杆螺钉用专用清洗剂清洗、擦拭干净 | 专用清洗剂、绸布、毛巾布 | 清洁度为二级 |
| | 4 | 探伤活塞销及弹簧卡环。探伤时应堵住活塞销上的油孔，用电磁探伤时，探伤后还应做退磁处理。有裂纹者更换 | | |
| | 5 | 探伤检查活塞顶、活塞裙、连接螺栓、弹性垫套及螺母，不许有裂纹、破损，否则予以更换 | | |
| | 6 | 分别对连杆体、盖及连杆螺钉进行探伤。探伤时应堵住油孔，用电磁探伤时，探后还应做退磁处理。连杆及盖（主要是齿牙部分，小端与杆身过渡部分及盖的台阶过渡部分等）各处不得有裂纹，螺纹不得有裂纹，否则予以更换 | | |
| | 7 | 将连杆瓦用专用清洗剂清洗，并成对放入盘内 | 专用清洗剂 | |
| | 8 | 探伤检查活塞顶、活塞裙、连接螺栓、弹性垫套、螺母、连杆体。连杆盖不得有裂纹，小端衬套不得松动，活塞顶部有轻微碰痕的允许打磨消除棱角 | | |
| 检修 | 1 | 销座孔及弹簧卡环安装槽状态应良好，无严重拉伤及损坏，轻微拉伤或凸起毛刺的，应用刮刀或砂纸打磨消除 | 刮刀、砂纸 | |
| | 2 | 检查环槽处及销座孔处油孔，应清洁、畅通 | | |
| | 3 | 检查活塞销状态，应良好，表面应无明显的手感拉伤 | | |
| | 4 | 检查活塞环槽侧面，当存在拉伤或磨损超限时，允许将环槽高度增加一个修理等级（0.5 mm），并配以相应等级的活塞环。当活塞顶更新时，活塞顶螺栓须同时更新 | | |
| | 5 | 检查活塞销状态，不许有裂纹。当磨耗超限时，须更新 | | |
| | 6 | 检查活塞销堵，不许松动。活塞销油腔须进行油压试验，应符合技术要求 | | 活塞销油腔须做0.6 MPa油压试验，保持5 min无泄漏 |
| | 7 | 检查连杆小端孔，应无烧伤和拉伤，轻微拉伤的允许做打磨处理，衬套无松动，腐蚀、剥离者应更换，更换后加工衬套的两端面，不得凸出连杆体的平面，铆上定位销 | | |
| | 8 | 检查连杆及瓦盖齿形接触状态，应良好，有轻微拉伤的可用三角油石修整 | 三角油石 | |
| | 9 | 外观检查连杆瓦，不许有剥离、龟裂、脱壳、严重腐蚀和拉伤，否则应更换新品 | | |
| | 10 | 检查瓦背与体孔的接触面，应良好，有粘连的允许用细锉刀和油石打磨处理。检查合金层，粘接的硬粒可用刮刀剔出，轴与带油量处的碾堆可刮削处理，严禁用砂纸打磨轴瓦的合金层 | 刮刀、细锉刀、油石 | |
| | 11 | 检查连杆体螺钉孔的螺纹有无严重拉伤，轻微拉伤的允许用丝锥、攻丝整修。连杆螺、钉螺纹损坏、透蚀、严重磨损者应更换，严禁用板牙做过扣处理 | 丝锥、攻丝 | |
| | 12 | 检查瓦盖、连杆与螺钉支承面的状态，轻微拉伤者可用油石修整，严重拉伤者可上铣床加工修复，加工时应保证平面与螺孔的中心线垂直 | 油石 | |
| | 13 | 旧瓦的紧余量，允许较新瓦的紧余量下限减少 0.04 mm。使用旧瓦时须与原轴颈、原机体和原连杆配对组装 | | 必须使用相应等级轴颈的等级轴瓦 |

续表

| 程序 | 序号 | 作业过程 | 工装机具 | 技术标准 |
|---|---|---|---|---|
| 检修 | 14 | 活塞组装后，活塞顶与裙在外径接合面处的组装间隙为 0.05～0.10 mm | | |
| | 15 | 同台柴油机各活塞组质量差不大于 300 g | | |
| | 16 | 更换衬套时过盈量为 0.050～0.121 mm，大端孔内表面应光滑、无损伤 | | |
| | 17 | 轴瓦的合口面应平行，在瓦口全长内平行度不大于 0.03 mm，同一瓦孔内两片轴瓦厚度差不大于 0.02 mm | | |
| | 18 | 在距连杆中心线两侧各 200 mm 处测量大小端孔（小端带衬套）轴线的平行度，不许大于 0.2 mm。超限时，在保证衬套尺寸及配合限度前提下，允许刮修衬套 | | |
| | 19 | 活塞连杆组装后，连杆螺栓与连杆盖接合面不许有拉伤，结合须密贴，用 0.03 mm 塞尺不得塞入 | | |
| | 20 | 将工艺螺钉擦拭干净，用专用量表测量两条工艺螺钉，在自由状态时伸长量同时为“0”（小表针预压缩 2 mm，大表针向（0），否则应修整工艺螺钉顶部平面，然后将工艺螺钉的螺纹部分及头部支承面涂以二硫化钼润滑脂，拧入工艺套内并把其紧到规定的伸长量。检查工艺螺钉头部侧面的标记是否与工艺套端面的标记重合，否则应消除螺钉标记后重新制作，刻线宽度不超过 1 mm，拧下两条工艺螺钉，全部照此检验 | 专用量表、二硫化钼润滑脂 | |
| | 21 | 将擦拭干净涂有二硫化钼润滑脂的工艺螺钉拧入连杆螺孔内，待瓦盖与连杆体贴靠后，分三次均匀紧固两条工艺螺钉（第一次伸长量为 0.10～0.15 mm，第二次伸长量为 0.20～0.25 mm，第三次至规定值）。然后将工艺螺钉上的标记引到瓦盖的支承平面上（瓦盖上原标记与工艺螺钉标记不重合时，消除瓦盖上原标记后重新制作），松下工艺螺钉 | 连杆螺栓扭矩测量器、细锉刀 | |
| | 22 | 将连杆螺钉涂上适量的二硫化钼润滑脂后按顺序装入到各对应的螺钉孔内（更换新螺钉时，应在螺钉六方头端面打上连杆序号和螺钉孔号标记），并分三次对角地均匀紧固到与连杆盖上标记对齐，刻线应垂直于连杆盖支承面，宽度不大于 1 mm | 连杆螺栓扭矩测量器 | |
| | 23 | 活塞销不许有裂纹，活塞销堵不许有裂损、松动，活塞销油腔须做 0.6 MPa 油压试验，保持 5 min 无泄漏 | | |
| | 24 | 活塞铝裙不允许有烧损、严重拉伤或裂纹等缺陷，轻微碰伤的允许做打磨处理 | | |
| | 25 | 连杆瓦应有胀量，在轴座孔内安装时，不得自由脱落。连杆瓦不许有剥离、龟裂、脱壳、烧损、严重腐蚀和拉伤等现象 | | |
| | 26 | 连杆螺钉不许有裂纹，其螺纹不得透蚀、损坏及严重磨损 | | |
| | 27 | 连杆螺钉紧固时，须校对其伸长量，应为 0.56～0.60 mm，并做好刻线记号。往柴油机上组装时，必须对准刻线记号 | 连杆螺栓扭矩测量器 | |
| | 28 | 用内径百分表，测量连杆大端体孔尺寸，尺寸超限时可镀铬修复 | 内径百分表 | |
| | 29 | 用内径百分表测量连杆小端衬套孔径尺寸，并计算与活塞销的配合间隙。孔径尺寸或间隙超限时，应更换衬套。更换衬套时，将衬套置于液态氮中冷缩后再装入小端体孔（组装时注意，油孔应对准位置） | 内径百分表 | |

续表

| 程序 | 序号 | 作业过程 | 工装机具 | 技术标准 |
|---|---|---|---|---|
| 检修 | 30 | 选配连杆瓦并测量瓦孔径尺寸，根据曲轴连杆颈尺寸及连杆大端孔内径尺寸计算油润间隙，应为 0.15～0.30 mm。选配连杆瓦的厚度，瓦厚测量部位是中部瓦厚平均值，当连杆轴颈有圆度和圆柱度时，其配合间隙应按轴颈最大直径计算，并尽量选取限度的下限。被选的连杆瓦应经检修并符合技术要求 | | 正常情况下，同一瓦孔上、下瓦的厚度差不大于 0.02 mm。安装连杆瓦并将连杆螺钉紧固到刻线，然后测量瓦孔径尺寸，计算油润间隙，应符合要求，检查 $b$–$b$ 或 $c$–$c$ 方向数值，应不小于 $a$–$a$ 方向。瓦孔圆度和圆柱度不大于 0.03 mm |
| | 31 | 测量后检查瓦背与瓦孔、瓦口接合面的密贴情况，用 0.03 mm 塞尺检查不得塞入，上下瓦端面错口不大于 0.5 mm，然后在瓦的端面打上序号 | 塞尺 | |
| | 32 | 中修时全部更换油环、气环，并检查气环、油环自由开口间隙，应符合技术要求。将活塞环放入 $\phi240^{+0.02}_{0}$ mm 环规中检查，活塞环不许翘曲，在距环的开口处 55 mm 以外区域外表面，局部漏光处不多于两处，每处的长度不大于 70 mm，两处长度之和不大于 100 mm。用塞尺检查其闭口间隙，应符合技术要求。当闭口间隙小于规定时，允许锉修处理 | 塞尺、$\phi240^{+0.02}$ mm 环规 | |
| 测量 | 1 | 测量活塞顶、裙支承面高度，应符合技术要求 | | 活塞裙支承面高度：16 mm<br>活塞顶支承面高度：16 mm |
| | 2 | 用外径千分尺和内径百分表分别测量活塞销座孔尺寸与活塞销尺寸，并计算二者配合间隙，配合间隙应符合技术要求 | 内径千分尺、外径百分表 | 原形：0.010～0.052 mm<br>中修限度：0.120 mm |
| | 3 | 测量活塞组量（活塞、环、活塞销、弹簧卡环），同台柴油机活塞组的质量差应符合技术要求，当超过时可按图纸规定部位和限度将活塞去重 | | 同台柴油机须使用同种连杆，各连杆组质量差不许超过 300 g |
| | 4 | 活塞环与活塞环槽侧向间隙 | | 第一道气环：<br>原形：0.13～0.17 mm<br>中修：0.23 mm<br>禁用：0.28 mm<br>第二道气环：<br>原形：0.11～0.15 mm<br>中修：0.18 mm<br>禁用：0.25 mm<br>第三道气环：<br>原形：0.09～0.13 mm<br>中修：0.16 mm<br>禁用：0.25 mm<br>油环：<br>原形：0.06～0.11 mm<br>中修：0.15 mm<br>禁用：0.20 mm |

续表

| 程序 | 序号 | 作业过程 | 工装机具 | 技术标准 |
|---|---|---|---|---|
| 测量 | 5 | 活塞环自由开口间隙 | | 气环：<br>原形：28～32 mm<br>禁用：＜20 mm<br>油环：<br>原形：16～20 mm<br>禁用：＜10 mm |
| | 6 | 活塞销座孔圆度、圆柱度 | | 原形：0.008 mm<br>中修：0.03 mm<br>禁用：0.04 mm |
| | 7 | 活塞环在 $\phi 240^{+0.02}_{0}$ mm 环规中闭口间隙 | | 气环：<br>原形：1.15～1.45 mm<br>中修：2.00 mm<br>禁用：3.00 mm<br>油环：<br>原形：0.50～0.70 mm<br>中修：1.50 mm<br>禁用：2.50 mm |
| | 8 | 活塞销圆度、圆柱度 | | 原形：0.002 5 mm<br>中修：0.015 0 mm<br>禁用：0.020 0 mm |
| | 9 | 活塞销与活塞销座孔径向间隙 | | 原形：0.010～0.052 mm<br>中修：0.120 mm |
| | 10 | 连杆大端孔圆度、圆柱度 | | 原形：0.01 mm<br>中修：0.04 mm |
| | 11 | 连杆小端孔（带套）圆度、圆柱度 | | 原形：0.015 mm<br>中修：0.04 mm |
| | 12 | 连杆小端衬套与活塞销的径向间隙 | | 原形：0.09～0.17 mm<br>中修：0.25 mm<br>禁用：0.30 mm |
| | 13 | 新瓦紧余量的规定：连杆瓦 | | 轴瓦厚度：5.0 mm<br>施加压力：23 000 N<br>在标准胎具内余面高度：0.20～0.24 mm |
| | 14 | 平行度测量。将连杆垂直支承在 V 形铁上，大小端孔分别放入 410 mm 长心棒，然后调整大小端心棒，使两端同一高度（百分表测量），测量小端心棒两端的高度值 $A$ 和 $B$（用百分表在距心棒两端各 5 mm 处测量）$A$ 与 $B$ 的差值即为连杆大小端孔中心线在 400 mm 长度内的不平行值，应符合要求 | 百分表 | |
| | 15 | 扭曲度测量（必要时测量）。将连杆水平支承，并将大小端放入 410 mm 长度的心棒，并调整大端心棒，两端至同一高度后，测量小端心棒两端的高度值 $C$ 和 $D$（用百分表距心棒两端各 5 mm 处测量），$C$ 和 $D$ 的差值即为连杆大小端孔中心线在 400 mm 长度内的扭曲度值，应符合要求。注：超限时在保证衬套尺寸及配合限度的前提下，允许做刮修衬套处理 | 百分表 | |
| | 16 | 测量连杆的质量，同台柴油机的连杆质量差不大于 300 g | 电子秤 | 超差时在规定的部位去重 |

续表

| 程序 | 序号 | 作业过程 | 工装机具 | 技术标准 |
| --- | --- | --- | --- | --- |
| 测量 | 17 | 校验工艺螺钉的伸长量。将工艺螺钉擦拭干净，用专用量表测量两条工艺螺钉，在自由状态时伸长量同时为“0”（小表针须压缩 2 mm，大表针指向 0），否则应修整工艺螺钉顶部平面，然后将工艺螺钉的螺纹部分及头部支承面涂以二硫化钼润滑脂，拧入工艺套内并把其紧到规定的伸长量。检查工艺螺钉头部侧面的标记是否与工艺套端面的标记重合，否则应消除螺钉标记并重新制作，刻线宽度不超过 1 mm，拧下两条工艺螺钉，全部照此检验 | 专用量表 | |
| | 18 | 测量产品螺钉的伸长量。将螺钉擦拭干净，在螺纹及支承面处涂以二硫化钼润滑脂后，拧入工艺套内，用专用表架测量其中心孔间的长度，把螺钉紧至规定的伸长量，然后将工艺套上的标记引到螺钉头部侧面做标记，若工艺套上的标记与螺钉的原标记不重合，应消除螺钉的原标记。松开螺钉，再测其自由状态下的长度，若大于原测量的长度，则此螺钉报废 | 专用表架 | |
| 组装试验 | 1 | 组装前将各零部件用专用清洗剂清洗一次，并用压力空气吹干，用绸布擦净 | | |
| | 2 | 将活塞加热至 100 ℃，套在连杆小端上，装入一侧活塞销卡环（开口应朝上方）。然后将涂有适量机油的活塞销从另一侧推入活塞销座孔和连杆小端套孔中，再装入此侧卡环 | | |
| | 3 | 用活塞环卡钳从下至上依次装入活塞环（油环刮油刃口向下，锥面气环大端向下，不得装反） | | |
| | 4 | 检验，连杆摆动应灵活 | | |
| | 5 | 用塞尺检查连杆小端在活塞销座中的横动间隙，应为 0.30～0.83 mm | | |
| | 6 | 活塞环在其环槽内，不应有卡滞现象。当把环推入环槽底面时，不得凸出活塞环槽外表面 | | |
| | 7 | 用压力空气检查油路，应畅通 | | |
| | 8 | 将检验好的各活塞连杆组，用清洁贴布遮盖，待装机使用 | | |

## 【考核评价】

### 1. 自我评价

① 自我考核：东风 $_{4D}$ 型内燃机车活塞连杆组的结构及检修作业程序描述。

② 自我评价（见表 4–12）。

**表 4–12　自我评价（每项满分为 10 分）**

| 序号 | 评价内容 | 得分 | 亮点 |
| --- | --- | --- | --- |
| 1 | 课前知识查阅、调研完成情况 | | |
| 2 | 课前、课中与人协作沟通表现 | | |
| 3 | 东风 $_{4D}$ 型内燃机车活塞连杆组的结构及检修作业程序掌握情况 | | |
| 4 | 课前、课中学习态度表现 | | |

**2. 小组评价（见表 4–13）**

表 4–13　小组评价（每项满分为 10 分）

| 序号 | 评价内容 | 得分 | 亮点 |
|---|---|---|---|
| 1 | 课中学习态度表现 | | |
| 2 | 课前、课中与人协作沟通表现 | | |
| 3 | 东风 $_{4D}$ 型内燃机车活塞连杆组的结构及检修作业程序掌握情况 | | |

**3. 教师评价（见表 4–14）**

表 4–14　教师评价（每项满分为 10 分）

| 序号 | 评价内容 | 得分 | 亮点 |
|---|---|---|---|
| 1 | 课前知识查阅、调研完成情况 | | |
| 2 | 课中参与及协作情况 | | |
| 3 | 掌握东风 $_{4D}$ 型内燃机车活塞连杆组的结构及检修作业程序的效果 | | |

**【教师建议】**

在掌握东风 $_{4D}$ 型内燃机车活塞连杆组的结构及检修作业程序的基础上，进一步做好知识及技能的迁移，熟悉其他型号内燃机车活塞连杆组的结构及检修作业程序，为今后从事相关工作打好基础。

# 任务 4.4　凸轮轴检修

**【任务描述】**

在实训现场，需要提供东风 $_{4D}$ 型内燃机车柴油机凸轮轴。为了搞清楚该型内燃机车柴油机凸轮轴的结构，可以将学生分成若干学习小组，以小组为单位，对照凸轮轴实物，结合所学有关理论知识，对凸轮轴的各个部分进行观察、分析，使学生进一步认知东风 $_{4D}$ 型内燃机车柴油机凸轮轴的结构及作用，熟练掌握凸轮轴检修作业程序，并展开有针对性的讨论。

**【学习目标】**

| | |
|---|---|
| 知识目标 | 掌握东风 $_{4D}$ 型内燃机车柴油机凸轮轴的结构及检修作业程序 |
| 能力目标 | 能正确分析东风 $_{4D}$ 型内燃机车柴油机凸轮轴的结构特点，能按检修作业程序进行凸轮轴检修 |
| 素质目标 | 养成细致、认真的工作作风；养成独立分析问题的良好习惯；能够比较自如地与他人沟通、协作完成工作 |

## 活动 4.4.1　凸轮轴结构认知

【活动要点】：凸轮轴的结构特点。

东风 $_{4D}$ 型内燃机车的柴油机采用两根凸轮轴，分别置于柴油机左右侧，驱动两列气缸的进排气门及单体喷油泵。每根凸轮轴由 4 节轴段组成，在每节轴段上对应各缸布置有相应的进排气门凸轮、供油凸轮。

为避免凸轮轴过长，采用分段制造技术，用专门的带有对中凸肩的法兰盘使各凸轮轴通过 6 个铰孔螺栓连接成一个整体，以保证各缸凸轮轴之间的对位。为便于组装时对中定位，各节相配轴段的连接法兰上均设有工艺孔（在其相对应的法兰外圆面上打有相同标记）。

东风 $_{4D}$ 型内燃机车的柴油机采用全支承结构，以提高凸轮轴的刚度。凸轮轴各部分的外径均小于凸轮轴座孔的直径，凸轮轴可以从柴油机一端插入机体凸轮轴座孔内。为减轻重量，凸轮轴制成中空结构，兼作机油通道使用。

东风 $_{4D}$ 型内燃机车柴油机凸轮轴的结构如图 4–5 所示。

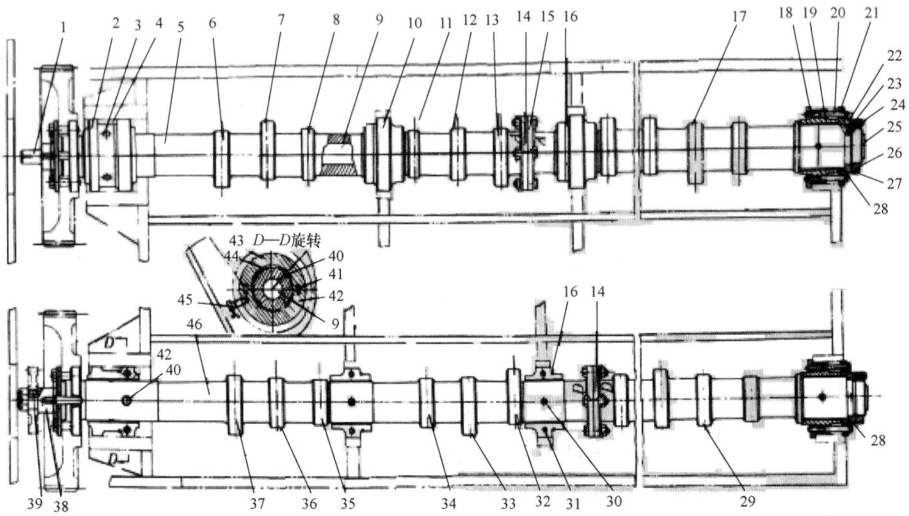


1—电测转速表传动轴；2—前端凸轮轴轴瓦；3—进油孔；4—进油槽；5—右凸轮轴；6—第 1 缸供油凸轮；7—第 1 缸进气凸轮；8—第 1 缸排气凸轮；9—内油道；10—中间挡凸轮轴瓦；11—第 2 缸供油凸轮；12—第 2 缸进气凸轮；13—第 2 缸排气凸轮；14—安装记号；15—连接法兰；16—弹簧卡环；17—第 8 缸进气凸轮；18—压紧圈；19—止推轴承；20—螺栓；21—止推法兰；22—挡圈；23—销钉；24—锁紧螺钉；25—螺堵；26—开槽螺母；27—减磨合金层；28—轴向间隙；29—第 16 缸进气凸轮；30—出油孔；31、41—定位销；32—第 10 缸供油凸轮；33—第 10 缸进气凸轮；34—第 10 缸排气凸轮；35—第 9 缸供油凸轮；36—第 9 缸进气凸轮；37—第 9 缸排气凸轮；38—调控传动齿轮轴；39—平键；40—进油孔；42—前端凸轮下轴瓦；43—前端凸轮上轴瓦；44—油槽；45—锁紧螺钉；46—左凸轮轴。

图 4–5　东风 $_{4D}$ 型内燃机车柴油机凸轮轴的结构

## 活动 4.4.2　凸轮轴检修技术要求

【活动要点】：凸轮轴检修要求及相应限度。

**1. 检修要求**

① 凸轮轴不许有裂纹，凸轮及轴颈工作表面不许有剥离、拉伤及碾堆等缺陷。轴端螺纹须良好。

② 凸轮型面磨损大于 0.15 mm 时，允许成型磨修，磨修后的表面硬度不许低于 HRC57，升程曲线须符合原设计要求，但配气凸轮基圆半径不许小于 49.5 mm，供油凸轮基圆半径不得小于 47.0 mm，轴径磨损可合理修复。

③ 更换凸轮轴单节时，整根凸轮轴的各轴径圆跳动量不大于 0.12 mm（支承于第 1、5、9 位轴径），各凸轮相对于第 1 位凸轮（或第 9 位同名凸轮）的分度允差不大于 0.5°。

**2. 限度表**

凸轮轴检修限度表如表 4–15 所示。

**表 4–15　凸轮轴检修限度表**

| 序号 | 名称 | 原形 | 限度 | |
|---|---|---|---|---|
| | | | 中修 | 禁用 |
| 1 | 凸轮轴轴径圆度、圆柱度/mm | 0.01 | 0.04 | — |
| 2 | 凸轮轴油润间隙/mm | 0.084～0.173 | 0.250 | 0.300 |
| 3 | 凸轮轴轴向移动量/mm | 0.10～0.250 | 0.40 | 0.45 |
| 4 | 滚轮与衬套径向间隙/mm | 0.014～0.079 | 0.100 | — |

## 活动 4.4.3　凸轮轴检修作业程序

【活动要点】：① 凸轮轴的检修与测量方法。
② 凸轮轴单节的调整。

凸轮轴检修作业程序如表 4–16 所示。

**表 4–16　凸轮轴检修作业程序**

| 程序 | 序号 | 作业过程 | 工装机具 | 技术标准 |
|---|---|---|---|---|
| 清洗 | 1 | 凸轮轴应在清洗箱中，用专用清洗剂清洗，并用压力空气吹扫，中心油道应吹扫干净 | 专用清洗剂 | |
| | 2 | 用专用清洗剂清洗轴瓦 | | 清洗后，应成对存放 |
| 检修及测量 | 1 | 探伤检查凸轮轴各轴颈（包括非摩擦面）和凸轮根部，不得有裂纹（若用电磁探伤，需退磁） | 探伤设备 | |
| | 2 | 检查轴颈、凸轮工作面、止推端面等，应符合技术条件，有轻微拉伤的用油石修光 | 油石 | |

续表

| 程序 | 序号 | 作业过程 | 工装机具 | 技术标准 |
|---|---|---|---|---|
| 检修及测量 | 3 | 检查轴瓦，应符合技术条件。飞边、毛刺等用油石修平，有轻微拉伤的可用刮刀刮修 | 油石、刮刀 | |
| | 4 | 检查螺堵，应无松动。各连接螺栓状态应良好 | | |
| | 5 | 测量凸轮轴各轴颈，设计尺寸为$\phi$90 mm，并计算圆度、圆柱度，应符合技术要求 | 75～100 mm 外径千分尺 | 凸轮轴轴颈圆度、圆柱度为 0.04 mm |
| | 6 | 在专用平台上，用三块等高 V 形铁把凸轮轴支承在 1、5、9 位轴颈上，用百分表和磁力表架测量各轴颈的径向跳动量，应符合技术要求 | 专用平台、等高 V 形铁支撑、百分表、磁力表架 | 径向跳动量为 0.12 mm |
| 相位检查 | 1 | 把凸轮轴置于测量平台上，在第一法兰盘上连接分度盘 | 测量平台 | |
| | 2 | 转动凸轮轴，用直角尺检查，使第一供油凸轮型面部分与平台垂直并密贴，记下这时分度盘上刻度读数，并以此刻度为基准，按发火顺序依次盘动凸轮轴至相对基准为 45°、90°、135°、180°、225°、270°、315°，分别检查（用直角尺）各供油凸轮相位差 | 直角尺 | 各供油凸轮相位差不大于 0.5° |
| 凸轮轴的单节调整 | 1 | 用梅花扳手松开其法兰连接螺栓，间隔装上三个工艺螺栓 | 梅花扳手 | |
| | 2 | 按照所要调整的方向，用专用工具调整凸轮轴后，再紧固工艺螺栓 | 专用工具 | |
| | 3 | 检查轴颈的跳动量和相位，符合技术要求。对没装工艺螺栓的三个孔进行铰孔后配相应的螺栓（同一法兰盘上的各孔径应一致） | | |
| | 4 | 复检一次轴颈的跳动量和相位，应符合技术要求 | | |
| | 5 | 拆下三条工艺螺栓，对这三个孔进行铰孔，配好相应的螺栓，并紧固。再复查一次跳动量和相位，符合技术要求后锁紧六条螺栓。在连接法兰圆周面上打好规定的标记，并做好记录 | | |
| | 6 | 凸轮轴可更换单节。更换新凸轮轴单节时，根据代号选用新轴段，应将油道和表面清洗干净，并做相位和跳动量的调整检查，符合技术要求后配好法兰连接螺栓 | | |
| | 7 | 备品凸轮轴保存时应垂直悬挂 | | |

## 【考核评价】

**1. 自我评价**

① 自我考核：东风 $_{4D}$ 型内燃机车柴油机凸轮轴的结构及检修作业程序描述。

② 自我评价（见表 4–17）。

**表 4–17　自我评价（每项满分为 10 分）**

| 序号 | 评价内容 | 得分 | 亮点 |
|---|---|---|---|
| 1 | 课前知识查阅、调研完成情况 | | |
| 2 | 课前、课中与人协作沟通表现 | | |
| 3 | 东风 $_{4D}$ 型内燃机车柴油机凸轮轴的结构及检修作业程序掌握情况 | | |
| 4 | 课前、课中学习态度表现 | | |

**2. 小组评价（见表 4–18）**

**表 4–18　小组评价（每项满分为 10 分）**

| 序号 | 评价内容 | 得分 | 亮点 |
| --- | --- | --- | --- |
| 1 | 课中学习态度表现 | | |
| 2 | 课前、课中与人协作沟通表现 | | |
| 3 | 东风 $_{4D}$ 型内燃机车柴油机凸轮轴的结构及检修作业程序掌握情况 | | |

**3. 教师评价（见表 4–19）**

**表 4–19　教师评价（每项满分为 10 分）**

| 序号 | 评价内容 | 得分 | 亮点 |
| --- | --- | --- | --- |
| 1 | 课前知识查阅、调研完成情况 | | |
| 2 | 课中参与及协作情况 | | |
| 3 | 掌握东风 $_{4D}$ 型内燃机车柴油机凸轮轴的结构及检修作业程序的效果 | | |

### 【教师建议】

熟悉并掌握东风 $_{4D}$ 型内燃机车柴油机凸轮轴的结构及检修作业程序，为今后从事有关内燃机车检修工作打好基础。

## 任务 4.5　喷油泵检修

### 【任务描述】

在实训现场，需要提供东风 $_{4D}$ 型内燃机车喷油泵。为了搞清楚该型内燃机车喷油泵的结构，可以将学生分成若干学习小组，以小组为单位，对照喷油泵实物，结合所学有关理论知识，对喷油泵的各个部分进行观察、分析，使学生进一步认知东风 $_{4D}$ 型内燃机车喷油泵的结构及作用，熟练掌握喷油泵检修作业程序，并展开有针对性的讨论。

### 【学习目标】

| | |
| --- | --- |
| 知识目标 | 掌握东风 $_{4D}$ 型内燃机车喷油泵的结构及检修作业程序 |
| 能力目标 | 能正确分析东风 $_{4D}$ 型内燃机车喷油泵的结构特点，能按检修作业程序进行喷油泵检修 |
| 素质目标 | 养成细致、认真的工作作风；养成独立分析问题的良好习惯；能够比较自如地与他人沟通、协作完成工作 |

## 活动 4.5.1 东风 $_{4D}$ 型内燃机车喷油泵结构认知

【活动要点】：东风 $_{4D}$ 型内燃机车喷油泵的结构特点。

东风 $_{4D}$ 型内燃机车柴油机采用 Bryce 公司的喷油泵，由 FCVAB 喷油泵及喷油泵下体组成，如图 4–6、图 4–7 所示。喷油泵柱塞直径为 20 mm，柱塞行程为 20 mm。

**1. 喷油泵的结构特点**

① 喷油泵采用坚实的泵壳体，泵体法兰厚度为 34 mm。

② 柱塞套壁较厚，柱塞套与泵壳体接触环带较宽，该结构的优点是：喷油泵顶部的盖帽压紧后，柱塞套不易变形，可以减少柱塞副在使用过程中发生卡死的可能性。同时，低压燃油不易从较宽的接触环带处泄漏，可大大减轻或避免齿条窜油现象。

③ 柱塞下端装有导向套，使柱塞端头不与滚轮体挺杆发生直接接触，对柱塞起导向作用。

④ 在泵体的正前方，设有进油孔及回油孔，使低压油腔的燃油能够循环流动，降低了喷油泵的工作温度。

⑤ 柱塞套油孔对称布置。安装时，柱塞套油孔与泵体进油孔错开 90°，可以减缓进油时燃油对柱塞套油孔的冲蚀作用及柱塞内腔回油时的阻力。

⑥ 喷油泵的两侧与柱塞进油孔相对应的位置上，分别安装有一个防蚀堵，以承担柱塞回油时对泵体内壁的冲蚀作用。

⑦ 定位螺钉头部插入柱塞套的定位槽内，可防止柱塞套转动。

⑧ 喷油泵体背后设有机油进口，在可能或必需的情况下，可以由此引入一定压力的机油，充入柱塞套下方的油环内，在油环处的柱塞副间隙中形成滑油环，以托住柱塞副上部间隙中的燃油，避免向下方泄漏燃油而导致机油稀释，同时可以节省燃油。

⑨ 出油阀为压力卸载式，在两次喷射之间使喷油泵泵体保持系统压力，防止在喷油泵喷射后燃油从喷油器逆流。出油阀设有顺流阀和逆流阀各一个，其作用是使柴油机在全部工况下高压燃油管内的剩余油压保持恒定，不受柴油机负荷及转速的影响，可改善部分负荷时柴油机的性能，延长喷油器的使用寿命。

**2. 喷油泵下体**

喷油泵下体装配主要由喷油泵下体及滚轮体组件等组成。喷油泵下体采用合金铸铁制成，用螺栓将其法兰面与喷油泵体及调整垫等紧固在机体上。滚轮体采用合金钢制成，滚轮体外圆周面上设有导向槽，由喷油泵下体上的定位销定位。滚论体下端安装有滚轮及滚轮轴。滚轮轴与滚轮之间装有青铜衬套，滚轮体上部为空心导杆，顶部嵌有镶块。镶块采用 GCr15 钢制成。

## 活动 4.5.2 东风 $_{4D}$ 型内燃机车喷油泵检修技术要求

【活动要点】：① 喷油泵拆卸、检修程序。

② 喷油泵扭矩要求。

③ 喷油泵检修后的试验要求。

**1. 喷油泵拆卸、检修**

① 解体、清洗，严禁碰撞。

② 零件不许有裂纹、剥离及严重穴蚀，齿杆不许有弯曲，精密偶件不许拉毛、碰伤及锈蚀。对于轻度锈蚀，可通过研磨方法消除。

③ 出油阀零件检查：阀装配放入各自孔内时，须能摆动；阀体及阀座面须无凹痕、磨损，允许有轻度接触环带；弹簧内外径及两端面均无过度磨损。

喷油泵中的弹簧包括顺流弹簧、逆流弹簧及柱塞弹簧，各种弹簧的自由高度如表 4–20 所示。

**表 4–20 喷油泵弹簧自由高度**

| 弹簧名称 | 厂　家 | |
|---|---|---|
| | 英国 | 南口厂 |
| 顺流阀弹簧/mm | ≥20.0 | 21.0±0.5 |
| 逆流阀弹簧/mm | ≥17.8 | 18.5±0.5 |
| 柱塞弹簧/mm | ≥73.0 | 77.0±0.5 |

④ 组装时，顺流阀和逆流阀的升程须分别调整至 1.0～1.4 mm 和 0.25～0.40 mm。

⑤ 防蚀堵的穴蚀深度超过 2 mm 者，须更换。

⑥ 挺杆被压裂或压痕深度超过 0.13 mm 者，须更换。

⑦ 泵体内锈蚀深度超过 5 mm 者，须更换。

⑧ 泵体的齿条孔与齿条装配之间的横向间隙和垂向间隙，均应大于 0.25 mm。

⑨ 柱塞弹簧自由高度不得小于 73 mm，弹簧对其底面的垂直度不应大于 2 mm。

⑩ 齿条与齿圈的齿隙不应大于 0.2 mm，齿圈中的齿槽应无可见的磨损，柱塞凸耳与齿槽之间的间隙不应大于 0.2 mm，以保证齿条在泵体孔径中自由运转。

⑪ 柱塞必须能自由转动，但轴向间隙不应超过 0.25 mm，挺杆压痕允许深度在 0.13 mm 之内，总间隙不许超过 0.38 mm。

⑫ 更换密封垫及垫圈。

**2. 喷油泵主要紧固件扭矩要求**

喷油泵的主要紧固件扭矩要求如表 4–21 所示。

**表 4–21　喷油泵的主要紧固件扭矩要求**

| 紧固件名称 | 扭矩/（N·m） |
|---|---|
| 防蚀堵 | 68 |
| 柱塞套定位螺钉 | 14 |
| 压力卸载式出油阀压力设定/检查压紧螺母 | 340 |
| 出油阀体压紧螺母 | 815～880 |
| 润滑油铜堵 | 20 |

**3. 喷油泵检修后的试验要求**

1）柱塞偶件密封性试验

试验用油为柴油与机油的混合油，其黏度为 $1.03\times10^{-5}$～$1.059\times10^{-5}$ $m^2/s$。试验油温为

(20±2)℃。试验时，柱塞与柱塞套的相对位置须使柱塞的有效行程为 6 mm，将试验用油以（17.5±0.3）MPa 的压力充入柱塞顶部，柱塞偶件的密封时间须为 3～6 s。

2）出油阀组件油压性能和密封试验

（1）顺流阀试验

从顺流阀的进口泵入 1.5～2.1 MPa 的柴油时，顺流阀须开启。顺流阀关闭后，油压继续下降，从 1.0 MPa 开始，2 min 内油压下降不许大于 0.2 MPa。

（2）逆流阀试验

从出油接头的出油口泵入 11～13 MPa 的柴油时，逆流阀须开启。当压力降低至 8.2～9.8 MPa 时逆流阀须关闭。逆流阀关闭后，油压继续下降，从 8 MPa 降低至 7 MPa 的时间不许少于 28 s。

试验过程中，出油阀接头与出油阀座的密封贴合面不许有渗漏。

3）喷油泵密封性试验

用工艺堵堵住燃油进口或出口，从燃油另一出口（或进口）通入 0.55 MPa 的风压，将泵体全部浸泡在干净的试验油中，柱塞套与泵体之间、泵体与压紧螺母之间及防蚀堵在 15 s 内不许出现气泡。

4）喷油泵供油量试验

喷油泵供油量试验要求如表 4–22 所示。

表 4–22　喷油泵供油量试验要求

| 试验工况 | 凸轮轴转速/（r/min） | 齿条拉出量/mm | 喷射次数 | 备注 |
|---|---|---|---|---|
| 大油量 | 485±5 | 23 | 250 | |
| 小油量 | 200±5 | 8 | 250 | 同台柴油机各泵流量差不许大于 3 mL |
| 停油位 | 525±5 | 5～6 | 250 | |

注：供油量用标准泵校正。

**4. 喷油泵下体检修要求**

各零件不许有裂纹及严重拉伤，滚轮不许有腐蚀及剥离，滚轮体定位销不许有松动，滚轮体导向槽磨损后宽度不许大于 10 mm。

**5. 限度表**

喷油泵检修限度表如表 4–23 所示。

表 4–23　喷油泵检修限度表

| 序号 | 名称 | 原形 | 限度 | |
|---|---|---|---|---|
| | | | 中修 | 禁用 |
| 1 | 泵体齿条孔与齿条间隙/mm | | 0.25 | |
| 2 | 齿条与齿圈啮合间隙/mm | | 0.20 | |
| 3 | 柱塞凸耳与齿槽间隙/mm | | 0.20 | |

喷油泵下体检修限度表如表 4–24 所示。

表 4–24　喷油泵下体检修限度表

| 序号 | 名称 | 原形 | 限度 | |
|---|---|---|---|---|
| | | | 中修 | 禁用 |
| 1 | 滚轮体与下体孔间隙/mm | 0.030～0.134 | 0.030～0.160 | |
| 2 | 下体孔直径/mm | $78^{+0.074}_{0}$ | 78.10 | |
| 3 | 滚轮体与衬套间隙/mm | 0.025～0.075 | 0.025～0.100 | |
| 4 | 滚轮轴与衬套间隙/mm | 0.040～0.094 | 0.040～0.120 | |

东风 $_{4D}$ 型内燃机车喷油泵的结构如图 4–6 所示，其下体零件解体图如图 4–7 所示，其零件解体图如图 4–8 所示。

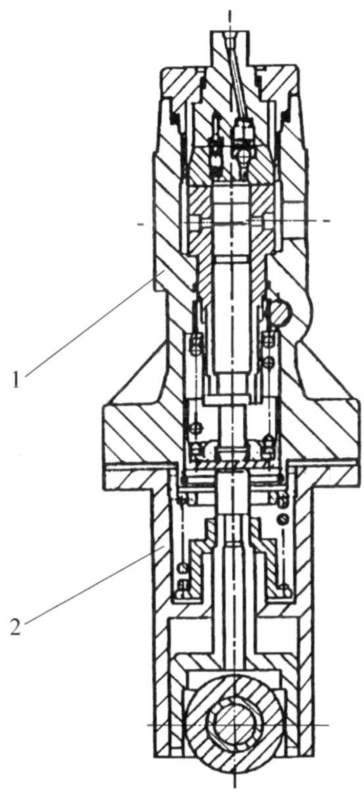


1—FCVAB 喷油泵；2—喷油泵下体。

图 4–6　东风 $_{4D}$ 型内燃机车喷油泵的结构

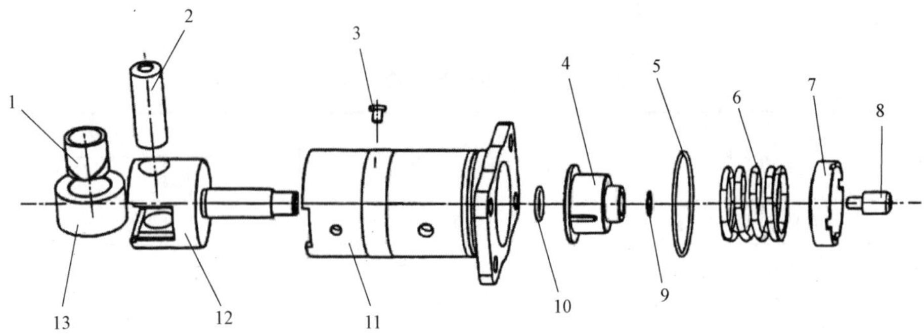

1—滚轮衬套；2—滚轮销；3—滚轮体定位销钉；4—弹簧下座；5—O 形密封圈（95×3.1）；6—弹簧；7—弹簧上座；8—镶块；9—挡圈；10—O 形密封圈（31×3.5）；11—下体；12—滚轮体；13—滚轮。

图 4–7 喷油泵下体零件解体图

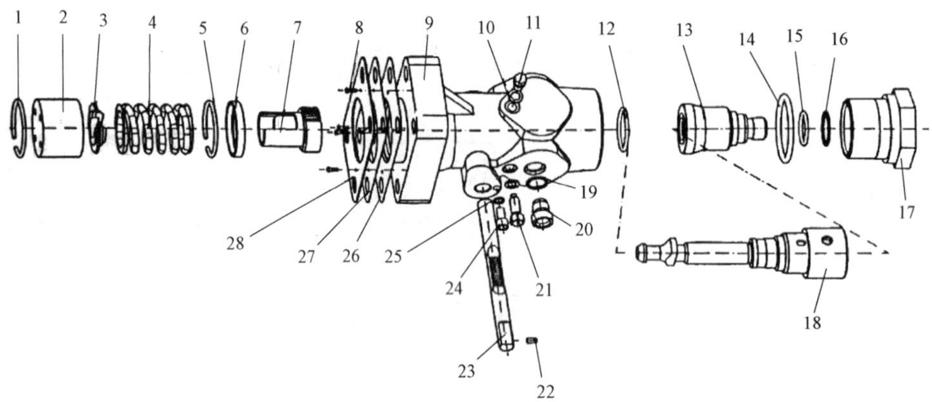

1—钢丝挡圈；2—导套；3—弹簧下座；4—柱塞弹簧；5—小挡圈；6—弹簧上座；7—调节齿圈；8—空心铆钉；9—泵体；10、19—垫圈；11—机油进油孔堵；12—O 形密封圈；13—等压出油阀组件；14—压紧螺套大密封圈；15—出油阀接头密封圈；16—出油接头密封垫；17—压紧螺套；18—柱塞偶件；20—防蚀堵；21—柱塞套定位螺钉；22—弹性圆柱销；23—调节齿杆；24—内六角螺钉（3/16"）；25—调整垫片；26—调整垫片（0.2）；27—调整垫片（0.5）；28—调整垫片（1.5）。

图 4–8 喷油泵零件解体图

## 活动 4.5.3 东风 $_{4D}$ 型内燃机车喷油泵检修作业程序

【活动要点】：① 喷油泵的拆卸。
② 喷油泵的检查。
③ 喷油泵的组装。

**1. 喷油泵拆卸**

1）拆卸前的准备工作

① 工作台必须彻底清洗，并除掉所有灰尘、铁屑及其他杂质，同时准备好清洗用的容器，以存放零部件。

② 拆卸期间，每个喷油泵的零件必须放在一起，尤其是柱塞与柱塞套、出油阀与阀座必须按原配对件摆放。

2）拆卸方法

① 把喷油泵用螺栓垂向固定在专用夹具装置上。把夹具旋转 180°，使喷油泵的法兰面朝上。固定夹具的支撑臂，依次取出下卡环、挺杆、下弹簧座、柱塞、柱塞弹簧、上弹簧座、齿圈、齿条（不要把刻度矫正螺钉和垫片拿掉）、防蚀堵。

② 转动夹具，使喷油泵除油接头朝上，松开压紧螺母、大 O 形密封圈，然后依次取出压力卸载式出油阀装配、小 O 形密封圈（或皮革垫圈），取下柱塞套定位螺钉、柱塞套。并把每个喷油泵的零件放在一起。柱塞与柱塞套必须配成对，并将其放到装有干净燃油的容器中，拆卸过程中禁止被拆件跌落地上。

③ 分开上下座时应小心而缓慢，防止零件散落，应把拆下的每个出油阀装配的零件单独存放。

④ 拆下的 O 形密封圈、垫圈应予以报废。

⑤ 在清洗前，如有可能，要把所有零件进行去磁处理，清洗过程中应保证把所有金属屑粒清除干净。

**2. 喷油泵清洗**

① 清洗液应采用干净无水的新轻柴油。

② 清洗过程中，允许使用不起毛的纸，但绝对禁用煤油（因煤油中可能会有水分，导致零部件锈蚀）和纺织布及刮具。

③ 所有非配合面可用铜丝刷，少量炭沉积物可用刮刀刮除，但禁止用坚硬工具清洗高的光洁表面（如柱塞与柱塞套）。

④ 所有零件均要彻底清洗。清洗时，要注意保护柱塞体、出油阀体、阀及密封面。

**3. 喷油泵零件检查**

① 防蚀堵穴蚀深度不得超过 2 mm。

② 柱塞套定位螺钉的螺纹或其平头端不许损坏或碎裂。

③ 挺杆的每一端面不应有裂纹，或被撞击引起的压痕深度不得超过 0.13 mm（否则继续使用会造成进一步磨损，导致喷油定时延迟，偶尔还会发生折断或其他损坏）。

④ 泵体应无裂纹。泵体内，尤其是油道内，锈蚀深度不得超过 5 mm；齿条孔径内与齿条的配合间隙不得超过 0.25 mm；泵体的挺杆孔径不能有过度磨损与拉伤。

⑤ 柱塞弹簧不应有过度磨损，有锈蚀或严重磨损者应更换。柱塞弹簧的自由高度应大于 73 mm。弹簧对其底面的垂直度最大偏差不应大于 2 mm。

⑥ 齿圈不得有损坏，在装配状态下，齿隙游移不应大于 0.2 mm；齿圈中的齿槽应无可见磨损。柱塞凸耳与齿圈之间的间隙应不超过 0.2 mm，以保证齿杆在泵体孔径中自由旋转。

⑦ 下弹簧座检查。把柱塞底部紧紧压向下弹簧座，但柱塞仍能转动，此时柱塞底部端面与下弹簧座的下端平面的轴向间隙应不大于 0.25 mm，加上挺杆间隙 0.13 mm 在内，总间隙不应超过 0.38 mm。

⑧ 柱塞的螺旋线或上表面不得存有深度大于 1.5 mm 的穴蚀。

⑨ 检查柱塞顶面，如有漏泄现象，表明顶面存有轻微的不规则划痕，可用研磨的方法将其去除，但密封面与柱塞套座肩不平行量在直径方向不得大于 0.025 mm。

⑩ 柱塞与柱塞套必须做探伤检查，不得有裂纹，表面不得有倒棱、尖棱、凹痕、毛刺。

⑪ 柱塞偶件配合间隙为 0.006～0.008 mm，其滑动性的检查：把清洗配好的偶件与水平面成 45° 放置，并把柱塞从柱塞套内抽出其圆柱工作表面长度的三分之一，将柱塞围绕自身的轴线旋转至任何位置，放手后均应靠自重自由地滑动下落，不应有任何阻滞现象。

**4. 喷油泵组装**

1）装配顺序

① 将喷油泵装在专用夹具上锁紧，顶朝上。

② 安装防蚀堵及垫圈，紧固扭矩为 68 N・m。

③ 将柱塞套敲入泵体，用肉眼检查，使柱塞套固定槽与泵体定位螺钉孔的中心对准。

④ 安装柱塞套定位螺钉、垫圈，紧固扭矩为 14 N・m。

⑤ 用凡士林涂在一个大 O 形密封圈上，并装入泵体凹槽内。用凡士林涂在一个小 O 形密封圈上，再在由机油和柴油组成的混合试验油中浸泡 10 min，把新皮革垫圈装入压紧螺母的孔径内，把出油阀装配安装到压紧螺母上。

⑥ 把装有出油阀的压紧螺母装入泵体，用手旋到底。将喷油泵翻转 180°，成倒立状，依次装入齿圈、上弹簧座、柱塞弹簧、柱塞、下弹簧座、挺杆、卡环。然后再把泵体转过 180°，使喷油泵正立，再把压紧螺母拧紧，紧固扭矩为 850 N・m。

2）安装质量检查

① 压下挺杆到任何位置，拉动齿条，均应灵活。

② 齿圈与齿杆之间的啮合间隙不应大于 0.2 mm。

③ 柱塞尾端应凹入弹簧下座平面 0.08～0.26 mm。

④ 柱塞偶件密封性试验。

a）高压密封性试验。将偶件按要求固定在相对位置，试验油的温度为（40±2）℃，黏度为 $1.01\times10^{-5}\sim1.06\times10^{-5}\ m^2/s$。将试验油以 15.5 MPa 的压力充入柱塞顶部，10 s 内压力下降值不大于 1.72 MPa。

b）低压密封性试验。将工艺堵拧入燃油进口（或出口），给燃油的出口（或进口）以 0.55 MPa 的风压，将泵体全部浸泡在干净的试验油中，柱塞套与泵体之间、泵体与压紧螺母之间以及防蚀堵处不得有冒气泡现象。

## 【考核评价】

**1. 自我评价**

① 自我考核：东风 $_{4D}$ 型内燃机车喷油泵结构及检修作业程序描述。

② 自我评价（见表 4–25）。

表 4–25　自我评价（每项满分为 10 分）

| 序号 | 评价内容 | 得分 | 亮点 |
| --- | --- | --- | --- |
| 1 | 课前知识查阅、调研完成情况 | | |
| 2 | 课前、课中与人协作沟通表现 | | |
| 3 | 东风 $_{4D}$ 型内燃机车喷油泵结构及检修作业程序掌握情况 | | |
| 4 | 课前、课中学习态度表现 | | |

**2.** 小组评价（见表 4–26）

表 4–26　小组评价（每项满分为 10 分）

| 序号 | 评价内容 | 得分 | 亮点 |
| --- | --- | --- | --- |
| 1 | 课中学习态度表现 | | |
| 2 | 课前、课中与人协作沟通表现 | | |
| 3 | 东风 $_{4D}$ 型内燃机车喷油泵结构及检修作业程序掌握情况 | | |

**3.** 教师评价（见表 4–27）

表 4–27　教师评价（每项满分为 10 分）

| 序号 | 评价内容 | 得分 | 亮点 |
| --- | --- | --- | --- |
| 1 | 课前知识查阅、调研完成情况 | | |
| 2 | 课中参与及协作情况 | | |
| 3 | 掌握东风 $_{4D}$ 型内燃机车喷油泵结构及检修作业程序的效果 | | |

**【教师建议】**

熟悉并掌握东风 $_{4D}$ 型内燃机车喷油泵结构及检修作业程序，为今后从事有关内燃机车检修工作打好基础。

# 任务 4.6　喷油器检修

**【任务描述】**

在实训现场，需要提供东风 $_{4D}$ 型内燃机车喷油器。为了搞清楚该型内燃机车喷油器的结构，可以将学生分成若干学习小组，以小组为单位，对照喷油器实物，结合所学有关理论知识，对喷油器的各个部分进行观察、分析，使学生进一步认知东风 $_{4D}$ 型内燃机车喷油器的结构及作用，熟练掌握喷油器检修作业程序，并展开有针对性的讨论。

【学习目标】

| 知识目标 | 掌握东风 $_{4D}$ 型内燃机车喷油器的结构及检修作业程序 |
|---|---|
| 能力目标 | 能正确分析东风 $_{4D}$ 型内燃机车喷油器的结构特点，能按检修作业程序进行喷油器检修 |
| 素质目标 | 养成细致、认真的工作作风；养成独立分析问题的良好习惯；能够比较自如地与他人沟通、协作完成工作 |

## 活动 4.6.1　东风 $_{4D}$ 型内燃机车喷油器结构认知

【活动要点】：东风 $_{4D}$ 型内燃机车喷油器的结构特点。

东风 $_{4D}$ 型内燃机车喷油器主要由喷嘴体、垫板、调压垫片、弹簧上座、针阀弹簧、销、弹簧下座、支座板、喷嘴螺帽、针阀偶件等组成，如图 4–9 所示。

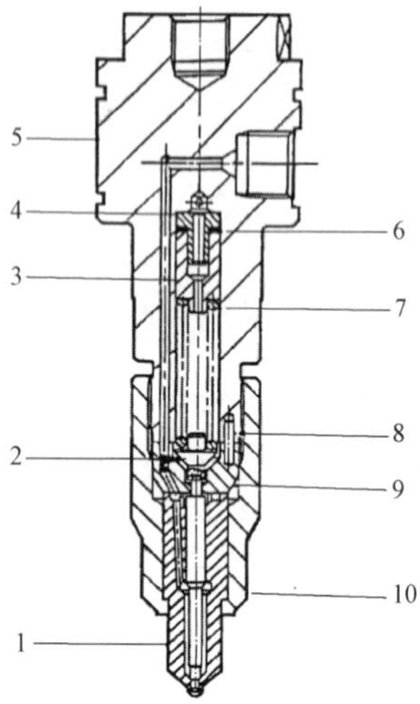


1—针阀偶件；2—弹簧下座；3—弹簧上座；4—垫板；5—喷嘴体；6—调压垫片；
7—针阀弹簧；8—销；9—支座板；10–喷嘴螺帽。

图 4–9　东风 $_{4D}$ 型内燃机车喷油器的结构

## 活动 4.6.2　东风 $_{4D}$ 型内燃机车喷油器检修技术要求

【活动要点】：① 喷油器的检修要求。
② 喷油器的试验要求。

**1. 检修要求**

① 解体、清洗，严禁碰撞。

② 各零件不许有裂纹，精密偶件不许有拉毛、碰伤。

③ 调压弹簧的外径表面允许有轻微磨痕，但不许有麻点形腐蚀或变形，自由高度不小于 54.3 mm（英国）或（55.0±0.6）mm（南口厂）。

④ 阀座磨损深度不许大于 0.1 mm。

⑤ 针阀升程为（0.6±0.05）mm。

⑥ 检查支座板表面，须光滑，可磨削去除表面压痕，但其厚度不许小于 16.8 mm，上下表面平行度不许大于 0.007 mm。

⑦ 喷油嘴偶件压紧螺帽的紧固扭矩为 217 N・m。

**2. 喷油泵性能试验要求**

1）严密度试验

试验用油为柴油与机油的混合油，其黏度为 $1.013\times10^{-5}\sim1.059\times10^{-5}$ $m^2/s$。试验油温为（20±2）℃。当喷油器的喷油压力调整到 $34.5^{+0.5}_{0}$ MPa 时，油压从 30 MPa 降至 25 MPa 所需时间为 15～40 s。

2）喷射性能试验

喷油器的喷油压力调整到（34.5±0.5）MPa，以每分钟 50～90 次喷射，须声音清脆，喷射开始和终了明显，雾化良好，不许有肉眼能见到的飞溅油粒、连续不断的油柱及局部密集的油雾。以每分钟 30 次做慢速喷射，在连续喷油 15 次后，针阀偶件头部允许有渗漏的油珠，但不许滴下。喷油器在运用中应有回油量，但每分钟不超过 50 滴。

## 活动 4.6.3　东风 $_{4D}$ 型内燃机车喷油器的检修作业程序

【活动要点】：① 喷油泵检修步骤。
② 喷油泵的组装试验。

东风 $_{4D}$ 型内燃机车喷油器的检修作业程序如表 4–28 所示。

**表 4–28　东风 $_{4D}$ 型内燃机车喷油器的检修作业程序**

| 程序 | 序号 | 作业过程 | 工装机具 | 技术标准 |
|---|---|---|---|---|
| 分解 | 1 | 解体前试验 | | |
| | 2 | 拆下进油管和喷油器上的密封铜垫，把进油管在柴油中清洗干净 | 柴油 | |
| | 3 | 将喷油器在钢丝轮上清除针阀孔处积炭，用布擦净喷油器表面 | 钢丝轮布 | |
| | 4 | 检修前试验：将喷油器装在雾化试验台上，进行雾化试验和严密度试验，并做好记录。对于符合技术条件要求的喷油器，更换密封胶圈和不良的密封铜垫，可继续使用；对于不符合技术条件要求的喷油器，需解体检修 | 雾化试验台 | |
| | 5 | 将喷油器装在拆装台上，用扳手旋下喷油器压紧螺帽，用软质尼龙棒将针阀偶件从喷油器压紧螺帽中敲出 | 拆装台、扳手、软质尼龙棒 | |
| | 6 | 依次取出弹簧下座、调压弹簧、调整垫片、弹簧上座、导向套等零件 | | |

续表

| 程序 | 序号 | 作业过程 | 工装机具 | 技术标准 |
|---|---|---|---|---|
| 清洗及探伤 | 1 | 针阀偶件使用专用装置用清洁的轻柴油清洗，清洁度为一级 | | 一级清洁度 |
| | 2 | 喷油器其他零件，用干净柴油清洗，清洁度为二级 | | 二级清洁度 |
| 检修 | 1 | 外观检查喷油器体各部，不许有裂纹及严重破损，否则应更换。各螺纹状态应良好 | | |
| | 2 | 在平台上外观检查弹簧，不得有裂纹，不得歪斜变形，并测量弹簧自由高度，应符合技术要求。调压弹簧折断、出现腐蚀麻点或自由高度不符合要求的须更新。下弹簧座压针阀圆弧凹面不良者应更换 | 平台、高度尺 | 高度为$55.0^{+0.6}_{-1.0}$ mm |
| | 3 | 检查支座板，不许有裂纹。检查两个密封平面，若有不平、拉伤、针阀撞痕，或在进油孔周围的平面上存有高压燃油冲刷形成的沟槽时，须在平板上加研磨膏修磨，不能修复者须更新。修理后的支座板经检查应符合技术要求 | 平板、研磨膏 | 支座板表面须光滑，可磨削去除表面压痕，但其厚度不许小于 16.800 mm，上下表面不平行度不许大于 0.007 mm |
| | 4 | 外观检查进油管螺纹，状态应良好 | | |
| | 5 | 针阀体大端密封端面须光、平，若有轻微拉伤，允许在研磨平台上进行光研修复 | 研磨平台 | |
| | 6 | 进油孔、压力室、喷油孔等处不许有任何脏物，喷孔应通畅，不许有堵塞或损伤 | | |
| | 7 | 用放大镜观看偶件密封锥面，其座面须有明亮、均匀、清晰的密封接触环带，不许有压痕或穴蚀造成的坑点 | 放大镜 | |
| | 8 | 锥面修复方法：在针阀偶件磨修机床上分别磨修针阀体和针阀，磨修角度针阀座为 59°+20′、针阀为 60°±10′。磨修时，应严格控制磨削量，针阀体和针阀共计的总磨削量不许超过 0.1 mm | 磨修机床 | |
| | 9 | 针阀偶件的圆柱工作面须清晰、明亮、无拉伤，轻微拉伤者可光研修整。针阀与针阀体孔的配合应光滑，用下述方法检查针阀偶件的滑动性：偶件与铅垂线倾斜成 45°，将针阀抽出其圆柱工作面长度的 1/3，然后给针阀一个旋转力后放开，针阀应能借自身的重量均匀、平稳地滑落到针阀体的密封座面上，无阻滞现象。若滑动性不良，须重新清洗或研磨 | | |
| | 10 | 当针阀升程超限时，允许采取修磨针阀体密封端面的方法修复，但应注意：必须保证工件的正确装卡位置，端面对中孔垂直度不许超过 0.05 mm，修磨后密封平面须进行平面光研加工，使针阀升程符合技术条件要求 | | 对中孔垂直度不超过 0.05 mm |
| | 11 | 检查进油管螺纹，应良好，并用压力空气吹净油道 | | |
| 测量 | 1 | 将喷油器体夹紧在专用夹具上，弹簧腔朝上方 | | |
| | 2 | 装上 2 个圆柱定位销钉 | | |
| | 3 | 依次将导向套、调整垫片、弹簧上座、调压弹簧、弹簧下座及支座板装入喷油器体弹簧腔内，用手转动支座板，应有微小活动余量 | | |
| | 4 | 将针阀偶件装入喷油器压紧螺帽中 | | |
| | 5 | 将压紧螺帽连同针阀偶件一起旋紧到喷油器体上，紧固扭矩应符合技术要求 | | 喷油嘴偶件压紧螺帽的紧固扭矩为 217 N·m |
| | 6 | 更换密封用垫圈及橡胶圈 | | |

续表

| 程序 | 序号 | 作业过程 | 工装机具 | 技术标准 |
| --- | --- | --- | --- | --- |
| 组装试验 | 1 | 将组装好的喷油器装在专用试验台上 | 专用试验台 | |
| | 2 | 喷射性能试验：<br>① 喷油压力调至（34.4±0.5）MPa，以每分钟 50～90 次喷射，声音须清脆、喷射开始和终了明显，雾化良好，不许有肉眼能见到的飞溅油粒、连续不断的油柱和局部密集的油雾。<br>② 以每分钟 30 次做慢速喷射，在连续喷油 15 次后，针阀偶件头部允许有渗漏的油珠，但不许滴油 | | |
| | 3 | 严密度试验：<br>试验油为柴油与机油的混合油，其 20 ℃时的运动黏度为（$1.013\times10^{-5}$～$1.059\times10^{-5}$）$m^2/s$，试验油温为（20±2）℃，喷油压力调整至 $34.5_{0}^{+0.5}$ MPa 后，油压从 30 MPa 降到 25 MPa 的时间须为 15～40 s，针阀体密封端面和喷孔处不许滴油 | | |
| | 4 | 试验完毕后，更换密封圈，装上进油管，盖上防护罩，待装机 | | |
| | 5 | 填写检修、试验记录，做好包装防护及合格标识 | | |

## 【考核评价】

### 1. 自我评价

① 自我考核：东风 $_{4D}$ 型内燃机车喷油器的结构及检修作业程序描述。

② 自我评价（见表 4–29）。

**表 4–29　自我评价（每项满分为 10 分）**

| 序号 | 评价内容 | 得分 | 亮点 |
| --- | --- | --- | --- |
| 1 | 课前知识查阅、调研完成情况 | | |
| 2 | 课前、课中与人协作沟通表现 | | |
| 3 | 东风 $_{4D}$ 型内燃机车喷油器的结构及检修作业程序掌握情况 | | |
| 4 | 课前、课中学习态度表现 | | |

### 2. 小组评价（见表 4–30）

**表 4–30　小组评价（每项满分为 10 分）**

| 序号 | 评价内容 | 得分 | 亮点 |
| --- | --- | --- | --- |
| 1 | 课中学习态度表现 | | |
| 2 | 课前、课中与人协作沟通表现 | | |
| 3 | 东风 $_{4D}$ 型内燃机车喷油器的结构及检修作业程序掌握情况 | | |

### 3. 教师评价（见表 4–31）

表 4–31　教师评价（每项满分为 10 分）

| 序号 | 评价内容 | 得分 | 亮点 |
| --- | --- | --- | --- |
| 1 | 课前知识查阅、调研完成情况 | | |
| 2 | 课中参与及协作情况 | | |
| 3 | 掌握东风 $_{4D}$ 型内燃机车喷油器的结构及检修作业程序的效果 | | |

## 【教师建议】

熟悉并掌握东风 $_{4D}$ 型内燃机车喷油器的结构及检修作业程序，为今后从事有关内燃机车检修工作打好基础。

# 项目 5

# 内燃机车电机电器检修技能训练

## 任务 5.1　牵引电动机检修

### 【任务描述】

在实训教学中，重点学习东风$_4$型内燃机车 ZD109B 型牵引电动机检修流程、技术参数，要求学生掌握牵引电动机检修作业程序、检修作业标准，能熟练使用各种检修工具。为增强学生对牵引电动机零部件的感性认识，将学生分成若干小组，以小组为学位展开针对性的讨论。

### 【学习目标】

| | |
|---|---|
| 知识目标 | 了解东风$_4$型内燃机车 ZD109B 型牵引电动机检修的总体概况，掌握牵引电动机检修流程、技术参数要求 |
| 能力目标 | 掌握东风$_4$型内燃机车 ZD109B 型牵引电动机检修程序、作业过程、作业标准，能按要求完成检修作业 |
| 素质目标 | 养成细致、认真的工作作风；养成独立分析问题的良好习惯；能够比较自如地与他人沟通、协作完成工作 |

### 活动 5.1.1　解体前的检查

【活动要点】：① 使用游标卡尺测量换向器表面跳动量。
② 使用 1 000 V 兆欧表测量绝缘电阻。

牵引电动机解体前的检查作业程序如表 5–1 所示。

**表 5–1　牵引电动机解体前的检查作业程序**

| 程序 | 序号 | 作业过程 | 工卡量具 | 标准 |
|---|---|---|---|---|
| 解体前的检查 | 1 | 查阅履历卡（簿），根据实际技术状态、历次检修的记载和运用动态变化，确定重点检修项目 | | |

续表

| 程序 | 序号 | 作业过程 | 工卡量具 | 标准 |
|---|---|---|---|---|
| 解体前的检查 | 2 | 外观检查电动机各部状态 | 钳工常用工具 | 机座及端盖应清扫干净，不得有裂纹与缺陷。油管、观察孔盖须安装牢固。各螺孔螺纹良好，电动机编号应准确清晰 |
| | 3 | 测量换向器表面跳动量，检查有无凸片、变形等状态，确定是否需要镟修处理。若换向器表面已明显烧灼变形，可免去此项 | 游标卡尺 | 换向器表面不得有凸片及严重烧伤和拉伤，换向器磨耗深度不许超过 0.2 mm。换向器进行镟修时，表面粗糙度不大于 *Ra*1.6，下刻云母槽端部倒角成喇叭口，清除倒角处的毛刺及槽内云母粉、铜屑 |
| | 4 | 测量绝缘电阻：用 1 000 V 兆欧表测量主极、附极、电枢绕组对地及相互间的冷态绝缘电阻 | 1 000 V 兆欧表 | 冷态时用 1 000 V 兆欧表分别测量主极、附极、电枢绕组的对地绝缘电阻及相互间的绝缘电阻，均应不低于 5 MΩ |
| | 5 | 在 2 385 r/ min 的工况下，空转 10 min，检查电动机是否振动，确定电枢是否需要做动平衡试验 | 动平衡机 | |
| | 6 | 在 2 385 r/min 的工况下，动态检测轴承状态，确定在解体后是否需要做重点检查 | | |

## 活动 5.1.2　解体

【活动要点】：① 传动齿轮分解过程。
② 轴承分解过程。

牵引电动机解体作业程序如表 5–2 所示。

**表 5–2　牵引电动机解体作业程序**

| 程序 | 序号 | 作业过程 | 工卡量具 | 标准 |
|---|---|---|---|---|
| 拔出传动齿轮和油封 | 1 | 首先打开轴头压盖螺栓止动垫片，用专用扳手松开压盖螺栓至轴头三扣为止，以防止拔齿轮时齿轮飞出，然后将齿轮拔出器拧紧在轴头的螺孔内，后用扳手拧按齿轮拔出器，加大油压至齿轮拔出。<br>如果个别齿轮因配合较紧或其他原因压出困难时，可用电磁感应加热器先对齿轮进行预加热，然后用齿轮拔出器加压拔出齿轮（加热温度不超过 180 ℃） | 电磁感应加热器、扳手、齿轮拔出器、油封拔出器 | |
| | 2 | 用油封拔出器拧紧在油封的丝扣上，转动拔出器丝杆顶出油封 | | |
| 拆卸轴承盖及抽出电枢 | 1 | 拆下两端轴承注油管、卡子 | | |
| | 2 | 拆下前轴承盖，打开前轴头三角形防缓垫圈，拆除压紧螺栓，取下压盖 | | |
| | 3 | 拔出全部电刷，必要时用钢纸板保护换向器工作表面 | 钢纸板 | |
| | 4 | 拆下后端轴承外盖螺栓，取下外盖 | | |
| | 5 | 将后端轴锥表面擦拭干净 | | |
| | 6 | 将总装吊具水平推入电动机轴锥部，拧紧防缓螺栓 | 总装吊具 | |

续表

| 程序 | 序号 | 作业过程 | 工卡量具 | 标准 |
|---|---|---|---|---|
| 拆卸轴承盖及抽出电枢 | 7 | 拆下后端端盖螺栓，将螺栓拧入端盖顶丝孔内，将端盖顶出机座止口 | | |
| | 8 | 将电枢从定子内水平抽出，并放于电枢存放架上 | 电枢存放架、电枢吊具 | |
| | 9 | 拆下吊具，装上轴锥保护套，在端盖顶丝孔内拧入吊环，将端盖吊出 | 轴锥保护套、吊环 | |
| | 10 | 拆下前端端盖螺栓，将螺栓拧入端盖顶丝孔内，将端盖顶出机座止口，拆下端盖 | | |
| 拆卸轴承 | 1 | 用轴承拔出器把两端轴承外圈从端盖中拔出 | 轴承拔出器 | |
| | 2 | 用电磁感应加热器把两端轴承内圈从电枢轴上拆下 | 电磁感应加热器 | |
| | 3 | 取出轴承后，要做好标记，以便对应组装 | | |
| 拆卸刷架系统 | 1 | 拆开附极与刷架连线及刷架连线螺栓，松开方头螺栓、螺母，拆下刷盒，卸下紧固刷杆的螺栓，拆下刷杆 | 钳工常用工具 | 注意，在拆卸时一定要做好标记，确保对应组装 |
| | 2 | 拆下夹线压板，取下刷架连线及刷架引出线 | | |

## 活动 5.1.3　检修

【活动要点】：① 牵引电动机定子检修过程。
② 牵引电动机电枢检修过程。

牵引电动机检修作业程序如表 5–3 所示。

**表 5–3　牵引电动机检修作业程序**

| 程序 | 序号 | 作业过程 | 工卡量具 | 标准 |
|---|---|---|---|---|
| 吹扫和清洗 | 1 | 用专用清洗设备清洗定子、电枢、轴承盖等部件 | 专用清洗设备、专用清洗剂 | |
| | 2 | 凡清洗机无法清洗的部件或清洗机无法洗掉的污垢，手工继续清洗，可用毛刷、软布等将其刷洗擦净 | 毛刷、软布、专用清洗剂 | 清洗后要求表面露出绝缘漆，看出漆的本色 |
| | 3 | 烘干清洗后的定子、电枢 | 烘干设备 | 烘干后其绝缘电阻应符合技术要求 |
| 检修定子 | 1 | 用 1 000 V 兆欧表测量主极、附极绕组对地和相互间绝缘电阻 | 1 000 V 兆欧表 | 均应不低于 5 MΩ；刷架装置对地绝缘电阻不低于 10 MΩ |
| | 2 | 机座的磁极安装面整洁、无毛刺，磁极铁芯与机座应密贴 | | |
| | 3 | 机座磁极中间孔为定位孔，应先安装该处的磁极螺栓。注意，附极为无磁钢螺栓 | | |
| | 4 | 机座上安装刷杆的凸台平面 | | 平面必须平整，无毛刺、污物 |
| | 5 | 检查主极、附极垫圈，不应有缺损或松动 | | |

续表

| 程序 | 序号 | 作业过程 | 工卡量具 | 标准 |
|---|---|---|---|---|
| 检修定子 | 6 | 更换磁极绕组或磁极螺栓松动时，应检测磁极安装尺寸 | | 主极铁芯对径应为（509±0.4）mm；附极铁芯对径为（514±0.4）mm；极间偏差应符合技术要求 |
| | 7 | 更换或做过局部修理的磁极绕组，在组装前要测量电阻，并做记录 | | 装入铁芯，做绝缘介电强度试验，应符合技术要求 |
| | 8 | 用 2 200 V、50 Hz 正弦交流电对主极绕组、附极绕组及刷架装置对地做绝缘介电强度试验，检查 1 min，不应有击穿、闪络现象 | TA 匝间绝缘介电强度检测仪 | 电动机内部连线固定可靠，排列整齐，夹码或绑扎处须牢固 |
| | 9 | 测量主极、附极电阻值。测量值与限度表中规定的相应温度的绕组电阻值之差不得超过标准值的 10% | 主极、附极吊具、微电阻检测仪 | 主极绕组电阻（15 ℃）：0.008 607 Ω<br>附极绕组电阻（15 ℃）：0.006 617 Ω |
| | 10 | 允许用 2 500 V 兆欧表或升高电压的方法判断击穿点 | 2 500 V 兆欧表 | |
| | 11 | 磁极螺栓头部用油灰腻子或沥青填平 | 油灰腻子、沥青 | |
| | 12 | 电动机内部各连线规则、牢固，不得有碰磨、裂纹、开焊松脱、断裂现象。引出线标记清晰、正确。端子接触面光滑、平整，搪锡良好，连接处接触良好、密贴。绕组绝缘破损、烧伤或过热变色时应处理 | | |
| 检修电枢 | 1 | 电枢应保持良好的清洁状态 | | 绕组端部、槽口前后支架和通风孔内不得积存油污和炭粉 |
| | 2 | 轴、油封、前后支架、平衡块、铁芯绕组元件、槽楔及各紧固螺栓不得有裂损、变形及松动 | 电枢存放架 | 轴颈锥面油沟附近不得有擦伤、划痕等缺陷，油沟应畅通 |
| | 3 | 牵引电动机电枢轴应探伤检查 | | 不得有裂纹 |
| | 4 | 无纬带不得有起层和击穿痕迹 | | 电枢重新绑扎无纬带时，其拉力应为 600～1 000 N，绑扎后其表面不得高出电枢铁芯，不平度不大于 2 mm |
| | 5 | 电枢各部绝缘不得有破损、烧伤和老化现象 | | |
| | 6 | 平衡块丢失、松动、空转振动大或重新浸漆、绑扎无纬带的电枢，均须进行动平衡试验 | 动平衡机 | 电枢不平衡量为：前端≤12 g，后端≤9 g |
| | 7 | 换向器前端密封良好，压圈不得裂损，螺栓不得松弛 | | 测量换向器工作面直径，应符合限度要求 |
| | 8 | 换向器表面不得有凸片及严重的烧伤和拉伤，换向器磨耗深度不超过 0.2 mm。镟削换向器找中心时，应以两端轴承内圈的安装面或轴的中心线为基准，其跳动量不大于 0.03 mm；换向器表面粗糙度应不大于 *Ra*1.6，换向器两侧倒角为 *C*0.5×45° | 换向器镟削车床、下刻倒角机内、外径专用量尺 | 倒角后槽内不得有残存云母粉及铜屑，并消除毛刺。换向片端头车削时要车出 *R*2 的圆角，云母槽沟两边的换向片端部用锉刀开出宽度为 2～3 mm 的喇叭口 |
| | 9 | 升高片处不得有开焊现象，片间电阻值与平均值之差不大于平均值的 5% | | 允许用片间电压降法进行测量，但其要求应与电阻法相同 |
| | 10 | 检查电枢轴径表面，允许有不超过有效接触面积 15%的轻微拉伤，轴端螺纹应无损伤 | 电枢翻转架 | 螺纹部分如有损伤，允许焊修，但必须严格采取焊前预热、焊接及焊后保温措施 |
| | 11 | 检查前后支架 | | 不得有裂纹、损伤、松动、透锈等 |

续表

| 程序 | 序号 | 作业过程 | 工卡量具 | 标准 |
|---|---|---|---|---|
| 检修电枢 | 12 | 当绝缘机械损伤时，允许用环氧树脂修复，树脂应按规定比例配方，修复后要做超速试验 | 环氧树脂<br>超速试验台 | |
| | 13 | 用 1 000 V 兆欧表测量冷态绝缘电阻，应不低于 5 MΩ，否则应根据实际情况进行烘干处理 | 1 000 V 兆欧表、烘干设备 | |
| | 14 | 对各绕组施加直流电压 5 500 V，历时 1 min，电流无突变且泄漏电流不超过 80 μA | | |
| | 15 | 绝缘介电强度试验，符合技术要求 | 绝缘介电强度试验台 | |
| | 16 | 匝间绝缘介电强度试验，无击穿、闪络现象 | TA 匝间绝缘介电强度检测仪 | |
| 检修刷架装置 | 1 | 检查刷架连线，应绝缘良好 | 硅有机粉云母带、无碱玻璃丝带、有机硅漆布、白布带 | 断股或缺损不大于有效导电面积的 10% |
| | 2 | 检查刷杆表面，应光洁、无裂纹和损伤 | | |
| | 3 | 检查电刷压合机构，应动作灵活，刷盒不得有严重烧伤或变形，压指不得有裂纹、破损 | | 弹簧作用良好，自由高度符合原设计要求。同一电动机须用同一厂家、同一牌号的电刷，并符合技术要求 |
| | 4 | 测量电刷与刷盒间隙及刷盒与换向器工作面、升高片的距离，应符合技术要求 | | 电刷与刷盒的间隙沿电刷厚度方向为 0.30 mm，沿电刷宽度方向为 1.00 mm。刷盒底面与换向器工作面的距离为 2～5 mm，刷盒与升高片的距离为 11 mm |
| 检修端盖 | 1 | 外观检查端盖螺纹、油管通路及油封等，状态应良好 | | 端盖有裂纹的，允许焊修加固处理 |
| | 2 | 端盖轴承安装座孔或内油封磨损、拉伤时，可用涂镀方法修复 | | 恢复至原形尺寸 |
| | 3 | 检查两端油管，应无裂纹、变形，螺纹无损坏。更换不良油嘴 | | |

## 活动 5.1.4　组装

【活动要点】：① 牵引电动机轴承组装过程。
② 牵引电动机定子与电枢组装过程。

牵引电动机组装作业程序如表 5–4 所示。

**表 5–4　牵引电动机组装作业程序**

<table>
<tr><th>程序</th><th>序号</th><th>作业过程</th><th>工卡量具</th><th>标准</th></tr>
<tr><td rowspan="11">组装轴承</td><td rowspan="2">1</td><td rowspan="2">测量轴承外圈、轴承座孔、轴承内圈和轴颈直径并记录，配合间隙或过盈量符合技术要求</td><td rowspan="2">内径百分表、内外径专用量尺、轴承检测专用设备</td><td>轴承外圈和端盖孔配合间隙：<br>传动侧：–0.018 0～0.079 mm；<br>换向器侧：–0.016～0.06 mm</td></tr>
<tr><td>轴承内径和轴的配合过盈量：<br>传动侧：0.043～0.093 mm；<br>换向器侧：0.025～0.065 mm</td></tr>
<tr><td>2</td><td>用电磁感应加热器将轴承内圈加热到 120～140 ℃，保温 15 min，套在轴颈上</td><td rowspan="2">磁感应加热器</td><td>组装过程中严禁锤击轴承</td></tr>
<tr><td>3</td><td>将挡环加热到 160 ℃，保温 15 min，套在轴颈上</td><td></td></tr>
<tr><td>4</td><td>将轴承外圈装入轴承座孔</td><td></td><td></td></tr>
<tr><td>5</td><td>在检测良好的轴承内均匀地加上轴承润滑脂</td><td>轴承润滑脂</td><td></td></tr>
<tr><td>6</td><td>用油枪从油堵压入润滑脂，至新油溢出</td><td>油枪、润滑脂</td><td></td></tr>
<tr><td>7</td><td>在端盖贮油室加入占油室容积的 50%～67%的润滑脂</td><td></td><td>轴承润滑脂的加入量为：<br>传动侧轴承：500 g；<br>换向器侧轴承：250 g</td></tr>
<tr><td>8</td><td>将轴承水平放在端盖安装孔处，轴承标记朝外</td><td></td><td></td></tr>
<tr><td>9</td><td>用专用工具将轴承外圈装入轴承座孔内</td><td>专用工具</td><td></td></tr>
<tr><td>10</td><td>前端盖安装工艺轴承盖，后端盖安装后轴承盖，按原位置安装</td><td></td><td></td></tr>
<tr><td rowspan="4">组装刷架系统</td><td>1</td><td>把刷杆安装在机座上，安装刷架连线及附极与刷架的连线，并用压板固定好</td><td></td><td></td></tr>
<tr><td>2</td><td>将定子前端盖朝上放于橡胶地面上，安装刷盒校正模</td><td></td><td></td></tr>
<tr><td>3</td><td>逐个安装刷盒，并校正刷盒安装位置</td><td></td><td></td></tr>
<tr><td>4</td><td>拆下刷盒校正模，安装电刷</td><td></td><td>注意电刷不要放在刷盒方孔内</td></tr>
<tr><td>组装前端端盖</td><td>1</td><td>吊端盖于机座上，对准止口，用端盖螺栓将端盖均匀压入止口</td><td></td><td>禁止锤击端盖，以防变形</td></tr>
<tr><td rowspan="4">组装后端端盖</td><td>1</td><td>将电枢水平放于电枢支架上，装后端轴承导向套</td><td>电枢吊具</td><td></td></tr>
<tr><td rowspan="2">2</td><td rowspan="2">将后端盖吊起，保持轴承回转中心水平，装入电枢轴承内圈，并测量组装后的轴承间隙</td><td rowspan="2"></td><td>电枢轴向移动量为 0.50 mm</td></tr>
<tr><td>径向游隙：<br>传动侧：0.20 mm；<br>换向器侧：0.20 mm</td></tr>
<tr><td>3</td><td>拆下后端轴承导向套</td><td></td><td></td></tr>
<tr><td rowspan="4">组装定子与电枢</td><td>1</td><td>将定子水平放置在橡胶地面上</td><td>吊具</td><td></td></tr>
<tr><td>2</td><td>安装前端轴承导向套，并拧紧</td><td></td><td></td></tr>
<tr><td>3</td><td>将 00#玻璃砂布砂面朝外卷包在换向器工作面上，重叠部分不少于 300 mm。内侧一端用胶布粘贴在换向器工作面上，并粘贴平整</td><td>00#玻璃砂布</td><td></td></tr>
<tr><td>4</td><td>卸去后端轴锥保护套，安装总装吊具，并用螺栓锁紧</td><td>总装吊具</td><td></td></tr>
</table>

续表

| 程序 | 序号 | 作业过程 | 工卡量具 | 标准 |
|---|---|---|---|---|
| 组装定子与电枢 | 5 | 吊起电枢，水平推入定子 | 电枢吊具 | 定子、转子不能相碰。牵引电动机磁极组装时要求沿圆周方向主极间距离相互偏差不大于 1 mm；附极与相邻主极极间距离相互偏差不大于 1 mm |
| | 6 | 调整吊具，将后端盖对准止口，用螺栓将端盖均匀地压入止口，拆下吊具 | | |
| | 7 | 拆下前端轴承导向套 | 轴承导向套 | |
| | 8 | 安装三角形锁紧垫片、轴头压盖，并用三个 M16×50 螺栓紧固。垫片折边锁紧。测量前端轴承组装间隙，安装前轴承盖 | | |
| | 9 | 将油封加热至 140 ℃，装入电枢轴上 | 油封 | 应无碰磨现象 |
| | 10 | 安装电刷 | | 压指不能压住刷辫线 |
| | 11 | 转动电枢研磨电刷 | 砂布、电刷 | 确保沿圆周方向的研磨面达 80%，结束后抽出砂布 |
| | 12 | 安装前后端盖、注油管及固定卡子 | | 油管不得松动 |
| | 13 | 转动电枢，用 0.3～0.4 MPa 高压风吹扫电动机内腔炭粉 | 风源 | |
| | 14 | 测量组装后电枢轴向移动量，应符合技术要求 | | 组装后电枢轴向移动量不超过 0.50 mm |
| | 15 | 测量换向器工作面跳动量及电枢片间压降 | | 换向器工作面跳动量不大于 0.06 mm，电枢片间压降（阻值）与平均值之差不大于 5% |
| | 16 | 牵引电动机齿轮的轴向装入量为 1.5～1.7 mm，传动齿轮、电动机轴的锥度配合面不得有沿轴向贯通的非接触线，接触须均匀，接触面积不少于 75% | | |
| | 17 | 测量电机绝缘电阻，应符合技术要求 | 1 000 V 兆欧表 | 各绕组及相互间及对地冷态绝缘电阻不低于 5 MΩ |
| | 18 | 进行绝缘介电强度试验，应符合技术要求 | TA 匝间绝缘介电强度检测仪 | 绝缘介电强度试验：牵引电动机各绕组间及对地施以 2 200 V/50 Hz 正弦交流电，持续 1 min，须无击穿、闪络现象 |

## 活动 5.1.5　试验

【活动要点】：① 牵引电动机试验标准。

② 电动机试验后的检查项目。

牵引电动机试验作业程序如表 5–5 所示。

表 5–5　牵引电动机试验作业程序

<table>
<tr><th>程序</th><th>序号</th><th>作业过程</th><th>工卡量具</th><th>标准</th></tr>
<tr><td rowspan="6">试验</td><td>1</td><td>空转试验，应符合技术要求</td><td>空转试验台</td><td>空转试验：在 2 385 r/min 转速下，正反向各连续运转 30 min，轴承不得有异常振动和噪声，轴承振动检测须符合要求，轴承温升不超过 55 K（轴承盖处温升不超过 40 K）。油封挡圈应无擦音、发热，各部应无异状</td></tr>
<tr><td>2</td><td>超速试验，应符合技术要求</td><td>负载试验台</td><td>超速试验：重新绑扎无纬带的电动机，须以 2 860 r/min 的转速运转 2 min，不得发生影响电动机正常运转的机械损伤和永久变形</td></tr>
<tr><td>3</td><td>速率特性试验，应符合技术要求</td><td></td><td></td></tr>
<tr><td>4</td><td>换向试验，应符合技术要求</td><td></td><td>换向试验：试验应在热态下进行，额定工况下正反向运转持续 30 s，火花等级应符合下表：<table>
<tr><th>工况</th><th>电压 /V</th><th>电流 /A</th><th>磁场</th><th>转速 /（r/min）</th><th>允许火花等级</th></tr>
<tr><td>1</td><td>473</td><td>1 200</td><td>100%</td><td>—</td><td>2</td></tr>
<tr><td>2</td><td>680</td><td>845</td><td>54%</td><td>—</td><td>3/2</td></tr>
<tr><td>3</td><td>980</td><td>575</td><td>54%</td><td>—</td><td>3/2</td></tr>
<tr><td>4</td><td>980</td><td>—</td><td>54%</td><td>2 385</td><td>3/2</td></tr>
</table></td></tr>
<tr><td>5</td><td>匝间绝缘介电强度试验，应符合技术要求</td><td>TA 匝间绝缘介电强度检测仪</td><td>匝间绝缘介电强度试验：电机在热态下做他励发电机运行，调节励磁电流使电枢电压为 1 270 V，历时 3 min，电枢绕组匝间无击穿、闪络现象</td></tr>
<tr><td>6</td><td>热态绝缘电阻测定，应符合技术要求</td><td></td><td>热态绝缘电阻测定：电机在负荷试验后，立即用 1 000 V 兆欧表测量各绕组间及其与机座间的绝缘电阻，须不小于 0.87 MΩ</td></tr>
<tr><td rowspan="5">电动机试验后的检查</td><td>1</td><td>检查换向器表面有无凸片，电枢绕组与换向器升高片的焊接是否良好，应无脱锡、甩锡</td><td></td><td></td></tr>
<tr><td>2</td><td>电枢的槽楔是否有松动，平衡块有无松动或移位，无纬带有无崩裂、松散现象</td><td></td><td></td></tr>
<tr><td>3</td><td>电动机磁极螺栓（下部除外）填充泥不得开裂</td><td></td><td></td></tr>
<tr><td>4</td><td>在电动机冷却至室温后用压力为 0.3～0.4 MPa 的清洁干燥的压力空气吹扫电动机</td><td>风源</td><td></td></tr>
<tr><td>5</td><td>电动机观察孔盖严密，搭扣牢靠</td><td></td><td></td></tr>
</table>

## 【考核评价】

**1. 自我评价**

① 自我考核：东风 $_4$ 型内燃机车 ZD109B 型牵引电动机检修作业过程、标准描述。

② 自我评价（见表 5–6）。

表 5–6　自我评价（每项满分为 10 分）

| 序号 | 评价内容 | 得分 | 亮点 |
| --- | --- | --- | --- |
| 1 | 课前知识查阅、调研完成情况 | | |
| 2 | 课前、课中与人协作沟通表现 | | |
| 3 | 东风 $_4$ 型内燃机车 ZD109B 型牵引电动机检修作业过程掌握情况 | | |
| 4 | 课前、课中学习态度表现 | | |

**2. 小组评价（见表 5–7）**

表 5–7　小组评价（每项满分为 10 分）

| 序号 | 评价内容 | 得分 | 亮点 |
| --- | --- | --- | --- |
| 1 | 课中学习态度表现 | | |
| 2 | 课前、课中与人协作沟通表现 | | |
| 3 | 东风 $_4$ 型内燃机车 ZD109B 型牵引电动机检修作业过程掌握情况 | | |

**3. 教师评价（见表 5–8）**

表 5–8　教师评价（每项满分为 10 分）

| 序号 | 评价内容 | 得分 | 亮点 |
| --- | --- | --- | --- |
| 1 | 课前知识查阅、调研完成情况 | | |
| 2 | 课中参与及协作情况 | | |
| 3 | 掌握东风 $_4$ 型内燃机车 ZD109B 型牵引电动机检修作业的效果 | | |

### 【教师建议】

东风 $_4$ 型内燃机车 ZD109B 型牵引电动机检修过程中，学会正确使用各种工具，学会观察电动机部件状态，熟悉检修标准，为以后从事内燃机车检修工作打好基础。

# 任务 5.2　牵引电器检修

### 【任务描述】

内燃机车典型牵引电器包括电磁接触器、电空接触器、转换开关等。在实训教学中，需要用到电磁接触器、电空接触器、TKH6 型转换开关、TCK3C 型电空接触器。实训过程中，重点学习各牵引电器的检修流程、技术参数，要求学生掌握检修作业程序、检修作业标准，能熟练使用各种检修工具。为增强学生对牵引电器的感性认识，将学生分成若干小组，以小组为单位展开针对性的讨论。

## 【学习目标】

| 知识目标 | 了解内燃机车典型牵引电器的检修流程及所需检修工具 |
|---|---|
| 能力目标 | 掌握检修程序、作业过程、作业标准，能按要求完成检修作业 |
| 素质目标 | 养成细致、认真的工作作风；养成独立分析问题的良好习惯；能够比较自如地与他人沟通、协作完成工作 |

## 活动 5.2.1　电磁接触器拆装检修

【活动要点】：① 电磁接触器拆解流程。
② 电磁接触器通电试验要求。

电磁接触器拆装检修作业程序如表 5–9 所示。

**表 5–9　电磁接触器拆装检修作业程序**

| 程序 | 序号 | 作业过程 | 工装机具 | 标准 |
|---|---|---|---|---|
| 断电 | 1 | 切断蓄电池刀闸 | | |
| | 2 | 采取防护措施 | 禁动牌 | 刀闸挂禁动牌，有条件的专人防护 |
| 拆电磁接触器 | 1 | 拆线圈接线 | 一字、十字改锥 | 螺丝、过压吸流片放置于专用盒内 |
| | 2 | 拆辅助联锁接线 | 一字、十字改锥 | 螺母放置于专用盒内 |
| | 3 | 拆主触头接线并检查状态 | 17～19 mm 开口扳手 | 螺母放置于专用盒内接线及线鼻子状态良好 |
| | 4 | 拆底座螺母 | 19 mm 棘轮扳手及加长杆 | 螺母放置于专用盒内 |
| | 5 | 拆下接触器 | | 注意安全 |
| 装电磁接触器 | 1 | 装上接触器 | | 注意安全 |
| | 2 | 安装底座螺母 | 19 mm 棘轮扳手及加长杆 | 平弹垫齐全，螺母紧固到位 |
| | 3 | 连接主触头接线 | 17～19 mm 开口扳手 | 接线排列整齐，螺母紧固扭矩适当 |
| | 4 | 安装辅助联锁接线 | 一字、十字改锥 | 紧固到位 |
| | 5 | 安装线圈接线及过压吸流片 | 一字、十字改锥 | 螺丝紧固到位，注意过压吸流片极性 |
| 通电试验 | 1 | 撤防护 | | 摘下禁动牌 |
| | 2 | 接通蓄电池刀闸 | | |
| | 3 | 相关电气试验 | | 接触器动作可靠，各触头、联锁作用正常 |

## 活动 5.2.2 电空接触器拆装检修

【活动要点】：① 电空接触器拆解流程。
② 电空接触器通电试验要求。

电空接触器拆装检修作业程序如表 5–10 所示。

**表 5–10 电空接触器拆装检修作业程序**

| 程序 | 序号 | 作业过程 | 工装机具 | 标准 |
|---|---|---|---|---|
| 断电 | 1 | 切断蓄电池刀闸 | | |
| | 2 | 采取防护措施 | 禁动牌 | 刀闸挂禁动牌，有条件的专人防护 |
| 拆电空接触器 | 1 | 拆电空阀接线 | 一字、十字改锥 | 螺丝、过压吸流片放置于专用盒内 |
| | 2 | 拆辅助联锁接线 | 8～10 mm 开口扳手 | 螺母放置于专用盒内 |
| | 3 | 拆后部大线并检查状态 | 17～19 mm 开口扳手 | 螺母放置于专用盒内。大线及线鼻子状态良好 |
| | 4 | 拆电空阀风管 | 24～27 mm 开口扳手 | 电空阀丝根放置于专用盒内 |
| | 5 | 拆底座螺母 | 19 mm 棘轮扳手及加长杆 | 螺母放置于专用盒内 |
| | 6 | 拆下接触器 | | 注意安全 |
| 装电空接触器 | 1 | 装上接触器 | | 注意安全 |
| | 2 | 安装底座螺母 | 19 mm 棘轮扳手及加长杆 | 平弹垫齐全，螺母紧固到位 |
| | 3 | 连接大线 | 17～19 mm 开口扳手 | 大线排列整齐，螺母紧固扭矩适当 |
| | 4 | 安装辅助联锁接线 | 8～10 mm 开口扳手 | 紧固到位 |
| | 5 | 安装电空阀风管 | 24～27 mm 开口扳手 | 紧固到位 |
| | 6 | 安装电空阀接线及过压吸流片 | 一字、十字改锥 | 螺丝紧固到位，注意过压吸流片极性 |
| 通电试验 | 1 | 撤防护 | | 摘下禁动牌 |
| | 2 | 接通蓄电池刀闸 | | |
| | 3 | 相关电气试验 | | 风管及风动装置无漏泄，各触头、联锁作用正常 |

## 活动 5.2.3 TKH6 型转换开关拆装检修

【活动要点】：① TKH6 型转换开关拆解流程。
② TKH6 型转换开关主、辅触头技术要求。

TKH6 型转换开关拆装检修作业程序如表 5–11 所示。

**表 5–11　TKH6 型转换开关拆装检修作业程序**

| 程序 | 序号 | 作业过程 | 工卡量具 | 标准 |
| --- | --- | --- | --- | --- |
| 吹扫 | 1 | 将转换开关固定在检修支架上，用压力空气吹扫干净 | 风源 | |
| 分解 | 1 | 拆下手动杆，拆下电空阀安装螺栓，取下电空阀及密封胶垫 | 法兰专用拔出器 | |
| | 2 | 由底座上拆下风缸组件固定螺栓，拆下方轴顶丝，取下风缸组件 | 检修专用支架 | |
| | 3 | 拆下左右风缸盖紧固螺栓，取下风缸盖及密封垫 | 电器钳工常用工具 | |
| | 4 | 由上盖板、辅助触头盖板处拆下辅助触头支架紧固螺栓，取出辅助触头组件，并拔出凸轮，取下挡圈 | | |
| | 5 | 分别拔出主静触头开口销，拆下触头弹簧压紧螺母，取出弹簧座及弹簧 | | |
| | 6 | 拆下软连线与引线排紧固螺栓，取下主静触头及软连线 | | |
| | 7 | 拆下主动触头及软连线紧固螺栓，取下主动触头及软连线，用法兰专用拔出器拆卸法兰 | 法兰专用拔出器 | |
| 清洗 | 1 | 将拆下的部件用专用清洗剂清洗，并用压力空气吹扫干净 | 专用清洗剂、风源 | |
| 检修 | 1 | 动、静触头工作面不得有烧损、变形，有轻微烧伤者，可用细平锉修理，并用 00#砂布打磨光洁，符合技术要求。烧损严重者更换 | 00#砂布 | 检查软连线，不得有过热氧化、烧损现象，断股数不得超过有效导电面积的 10% |
| | 2 | 检查所有绝缘、座、件等，不得有裂纹、老化、变形及缺损，否则更换新品 | 细平锉 | 触头不得有裂纹、变形、过热和烧损现象，厚度不小于原形尺寸的 2/3，有效接触宽度偏差不大于 1 mm |
| | 3 | 绝缘鼓不得有炭化层、过热变色现象，轻微者可用砂布打磨光洁，用酒精清洗干净，并进行涂漆和烘干处理。若炭化层深度不超过 2 mm，可用挖补、涂环氧树脂的方法修复，否则更换 | 酒精 | |
| | 4 | 检查软连线，不得有过热氧化、烧损现象，断股数不得超过有效导电面积的 10% | 绸布 | 主触头带电部分对地及相互间施以 8 000 V 直流电压，辅助触头对地及相互间施以 2 750 V 直流电压，漏泄电流无突变，且不大于 80 μA |
| | 5 | 检查辅助触头 | 凡士林 | 无松动、烧损、腐蚀、过热变色现象，符合技术要求 |
| | 6 | 检查风缸 | 皱纹纸 | 无裂纹、砂眼，各接合面平整，风缸内部用绸布沾专用清洗剂擦拭干净，并注意风缸内部不得有拉伤，否则更换 |
| | 7 | 检查弹簧 | | 无裂纹、变形，高度符合技术要求 |
| | 8 | 更换皮碗 | | |
| | 9 | 检查活塞杆 | | 不得有裂纹、变形及严重拉伤 |
| | 10 | 检查拨叉 | | 不得有严重磨损。叉口磨耗变形者，允许焊修后恢复原形尺寸 |

续表

| 程序 | 序号 | 作业过程 | 工卡量具 | 标准 |
|---|---|---|---|---|
| 组装 | 1 | 风缸内壁、推杆、滚子等摩擦接触处所，涂适量工业凡士林，各转动件转动灵活 | 电器钳工常用工具<br>00#砂布<br>细平锉<br>酒精<br>绸布<br>凡士林<br>皱纹纸 | 转轴轴向窜动量不大于 0.5 mm |
| | 2 | 各排主、静触头应相互平行，同步误差符合技术要求 | | 用 1 000 V 兆欧表测量主触头对地及相互间绝缘电阻，应不低于 20 MΩ。用 500 V 兆欧表测量辅助触头对绝缘电阻，应不低于 10 MΩ |
| | 3 | 滚轮转动灵活，无卡滞。各紧固件和防缓件应牢固，作用良好 | | |
| | 4 | 组装电空阀时，更换橡胶垫，风路通道要清洁、干净 | | |
| 试验 | 1 | 试验检查时，主触头、辅助触头开距、超程应符合技术要求 | 500、1 000 V 兆欧表、微电阻测试仪 | 动触头厚度：5.5 mm<br>主触头接触线长度与规定长度之比：≥75%<br>主触头压力：102.9～107.8 N<br>主触头开距：≥2 mm<br>主触头超程：2～3.5 mm<br>辅助触头开距：≥4 mm<br>辅助触头超程：≥5 mm<br>辅助触头压力：0.98 N<br><br>绝缘介电强度试验应符合技术要求。电空阀线圈对地承受直流电压 2 750 V，无漏泄 |
| | 2 | 触头接触线长度符合技术要求 | 测力计 | |
| | 3 | 测量各触头压力，符合技术要求，不符合时可调整触头弹簧压力 | 测力计 | |
| | 4 | 电空阀通电，调整风压至 0.37 MPa 时，转换开关应动作灵活、可靠；调整风压至 0.65 MPa 时，涂肥皂水检查风动系统，不得泄漏 | TY 直流耐压检测仪 | |

## 活动 5.2.4　TCK3C 型电空接触器拆装检修

【活动要点】：① TCK3C 型电空接触器拆解流程。
② TCK3C 型电空接触器主、辅助触头技术要求。

TCK3C 型电空接触器拆装检修作业程序如表 5–12 所示。

**表 5–12　TCK3C 型电空接触器拆装检修作业程序**

| 程序 | 序号 | 作业过程 | 工卡量具 | 标准 |
|---|---|---|---|---|
| 解体 | 1 | 解体前将接触器固定在专用支架上，用压力空气将整体吹扫干净，并接风源动作试验，外观检查各部，以便确定检修重点 | 检修专用支架 | |
| | 2 | 取下灭弧罩卡子，取下灭弧罩 | 风源 | |
| | 3 | 拧下导磁板紧固螺栓，取下导磁板、铁芯和绝缘套 | 烘干设备 | |
| | 4 | 拆下辅助触头支架组件紧固螺栓，取下支架组件并分解辅助触头组件 | 清洗设备 | |
| | 5 | 拆下电空阀紧固螺栓，取下电空阀及橡胶垫 | 电器钳工常用工具 | |
| | 6 | 拆下风缸及动触头组件紧固螺栓，取下风缸及动触头组件 | 专用清洗剂 | |

续表

| 程序 | 序号 | 作业过程 | 工卡量具 | 标准 |
|---|---|---|---|---|
| 解体 | 7 | 拆下灭弧线圈及静触头紧固螺栓，取下组件 | 工业凡士林 | |
| | 8 | 松开静触头紧固螺栓，取下静触头 | 00#砂纸 | |
| | 9 | 分解风缸及动触头组件 | 绸布 | |
| | 10 | 拆下电空阀尼龙安装阀座螺栓，取下尼龙安装阀座 | 皱纹纸 | |
| | 11 | 拆下风缸上盖螺栓，取下上盖。松开锁紧螺母，取出皮碗及复原弹簧，抽出活塞杆及动触头组件 | | |
| | 12 | 拔出传动转轴开口销，取下垫片，拔出转轴，取下触头组件 | | |
| | 13 | 松开主动触头终压弹簧调整锁紧母，松开调整螺栓取下弹簧 | | |
| | 14 | 拆下触头及软连线螺栓，取下触头软连线 | | |
| 检修风缸 | 1 | 风缸无裂纹、砂眼、破损及变形(轻微者允许焊修)，风缸座铜套与活塞杆配合间隙不得大于 0.4 mm，否则应更换铜套，更换时套与座的过盈量不得大于 0.06 mm | 电器钳工常用工具 | 在最小动作风压 0.37 MPa 下应动作灵活 |
| | 2 | 风缸座与风缸盖接合面应平整，风缸盖与电空阀座安装面应平整，不平整时允许焊修 | 00#砂纸 | 在最大动作风压 0.65 MPa 下应无漏泄（涂肥皂水检查） |
| | 3 | 更新皮碗，皮碗与风缸内壁贴合状态良好 | 细平锉 | |
| | 4 | 检查弹簧状态，应良好 | | |
| | 5 | 检查活塞杆 | | 无裂纹、偏磨、脱扣现象，否则更换 |
| 检修主触头 | 1 | 主触头无烧损、铜瘤，否则进行铣、刨处理，也可用细平锉锉修，并用00#砂纸打磨光洁 | | 触头厚度符合限度要求 |
| | 2 | 静触头与灭弧线圈的配合面平整，并清除氧化层 | | 触头（包括触指与触片）不得裂损、变形、过热和烧损。触头厚度不小于原形尺寸的三分之二，触头有效宽度的允差不大于 1 mm |
| | 3 | 检查编织软线 | | 无松散，断股数不超过有效导电面积的 10%，否则修复或更换 |
| 检修灭弧装置 | 1 | 灭弧线圈 | 电器钳工常用工具 | 应无裂纹、破损、短路或断路现象，否则可以补焊，恢复原形 |
| | 2 | 灭弧线圈与静触头的配合面平整，并清除氧化层 | 1 000、500 V 兆欧表 | |
| | 3 | 检查灭弧角 | | 灭弧角应无裂纹和严重缺损，壁板清洁，无铜瘤 |
| 检修传动部件 | 1 | 传动板应无裂纹、弯曲、变形 | 电器钳工常用工具 | 各轴销、轴孔应无变形、裂损，不良者应更换，配合间隙不得大于 1 mm |
| | 2 | 传动板与滚轮接触部位 | | 应无破损、严重磨耗，否则修复或更换 |

续表

| 程序 | 序号 | 作业过程 | 工卡量具 | 标准 |
|---|---|---|---|---|
| 检修传动部件 | 3 | 主触头弹簧 | | 应无裂纹、变形，否则更换 |
| | 4 | 各轴销、轴孔 | | 应无变形、裂损，不良者应更换，配合间隙不得大于 1 mm |
| 检修绝缘部件 | 1 | 导磁铁芯绝缘套 | 电器钳工常用工具 | 应无破损、裂纹、变形，否则更换 |
| | 2 | 电空阀尼龙座 | | 应无裂纹、破损，否则更换 |
| | 3 | 更换电空阀及尼龙阀座的两个橡胶垫 | | |
| | 4 | 绝缘底板 | | 无裂纹、破损、过热、变色，局部因电弧烧焦者，可铲除炭化层，用酒精清洗干净，涂环氧树脂修复，填充泥流淌者应重新填补 |
| 检修辅助触头 | 1 | 辅助触头座无破损、裂纹、变形，否则更换 | 电器钳工常用工具 | 辅助触头开距：≥4 mm<br>辅助触头超程：≥0.5 mm<br>辅助触头终压力：≥0.98 N |
| | 2 | 辅助触头无烧损、过热、变色，否则更换。触头用酒精擦洗干净 | | |
| 组装 | 1 | 各活动部件无卡滞，转动灵活 | 电器钳工常用工具<br>凡士林<br>密封胶<br>机油<br>绸子布<br>皱纹纸 | |
| | 2 | 各轴销、转轴滚动摩擦处涂工业凡士林，打好开口销 | | |
| | 3 | 活塞杆与铜套、弹簧涂少许工业凡士林 | | |
| | 4 | 装电空阀时胶垫更新，电空阀与风缸两者气孔对正，接合面密封性能良好 | | |
| | 5 | 各紧固螺栓安装牢靠、可靠，防缓件齐全、作用良好 | | |
| 调整测量试验 | 1 | 调整触头开距、压力、超程、接触线，应符合技术要求 | TY 直流耐压检测仪 | 主触头开距：16～19 mm<br>主触头超程：≥5 mm<br>主触头压力：≥392 N<br>主静触头厚度：≥5.5～4.0 mm<br>主动触头厚度：≥5.5～4.0 mm<br>主动触头接触线长度与规定长度之比：≥75% |
| | 2 | 动触头与灭弧角要有一定间隙 | 电空接触器试验台 | 用 1 000 V 兆欧表测量主触头对地及相互间绝缘电阻，不小于 20 MΩ |
| | 3 | 调整试验触头接触线后残留的打印颜色，用酒精清洗干净 | 测力计 | 绝缘介电强度试验：主触头带电部分对地及相互间施以 3 000 V/50 Hz 正弦交流电 1 min，须无击穿、闪络现象；或施加直流电压 7 500 V，泄漏电流无突变且不大于 80 μA。<br>辅助触头对地及相互间施以 1 100 V/50 Hz 正弦交流电 1 min，须无击穿、闪络现象；或施加直流电压 2 750 V，泄漏电流无突变且不大于 80 μA |
| | 4 | 调整风压试验，接触器动作应符合技术要求；用肥皂水检查风路部分，应无泄漏 | 测力计 | |
| | 5 | 同一台车的六台接触器应同时试验 | 微电阻测试仪 | 要求动作一致 |
| | 6 | 检查绝缘电阻，应符合技术要求 | | 用 500 V 兆欧表测量辅助触头对地、主触头对辅助触头、主触头对电空阀线圈、电空阀线圈对地及相互之间绝缘电阻，均不低于 10 MΩ |
| | 7 | 绝缘经过修复后做绝缘介电强度试验，应符合技术要求 | | |

## 【考核评价】

**1. 自我评价**

① 自我考核：电磁接触器、电空接触器、TKH6 型转换开关、TCK3C 型电空接触器检修流程描述。

② 自我评价（见表 5–13）。

**表 5–13　自我评价（每项满分为 10 分）**

| 序号 | 评价内容 | 得分 | 亮点 |
| --- | --- | --- | --- |
| 1 | 课前知识查阅、调研完成情况 | | |
| 2 | 课前、课中与人协作沟通表现 | | |
| 3 | 内燃机车典型牵引电器检修作业程序、标准掌握情况 | | |
| 4 | 课前、课中学习态度表现 | | |

**2. 小组评价（见表 5–14）**

**表 5–14　小组评价（每项满分为 10 分）**

| 序号 | 评价内容 | 得分 | 亮点 |
| --- | --- | --- | --- |
| 1 | 课中学习态度表现 | | |
| 2 | 课前、课中与人协作沟通表现 | | |
| 3 | 内燃机车典型牵引电器检修作业程序、标准掌握情况 | | |

**3. 教师评价（见表 5–15）**

**表 5–15　教师评价（每项满分为 10 分）**

| 序号 | 评价内容 | 得分 | 亮点 |
| --- | --- | --- | --- |
| 1 | 课前知识查阅、调研完成情况 | | |
| 2 | 课中参与及协作情况 | | |
| 3 | 掌握内燃机车典型牵引电器检修作业的效果 | | |

## 【教师建议】

熟练掌握内燃机车典型牵引电器的检修程序、标准及作业过程，正确使用检修工具，为日后从事相关工作打好基础。

# 项目 6

# 内燃机车整备作业技能训练

## 任务 6.1　整备作业认知

### 【任务描述】

在实训教学中，参观整备车间，了解整备车间的主要任务，熟悉整备设备及整备车间的作业程序。

### 【学习目标】

| 知识目标 | 了解整备作业的主要任务 |
|---|---|
| 能力目标 | 熟悉新的或修理后以及经防腐处理的柴油机，在第一次起动前，应如何对柴油机做重点检查 |
| 素质目标 | 养成细致、认真的工作作风；养成独立分析问题的良好习惯；能够比较自如地与他人沟通、协作完成工作 |

### 活动　整备作业概述

【活动要点】：① 机车整备作业的主要任务。
② 柴油机第一次起动前应做的整备工作。

机车运用前的一切整理和准备工作，称为机车整备作业，简称整备作业。机车能否良好地投入运用，在很大程度上取决于机务段内的整备作业质量。

**1. 整备作业的主要任务**

整备作业包括燃油、机油、联合调节器工作油、冷却水、砂子等的整备，以及对车体、走行部和其他部件进行日常检查、给油作业。

整备作业的时间直接影响机车的运用效率，所以整备作业应按照一定的顺序在规定的时间内完成，并尽可能采用并行进行的方法，以缩短整备作业时间。

对整备作业的要求，一是作业的质量，二是作业的时间。作业的质量是要求按照一定的顺序，一丝不苟地进行作业，保证机车以良好的质量投入运用；作业的时间是要求在规定的时间内，完成机车乘务组所应负责的全部整备工作。

整备作业由地勤作业和乘务员作业两部分组成。虽然各机务段担当的交路和区段长短不同，但一般来说，只要机车入段，就要进行整备作业，并按照规定的程序进行，以达到整备要求，保证整备质量。

运用网络控制管理技术做好机车整备作业，是全面质量管理的一种新尝试。网络控制能及时掌握机车的整备作业进度和质量信息，有利于做好对机车的统筹管理，提高整备台位的通过能力，充分发挥现有整备设施的效率。

**2. 柴油机第一次起动前的整备工作**

新的或修理后以及经防腐处理的柴油机，在第一次起动前，除对机车进行清扫、整备、全面检查外，应对柴油机重点检查以下各项：

① 去掉柴油机各机件的防腐油。

② 检查所有机件的安装状态。

③ 检查机油、冷却水、燃油、空气系统的管路连接是否紧固，各阀的位置是否正确。

④ 排除燃油管路中的空气。

⑤ 打开示功阀，进行盘车，使柴油机曲轴转动 3～5 圈，检查各运动部件的动作是否灵活。

⑥ 检查每一个喷油泵齿条拨叉座与夹头销的吻合状态。

## 【考核评价】

**1. 自我评价**

① 自我考核：了解整备作业的主要任务；熟悉新的或修理后以及经防腐处理的柴油机，在第一次起动前，应如何对柴油机做重点检查。

② 自我评价（见表 6–1）。

**表 6–1　自我评价（每项满分为 10 分）**

| 序号 | 评价内容 | 得分 | 亮点 |
| --- | --- | --- | --- |
| 1 | 课前知识查阅、调研完成情况 | | |
| 2 | 课前、课中与人协作沟通表现 | | |
| 3 | 熟悉整备车间的主要任务 | | |
| 4 | 课前、课中学习态度表现 | | |

**2. 小组评价（见表 6–2）**

**表 6–2　小组评价（每项满分为 10 分）**

| 序号 | 评价内容 | 得分 | 亮点 |
| --- | --- | --- | --- |
| 1 | 课中学习态度表现 | | |
| 2 | 课前、课中与人协作沟通表现 | | |
| 3 | 熟悉整备车间的主要任务 | | |

**3. 教师评价（见表 6–3）**

表 6–3　教师评价（每项满分为 10 分）

| 序号 | 评价内容 | 得分 | 亮点 |
|---|---|---|---|
| 1 | 课前知识查阅、调研完成情况 | | |
| 2 | 课中参与及协作情况 | | |
| 3 | 掌握整备车间主要任务的效果 | | |

**【教师建议】**

在了解整备车间主要任务的基础上，进一步熟悉整备设备、整备作业内容。

# 任务 6.2　熟悉内燃机车整备设备

**【任务描述】**

在实训教学中，为了增强学生对内燃机车整备设备的直观感性认识，可将学生分成若干小组，以小组为单位，结合所学理论知识，参观内燃机车机务段或机车运用段的整备设备，熟悉燃油、润滑油、冷却水、机车用砂等整备设备，并展开讨论。

**【学习目标】**

| 知识目标 | 了解机务段或机车运用段设置的整备设备 |
|---|---|
| 能力目标 | 能够掌握燃油、润滑油、冷却水等卸放、贮存及加油的整备设备 |
| 素质目标 | 树立良好的职业道德，养成规范化、标准化的工作作风。培养互控型班组建设意识，协作完成乘务工作 |

## 活动 6.2.1　整备设备认知

**【活动要点】**：机务段或机车运用段一般设置哪些整备设备？

为进行内燃机车整备作业所设置的各项专用设备，称为内燃机车整备设备，简称整备设备。整备设备是机务设备的重要组成部分，对缩短机车整备作业时间、提高机车运用效率，都有极为重要的作用。

各类机务段由于整备作业的内容及工作量大小不同，设置的整备设备也有所不同。机务段或机车运用段一般设置下列整备设备：

① 卸放、贮存及供应机车燃油的设备；

② 卸放、贮存及发放机车用润滑油脂的设备；

③ 制备和供应机车用冷却水的设备；
④ 卸放、贮存、干燥及供给机车用砂的设备；
⑤ 机车转向设备；
⑥ 机车检查设备；
⑦ 机车外壳洗刷设备。

## 活动 6.2.2　燃油整备设备

【活动要点】：① 燃油罐的安装位置。
② 在燃油库内作业时的注意事项。
③ 燃油的输送过程。

### 1. 燃油的贮备和安全注意事项

1）燃油的贮备

为了保证机车的燃油供应，机务段设有燃油库，燃油库的总贮量是根据每昼夜燃油的最大消耗量和规定的贮备天数确定的。每昼夜最大的燃油消耗量，是指满足最大客、货运量时一天的轻燃油用量；贮备天数则根据燃油库所在地区的供油条件而定，一般为 1～2 个月。

燃油库用贮油罐贮油。根据燃油总贮量选择单罐容量和贮油罐数量。为便于施工、检修和技术管理，在同一燃油库内尽量采用同一容量的贮油罐，并尽量减少贮油罐的数量。考虑到油品号的更换，以及贮油罐的倒罐、清洗、检修等作业，一般库内的贮油罐数量以 2～4 个 为宜。按贮油罐安装位置不同，可分为地下式、半地下式和地上式三种；按贮油罐制造材料不同，可分为金属和非金属两类。

2）安全注意事项

① 燃油是有毒的。燃油蒸气进入人体内，对人的健康是有害的。因此空气中含有燃油的蒸气量应有所限制，最大浓度不允许超过 0.3 $mg/m^3$。燃油长期沾在人的皮肤上，会引起皮肤的慢性病，在使用中必须严格遵守安全规则，在贮存过燃油的油罐内作业时尤其要注意。

② 燃油是易燃液体，只要加热到一定的温度就可能起火，所以贮存时必须遵守防火规则。燃油与金属、橡胶和丝织物摩擦时能产生静电荷，当贮油罐内某个部位聚集的静电，其电位高到与另一个没有电位或电位较低的物体之间的绝缘介质（如空气、油蒸气）不能承受的程度时，则在两者之间发生跳火现象，即静电放电。这种放电火花对上部聚有大量油蒸气的油罐来说，具有较大的火灾危险性。因此机务段的燃油库内贮油罐之间、贮油罐与相邻建筑物之间的防火距离，都要符合要求。贮罐区应采取切实的隐蔽防护措施（如建铁刺丝围墙，做好绿化伪装等）。油罐上要安装必要的安全装置，油罐要可靠地接地，以导除静电及雷电副作用产生的电荷。要建立严格的防火制度并备有完善的消防设备。

### 2. 燃油的输送和发放

1）燃油输送系统

内燃机车机务段内的燃油是通过油罐车运来的。为了将燃油从油罐车卸至贮油罐，以及从贮油罐通过发放柱向机车供油，需要用设在油泵房内的输油泵，经输油管道连通起来，组成一个完整的燃油输送系统。

输油泵有离心泵、往复泵和齿轮泵三种，通常采用离心泵，用电动机驱动，电动机选用封闭式或防爆式的，以保证工作中的安全。

油管的敷设有两种方法：一种为埋设法，即把油管理在土壤里，其深度应在冻土屋以下，管顶埋深不小于 0.7 m，管底应高出地下水位 0.5 m 以上，埋设的管道每隔 200～300 m 接地一次，以防静电聚积产生静电电压，并根据土壤电阻率确定涂刷不同类型的绝缘防腐层。另一种为管沟法，即在管线较多（如冷凝水管、压力空气管等）、布置复杂的情况下，将油管敷设在不燃材料制成的支架上。管沟按高度可分为通行的（管沟净高为 1.5～1.8 m）、半通行的（管沟净高为 1.0～1.5 m）和不通行的（管沟净高不超过 1.0 m）三种，管沟应有一定的排水坡度。架高敷设的管沟，要在装设附件或其他需要维修设备的地方设置平台或扶梯，并考虑照明问题。

2）燃油的输送

为停放油罐车并进行卸油作业，内燃机车机务段设有卸油专用线（以下简称卸油线）。卸油线应为平坡直线段，卸油线的股道数和长度，应根据燃油消耗量及地形条件确定。

油罐车开到卸油线后，通过卸油设备将燃油从罐车卸至贮油罐内。卸油设备采用卸油台和卸油柱两种。卸油台是沿着卸油线用钢筋混凝土建成的栈台，栈台宽度为 1 500 mm，栈台上每隔一定距离设置 一个卸油鹤管，其数量及布置的间距根据作业要求而定。卸油柱是独立的卸油鹤管，成本比较低，多用于燃油消耗量不大的机务段。卸油柱也可用于卸放润滑油。

3）燃油的发放

向机车供给柴油的主要设备是发放柱。油泵房内的离心泵，将贮油罐内的燃油压送到发放柱，再从发放柱通过输油胶管向机车燃油箱注油。

发放柱有单发放柴油的，也有与冷却水或机油合柱的。

发放柱的骨架用螺栓固定在基础上，骨架分上下两部分。在上骨架上有顶盖、吊架、上盖前窗和上盖后板。在下骨架上用外壳组成后壁和侧壁，前面安装发放柱的门。

## 活动 6.2.3　润滑油脂整备设备

【活动要点】：① 机油的卸油方法。
② 润滑油的再生。

内燃机车的润滑油脂，在机车日常运用中必须加以补充，机车定期修理时又必须进行更换，所以内燃机车机务段应有一定的贮备量。润滑油脂的种类较多，各种油脂的贮备量，可按品种分别计算，计算方法与燃油贮备量相同。

**1. 机油的储备、输送与发放**

柴油机机油的用量最大，机油的来油方式一般是用铁路黏油罐车，机务段卸机油的设备通常与卸燃油的设备布置在一起，需要先将黏油罐车运送到卸油线上卸机油的台位。其卸油方法有自流法和卸油柱两种。

① 自流法是靠黏油罐车与贮油罐间的油位差使机油在重力作用下经卸油管道流入贮油

罐的方法，在冬季气温低时，可将黏油罐车加热，以增加机油的流动性。黏油罐车下部都设有加热套，蒸汽管与罐车的加热套连接，在通入蒸汽进行加热的同时，把黏油罐车底部的排油阀与卸油管路连接，待加热完毕时，开启排油阀，机油则经卸油管路流至地下机油贮油罐内。为了加快卸油速度，还可在卸油管路中安装一套齿轮油泵。这种卸油方式，由于设备简单、操作方便，在机务段得到广泛采用。

② 卸油柱法是从罐车顶部卸油，即把卸油柱的吸油管伸入罐车顶口，用泵倒罐或真空虹吸的方法使吸油管路内全部充满机油，再起动电动离心泵进行卸油。

贮存机油一般采用卧式油罐，罐内设蒸汽加热器。在机车整备线附近设有油脂发放间，发放间内的电动齿轮油泵从贮油罐把机油从贮油罐泵入室内的油罐中，发放时再从室内油罐流入移动油泵车内，送到整备线上，通过软管向机车泵送。

**2. 其他润滑油脂的贮备、输送与发放**

其他各种消耗量不大的润滑油，一般都以桶装方式贮存在油脂发放间内。发放时，用手摇泵送到高位油桶，再用自流方式放入乘务员的油容器内。

**3. 润滑油的老化与再生**

润滑油经过一定时间的使用后会发生化学变化及玷污，逐步失去润滑性能，这种情况即为老化。老化的润滑油通过一定的处理方法，还能够恢复润滑性能，这称为润滑油的再生。再生的方法很多，设备也比较复杂，但是，在耗油量很大的机务段，安装一套再生设备还是比较经济的。

## 活动 6.2.4　冷却水整备设备

【活动要点】：对水进行软化的方法。

**1. 冷却水的制备**

制备符合质量要求的冷却水，主要是除去水中的机械杂质和胶体物质，对水进行软化，并按配方加入腐蚀抑制剂。天然水含有大量的悬浮物，应预先用蓄水池澄清，然后再用石英砂过滤，进一步除去水中的悬浮物。当采用城市自来水时，就不必进行这种处理了。

对水进行软化，一般可采用下述 3 种方法：

1）煮沸水

用蒸汽直接通入水中，把水煮沸，成为煮沸水。采用煮沸水作为冷却水时，则须加入适量的软化剂，如氢氧化钠及磷酸三钠进行软化，所需要的软化剂的数量，应根据原水中的含盐量和水箱的容积经计算确定，并在每 $m^3$ 水中加入防蚀剂重铬酸钾 1.5～2.0 kg、亚硝酸钠 2.0～2.5 kg，这样能降低金属离子进入溶液的速度，或在金属表面形成密实的保护层以减少腐蚀。

**注意：**采用煮沸水作为冷却用水，经使用证明水质较差，还容易形成水锈。

2）蒸馏水

将锅炉蒸发的蒸汽，利用蒸发器或热交换器冷凝成水。采用蒸馏水作为冷却水时，须在每 $m^3$ 水中加入软化剂氢氧化钠 0.5～0.7 kg、磷酸三钠 0.16～0.2 kg，防蚀剂重铬酸钾 1.5～

2.0 kg、亚硝酸钠 2.0~2.5 kg。

**注意：** 使用蒸馏水作为冷却水，水质固然能符合要求，但成本却很贵。

3）离子交换软水

离子交换软水是一种用离子交换剂使水软化的方法。水中溶解物的主体是电解质，也就是能导电的水溶性物质。电解质分子在水溶液中分解成带正（+）、负（–）电荷的离子。阳离子通常是金属离子，如 $Ca^{2+}$、$Mg^{2+}$、$Na^{+}$等，阴离子通常是非金属离子，如 $Cl^{-}$、$SO_4^{2-}$、$CO_3^{2-}$ 等。

离子交换软水法采用一种复杂的高分子化合物——树脂。树脂是一种不溶性物质，在一切有机、无机溶剂中溶解度都极为微小，但在分子结构中则含有活动性的阴、阳离子。含有阴、阳离子的天然水（硬水），通过阴、阳离子的交换树脂层时，树脂中的阳离子与原水中的阳离子交换，树脂中的阴离子与原水中的阴离子交换。通过上述离子交换过程，即可使原水软化。从离子交换装置中出来的就是中性的纯水。经过离子交换装置取的纯水，仍需进行水质检验，符合要求后再加入一定数量的重铬酸钾防蚀剂，就可成为合格的柴油机冷却水。

**注意：** 在离子交换装置中的交换反应是可逆的，经过一个时期的工作后离子交换树脂会与原水中的电解质离子达到平衡，失去离子交换能力，因此需要对树脂再生，使上述反应逆转运行。

**2. 冷却水的发放**

冷却水的发放（即向机车供水），是通过发放柱进行的。不再详述。

## 活动 6.2.5　机车给砂设备

【活动要点】：① 机车给砂作业的内容。
② 原砂、干砂的贮存要求。
③ 机械化上砂设备的上砂过程。

**1. 机车给砂作业**

机车给砂作业，包括贮砂、干砂及上砂。给砂作业中，必须采取严格的防砂尘措施，因为它直接关系到工人的健康。国家规定在给砂作业中的矽尘允许浓度标准为 2 mg/m$^3$，以防给砂工人患上矽肺病。在新建和改建给砂设备时，都必须达到规定的要求。

**2. 原砂贮存**

原砂从砂原地运到机务段贮存。根据机务段的气候条件，原砂可在露天的湿砂场或在专用的贮砂库存放。原砂的贮量，一般不少于三个月的机车用砂量。

**3. 干砂设备**

使湿砂干燥，可用日晒或用炉烤。日晒法不需要什么特别的设备，较为经济，但受气候条件限制，难以保证供应。一般机务段都采用机械烤砂设备。烤砂炉的种类较多，规格不一。

干砂的作业方式不同，干砂库的容量也有所不同。采用自然干砂方式时，应贮存不少二个月的机车耗砂量；采用机械干砂方式时，应贮存不少于十五天的机车耗砂量。库存干砂高度，可按 2.5 m 计算，据此可以确定干砂库的大小。

**4. 上砂设备**

在机车整备台位处，应设置上砂设备。向机车上砂要快，且不得使砂子撒落。目前机械化上砂设备多采用挤压罐配高架砂塔的方式。

① 经烘烤筛选后的干砂送入挤压罐后，用压力空气（一般为 5 $kg/cm^2$）将干砂经输砂管压送到高架砂塔内。由于挤压罐要承受一定的压力，所以对罐体构造强度及运用上要求较为严格。挤压罐送砂的速度很快，每 0. 6 $m^3$ 的干砂可于 3～5 min 的时间内送上砂塔。

② 高架砂塔分为配砂罐及砂罐架两部分。配砂罐的容量，一般不少于 6 h 的机车用砂量。配砂罐的顶部装有防尘帽，以防止挤砂时灰尘飞扬，并便于压力空气外逸。配砂罐下部配有扇形阀及配砂管两套，向机车上砂时，干砂从配砂罐经配砂管以自流方式向机车砂箱给砂。

对于运输量不大、耗砂量很小的机务段，无须采用机械化的上砂设备，可将蓄电池叉车（或内燃叉车）上装设砂箱，当机车需要上砂时，把叉车开到机车砂箱附近，将叉车上的砂箱升起，经砂管注入机车砂箱。此种上砂方式机动灵活，投资少。

## 活动 6.2.6　机车转向设备

【活动要点】: ① 设置机车转向设备的原因。
② 转向设备有哪几种?

**1. 机务段设置机车转向设备的原因**

单向司机室的内燃机车，在运用中是需要转向的。双节连挂或双司机室的内燃机车从驾驶的角度来讲并不需要转向。但是不论配属哪种类型的内燃机车，机务段还是应该设置一套机车转向设备的，其原因如下：

① 因线路条件（如曲线多、半径小）使机车走行部轮对及传动齿轮发生偏磨，造成机车架车修或落轮修的次数增加。如果在机务段设有转向设备，待机车运行一定的时间之后，能够进行一次调头转向，则可使机车走行部磨耗均匀，延长机车在修理间的走行公里，提高机车运用效率。

② 机车在段修时，因机车检修作业位置与库内机械设备配合的需要，对机车进行调头转向。

③ 在设计机车库时，如果机务段具有转向设备，考虑机车转向落轮问题，可以缩短机车库的长度，进而节约工程投资。

**2. 常见机车转向设备**

机车转向设备一般为转车盘、三角线，个别地区也有采用回转线的。

1）转车盘

转车盘简称转盘，是一种金属结构的桁架梁，梁上铺轨，轨面与线路标高平齐。转车盘按承受重量的支点数不同可分为平衡式和非平衡式两种。平衡式的荷载集中在中心盘（座），而非平衡式的荷载分布在台车两端及中心盘。

转车盘的长度（即直径）应满足大型内燃机车转向的需求，一般为 30 mm。目前多采用焊接结构的非平衡式转车盘。

金属结构的桁架梁坐落在特别的转盘坑内，沿着转盘坑围墙的坑底铺设有环形的台车轨道。梁上一端操纵室的下部设有驱动转车盘的电动机及其机械传动装置，电动机的电源经拱门过电盘引入。

与其他转向设备相比，转车盘有转向时间短、占地面积小、容易布置等优点，但在维修时对机车的转向则需考虑补救措施。

2）三角线

三角线是一种常用的机车转向设备，有直边式、等边式和不等边式三种。选用何种形式，是根据地形和设备布置的具体位置而定的。

3）回转线

回转线是一条环形线路，占地面积较大，专为机车转向而修建回转线的情况极少。回转线的半径不得少于 200 m，坡道应尽量平缓，由于它能使机车兼列车自然转向，如在枢纽内的机务段，当条件允许时，亦可使用。

## 活动 6.2.7　机车检查设备

【活动要点】：① 日常检查的主要检查内容。
② 中间技术检查的主要检查内容。

机车在运用过程中，需要不间断地、定期地进行检查与维护保养。保持机车的完好技术状态，对保证机车正常工作、提高运输效能具有十分重要的意义。

机车检查是机车维护保养的依据。以往并无特别的设备，但随着科学技术的发展，新的检测手段和检测技术不断出现，机车检查制度及机车检查设备都将逐渐完善起来。机车在运用状态下的维护与保养，一般可分为日常检查和中间技术检查两种。

**1. 日常检查**

机车在运用中，由于受到动力作用的破坏，机车各部件的自然耗损、机车在修理中及操纵保养方面存在的缺陷，都会不同程度地暴露出来，通过日常检查，发现不良处所，及时进行维修，把故障消灭在萌芽状态是十分重要的。

日常检查可分为整备检查和途中检查。整备检查比较全面，途中检查则由于时间紧迫，应有重点。

机车日常检查作业，应在地沟上进行，以便检查机车的底部。机车运转整备待班线上均设有地沟。地沟的长度为该段配属的机车长度加 4 m，宽度为 1.1 m，深度为 1.0 m。

**2. 中间技术检查**

中间技术检查是在机车完成辅修走行公里的一半时，由机车乘务员或中间技术检查组在中检库（或中检棚）内专门的台位上进行的一种比较全面的检查。

中间技术检查是在机车运用状态下进行的，它不仅是在机车运用中进行的一次比较全面的检查、给油和调整，而且也鉴定机车质量、评定保养等级，同时还为机车下一次定期修理提供实际技术状态的依据。

中间技术检查的主要内容包括：机械部分检查、电气部分检查、各运动部件的油润保养、各滤清器的清洗以及机车重要部件（如增压器、联合调节器、蓄电池组等）的维护保养。

在采用轮乘制时，运用机车回段后的日常检查及中间技术检查，都由专设的机车检查员进行。机车的碎修保养，由专门的保养小组进行。相应地，在整备场附近设置机车保养钳工室，存放小型的配件、工具，并需要设置台站、砂轮机、钳工工作台等设备。

人工检查机车，容易造成机车在段内停留时间长，耗时费力，且效果也不好，不仅影响机车运用效率，而且住往使机车带着潜在的缺陷投入运用。目前所采用的柴油机润滑油光谱分析，对机车柴油机运动部件进行技术诊断，使机车检查的手段和范围大大地前进了一步。

## 活动 6.2.8　机车清洗设备

【活动要点】：① 南方地区及北方温暖季节的机车洗刷作业过程。
② 严寒季节的机车洗刷作业过程。

内燃机车经过运行回段后，外部的尘土、油污甚多，为了保持机车外部清洁，便于检查保养，必须进行外部清洗。另外，在机车修理之前，亦应对机车外壳及走行部进行洗刷，以达到文明生产、提高机车检修质量的目的。

机车外壳洗刷，通常是人工擦拭刷洗，劳动强度大，作业时间长，应尽量用机械化、自动化的设备来代替，以改善劳动条件，缩短机车整备作业时间。

设计机车外壳洗刷设备，需满足以下要求：

① 能够把机车外壳各部分及走行部清洗干净而不破坏油漆。

② 选择价格便宜、效果好的清洗剂，其配方最好是中性的，不需要对冲洗后的污水进行特殊处理。

③ 不能使清洗液侵入机车内部及走行部的电机内。

④ 作业要简单方便，清洗时间要短。

机车洗刷台位的布置，最好应使机车入段后先洗刷再进行其他技术作业。机车外壳洗刷作业过程，视地区和季节而不同。

南方地区及北方温暖季节的洗刷作业过程为：进入洗刷台位—喷附洗涤液—喷水刷洗—驶出洗刷台位。

严寒季节的洗刷作业过程为：进入洗刷台位—预热—喷附洗涤液—喷水刷洗—干燥—驶出洗刷台位。

南方地区一般设洗刷场，洗刷场两侧设挡水墙；北方严寒地区一般设洗刷库，洗刷设备均设置在库内。洗刷场或洗刷库可设在机车走行线上，也可设在专用的洗刷线上。

### 【考核评价】

**1. 自我评价**

① 自我考核：内燃机车燃油整备设备、润滑油脂整备设备、冷却水整备设备、机车给砂设备、机车转向设备、机车检查设备、机车清洗设备的描述。

② 自我评价（见表 6–4）。

表 6–4　自我评价（每项满分为 10 分）

| 序号 | 评价内容 | 得分 | 亮点 |
| --- | --- | --- | --- |
| 1 | 课前知识查阅、调研完成情况 | | |
| 2 | 课前、课中与人协作沟通表现 | | |
| 3 | 熟悉内燃机车整备项目、燃油整备设备、润滑油脂整备设备、冷却水整备设备、机车给砂设备、机车转向设备、机车检查设备、机车清洗设备 | | |
| 4 | 课前、课中学习态度表现 | | |

**2. 小组评价（见表 6–5）**

表 6–5　小组评价（每项满分为 10 分）

| 序号 | 评价内容 | 得分 | 亮点 |
| --- | --- | --- | --- |
| 1 | 课中学习态度表现 | | |
| 2 | 课前、课中与人协作沟通表现 | | |
| 3 | 熟悉内燃机车整备项目、燃油整备设备、润滑油脂整备设备、冷却水整备设备、机车给砂设备、机车转向设备、机车检查设备、机车清洗设备 | | |

**3. 教师评价（见表 6–6）**

表 6–6　教师评价（每项满分为 10 分）

| 序号 | 评价内容 | 得分 | 亮点 |
| --- | --- | --- | --- |
| 1 | 课前知识查阅、调研完成情况 | | |
| 2 | 课中参与及协作情况 | | |
| 3 | 学习内燃机车整备设备项目、燃油整备设备、润滑油脂整备设备、冷却水整备设备、机车给砂设备、机车转向设备、机车检查设备、机车清洗设备的效果 | | |

**【教师建议】**

了解内燃机车整备设备，进一步熟悉燃油整备设备、润滑油脂整备设备、冷却水整备设备、机车给砂设备、机车转向设备、机车检查设备、机车清洗设备，为今后从事内燃机车检修相关工作打好基础。

# 任务 6.3　内燃机车整备作业

## 【任务描述】

在实训教学中，需要一台东风 $_{4B}$ 型内燃机车。为了增强学生对内燃机车整备作业的直观感性认识，可将学生分成若干小组，以小组为单位学习内燃机车燃油、润滑油脂、冷却水、联合调节器工作油、机车用砂整备作业，并展开讨论。要求学生掌握各作业环节工作重点，顺利完成工作任务。

## 【学习目标】

| | |
|---|---|
| 知识目标 | 了解内燃机车对燃油、机油、冷却水、联合调节器工作油、机车用砂的基本要求及质量指标 |
| 能力目标 | 具备进行内燃机车燃油、机油、冷却水、联合调节器工作油、机车用砂整备作业的能力 |
| 素质目标 | 树立良好的职业道德，养成规范化、标准化的工作作风，培养互控型班组建设意识，协作完成乘务工作 |

## 活动 6.3.1　燃油的整备作业

【活动要点】：① 燃油的主要质量指标。
② 燃油的整备作业程序。

**1. 对燃油的要求**

① 易于与空气组成良好的可燃混合物，并有良好的燃烧性能，以提高柴油机的热效率。
② 灰分和杂质应尽量少些，以减少柴油机的磨损，保证柴油机工作可靠。
③ 应具有高的热值。
④ 为了保管和使用上的安全，燃油应有较高的闪点。
⑤ 在外界温度过低时能输送方便，不致失去流动性。
⑥ 具有良好的安定性，宜长期储存，不发生质量变化，也不产生大量的沉积物。

**2. 燃油的质量指标**

机车用燃油应满足如表 6–7 所示的技术指标，以保证机车的正常运转。

注意：柴油机使用 GB/T 252 中的优等品普通柴油，但不能使用 10 号普通柴油。具体牌号由客户根据气候选用。

**表 6–7　燃油的主要技术指标**

| 项目 | 柴油牌号 | | | | |
|---|---|---|---|---|---|
| | 0 | –10 | –20 | –35 | –50 |
| 十六烷值 | ≥45　GB/T 386—2010 | | | | |
| 十六烷指数 | ≥43　SH/T 0694—2017 | | | | |

续表

| 项目 | | 柴油牌号 | | | | |
|---|---|---|---|---|---|---|
| | | 0 | -10 | -20 | -35 | -50 |
| 馏程 | 50%回收温度/℃ | ≤300 | | | | |
| | 90%回收温度/℃ | ≤355 | | | | |
| | 95%回收温度/℃ | ≤365 | | | | |
| 运动黏度（20 ℃）/（$mm^2/s$） | | 3.0～8.0 | | 2.5～8.0 | 1.8～7.0 | |
| 凝点/℃ | | ≤0 | ≤-10 | ≤-20 | ≤-35 | ≤-50 |
| 机械杂质 | | 无 | | | | |
| 灰分（质量分数）/% | | ≤0.01 | | | | |
| 水分 | | ≤痕迹 | | | | |
| 闪点（闭口）/ ℃ | | ≥55 | | | ≥45 | |
| 酸值（mgKOH/100 ml） | | ≤7 | | | | |
| 硫含量（质量分数）/% | | ≤0.035 | | | | |

下面说明柴油质量指标中几种较重要的性能指标。

1）十六烷值

十六烷值是评定柴油自燃性的重要指标。柴油与空气组成的混合气体是靠活塞压缩而自行着火的，因此要求其具有良好的自燃性。燃料在没有外界火源的情况下能自行着火的最低温度称为自燃点。柴油的自燃点越低，自燃性越好。评价柴油自燃性的指标是十六烷值。十六烷值高，则自燃性越好，柴油机易于起动，经济性好，工作柔和，零部件使用寿命长；反之，十六烷值低，则自燃性差，柴油机工作粗暴，零部件磨损快，经济性也差。但十六烷值过高，则柴油在燃烧时容易裂化，造成燃烧不完全而产生游离碳，排气冒黑烟。

内燃机车所使用的柴油十六烷值一般在45～60之间为好。

2）黏度

黏度是影响柴油雾化质量的指标。液体受外力作用移动时，在液体分子间产生的阻力称为黏度，它还影响柴油的过滤性和柴油在油道中的流动性。

柴油的黏度低时，从喷油器喷出的油容易雾化成细小的油滴，便于蒸发并与空气混合。但黏度过低时，柴油易泄漏，使供油量不准，不易形成油膜，喷油器和喷油泵偶件磨损快。当黏度过高时，柴油的喷雾质量差，使燃烧过程恶化，柴油机的功率和经济性下降。

内燃机车柴油机所使用的燃油的黏度，用运动黏度计测定，当温度为20 ℃时，应在2.5～9.0 $mm^2/s$范围内。运动黏度指一定体积的柴油流过毛细管黏度计所需的时间与黏度计毛细管常数的乘积。

燃油的黏度是随温度而变化的，温度降低时，黏度就增大，因此在冬天内燃机车往往用燃油预热器来降低燃油的黏度，以增加燃油的流动性。

3）凝点

凝点是评价柴油低温流动性的指标。柴油失去流动性而开始凝固的温度称为凝点。凝点低，说明柴油的低温流动性好；使用凝点低的柴油，柴油机可在较低的气温下正常工作，我国以凝点作为标号，例如 0 号柴油的凝点为 0 ℃，–20 号柴油的凝点为–20 ℃。可见凝点的高低是选用柴油的主要依据。

4）闪点

柴油加热后，柴油蒸气与外界的空气混合，混合气与火焰接触发生闪火的最低温度称为闪点。闪点越高，表示柴油贮存、运输和使用中越不易着火，因此更为安全。

柴油的性能还有含硫量、灰分和酸度等。

选用柴油的主要依据是使用柴油时的环境温度。在冬季和寒冷地区气温较低时，宜使用牌号偏低的柴油，如–20 号、–35 号轻柴油，在夏季则可用 0 号轻柴油。

**3. 安全操作注意事项**

① 机车制动后再进行燃油整备作业。

② 禁止吸烟，注意明火。

③ 防止加油过量。

**4. 燃油的整备**

燃油箱上设有与大气相通的呼吸道，可以避免油箱内造成真空或背压；燃油箱上设有量油表；油箱底面设有放油阀；顶板中部设有加油口，加油口内有过滤网；两侧板上设有清洗堵。

燃油整备时应注意以下几点：

① 机车上油时，应停在平直线路上，若遇线路造成机车倾斜，应注意较低一侧的油量显示，防止燃油外溢。

② 为了加快上油速度，上油时可打开另一侧油箱的加油口，以帮助呼吸口排出油箱上部的空气，减少上油背压。

③ 机车运用中，应定期打开油箱底部的放油阀，排除油箱底部沉淀的污物。

④ 应按规定修程清洗燃油箱。在清洗时，可打开清洗堵和加油口，用清水冲洗，将污物洗净。

⑤ 冬季加油时，应有防寒预热装置，燃油温度低于 10 ℃时应进行预热。

⑥ 东风 $_{4B}$ 型内燃机车燃油箱总容量为 9 000 L，机车上油时的油量不得少于 8 500 L。在运用中，应保持油位不低于 3 000 L 的刻线。东风 $_{7C}$ 型内燃机车燃油箱总容量为 5 400 L，$HX_N5$ 型内燃机车燃油箱为钢板焊接结构，有效容量为 9 000 L。

⑦ 东风 $_{4B}$ 型、东风 $_{7C}$ 型内燃机车在机车燃油箱的左前角上部车架侧梁上安装有燃油系统的污油箱。$HX_N5$ 型内燃机车采用燃油箱参与承载的方式，车架燃油箱装配左箱形梁外侧安装蓄电池箱和一个集污箱，集污箱主要用来收集柴油机产生的污油，可通过下部的排污管排出。

污油箱中汇集着柴油机喷油泵和喷油器等处漏的燃油，其中含有部分机油及机械杂质，所以称为污油。这些油切不可再注入燃油箱，以免造成不良后果。

东风 $_{4B}$ 型内燃机车污油箱容量为 35 L，应及时排除污油，经过再生处理，可做他用。因为喷油泵的污油含机油成分较多，而喷油器的污油较纯，有的柴油机在机车车体右侧下部设有两个污油箱，容积各为 80 L，以便分别回收。喷油器的污油经滤清后可做燃油，重新利用。

## 活动 6.3.2　机油的整备作业

【活动要点】：① 机油的主要质量指标。
② 日常加机油的方法。
③ 用加油设备加机油的方法。
④ 东风 $_{4B}$ 型、东风 $_{7C}$ 型、$HX_N5$ 型内燃机车的机油储备量。

**1. 对机油的基本要求**

润滑油包括机油、齿轮油、润滑脂（黄油）等。柴油机以机油的润滑为主，机油的品质对柴油机的工作可靠性和使用寿命有很大影响。机油主要用于柴油机运动件的润滑。由于柴油机运动件配合精确，工作过程中有高温、高压现象，所以对润滑油的要求必须很严格。对机车柴油机所用机油主要有以下几点要求：

① 要有足够的油性（润滑性），使机油黏附于金属表面上能产生一层坚固的油膜。
② 适当的黏度。
③ 良好的氧化安定性。
④ 必要的纯洁性。
⑤ 对摩擦表面应无腐蚀作用。
⑥ 可靠的适应性。要求有低的凝固点，以适应低温条件下使用。

**2. 机油的质量指标**

柴油机采用中国铁路内燃机车多级五代油或四代油，但两种机油不能混装使用。机油中不应含有机械杂质、水溶性酸碱和水，否则将会加快零部件磨损。机油的具体技术要求及主要指标按 TB/T 2956—2009《铁路内燃机车柴油机油》执行。机油的品质对柴油机的工作可靠性和使用寿命有很大影响。下面介绍几个机油常用质量指标。

1）黏度

黏度是表示液体内部摩擦阻力的一种物理量，是机油最主要的参数，也是机油分类的主要依据。表示黏度的参数和方法比较多，如动力黏度、运动黏度、条件黏度以及运动黏度比等，常用的是运动黏度和运动黏度比。运动黏度是用一定量的机油在规定的压力下流过直径与长度一定的毛细管黏度计所需的时间来测定的，所需时间越长，黏度越大。

2）凝点

在给定的条件下机油开始完全失去流动性时的温度称为凝点。凝点是在低温下保证机油流动性和过滤性的指标。柴油机用机油的凝点一般为−35～−5 ℃，通常黏度高的机油凝点也高。

3）热氧化安定性

热氧化安定性是指机油在高温时抵抗氧化的能力。柴油机中使用的机油，工作过程中不断被空气氧化而变质，生成酸性物质和沥青等，这会引起机油滤清器堵塞，活塞环被粘住而不能运动。因此机油要有一定的抗氧化安定性。抗氧化安定性好的机油使用寿命长，消耗量少。

4）酸值

酸值表示机油中酸性物质的多少。这些酸性物质，有的是在机油的加工过程中产生的，有的是在机油的使用过程中因机油氧化变质而生成的。酸值是指中和 1 g 机油中含有的酸性物质所需氢氧化钾的毫克数。因为含酸的机油不仅对零件有腐蚀作用，而且会加速机油的氧化，使积炭倾向增加，所以对酸值应予以限制。

5）闪点

机油的闪点是指机油开始燃烧的最低温度，是评价机油蒸发性的指标，闪点低的机油容易蒸发。同时它也表示了机油在储存、运输和使用中的安全性。为了保证工作安全，机油的最高工作温度应大大低于其闪点。闪点随机油黏度的降低而大幅度降低，而通常闪点的变化是由于机油老化和稀释所造成的。

6）残炭

机油在规定的条件下加热蒸发后形成的焦炭状残留物质即为残炭，用重量百分比表示。它反映了机油倾向于产生积炭的程度以及产生积炭的多少。残炭中的主要成分是胶质、沥青质、游离碳、机械杂质以及灰分等。由于积炭会引起活塞环咬死、轴承擦伤、机油变质等故障，所以机油中残炭越少越好。

**注意：**由于机油的牌号是按黏度排列的，机油号数越大，其黏度也越大，因此确定了机油的黏度，也就确定了机油的牌号。一般来讲，机油的选用原则是：在保证柴油机润滑可靠的前提下，选用低黏度的机油，以减少摩擦损失，并利于柴油机起动。

**3. 安全操作注意事项**

① 机车制动后再进行机油整备作业。

② 禁止吸烟，注意明火。

③ 防止加压过量。

**4. 机油的整备**

1）日常加油

机车正常运用中补充少量机油时，应从柴油机左侧或右侧带有过滤网的注油口注入机油，油位应在油尺刻线规定的范围内。

2）用加油设备加油

当柴油机放尽机油后，应该用加油设备加油。加油时，将加油设备软管拉入车内，从柴油机加油口加油，或从机车的上油（排油）管加油（注意油位应符合规定）。当外温低于 5 ℃时，应预先将机油预热到 60～90 ℃，以保证柴油机起动温度的要求。但加热不应过高，以防止机油变质及蒸发。

3）放油

当机油性能不符合规定或因修程等原因需要放油时，首先开启管路中的截止阀，使管路中的油回油底壳，再将上油（排油）管上的堵拧下，与排油设备的管子接好后，开启上油（排油）阀（根据情况可开启机油滤清器和热交换器的排油阀）。放完油后，将上油（排油）阀关闭，拧上堵。

4）保持机油管路畅通

东风 $_{4B}$ 型、东风 $_{7C}$ 型内燃机车，为保持机油管路的畅通，在整备作业中应检查并判断机油粗滤器的玷污情况。根据需要，转动机油粗滤器的芯轴，清除堵塞在外层滤芯缝处的杂质，以保持油路畅通。当机油粗滤器前后的机油压力差达到 150 kPa 时应进行清洗。

5）机油储备量

东风 $_{4B}$ 型内燃机车的机油储备量约为 1 200 kg，其中约 2/3 储于柴油机的油底壳中，其余的则存于机油系统的滤清器、机油热交换器和管路之中。油位在油标尺上刻线时的储油量约为 850 kg，在正常运用的机车上，油位应保持在上下刻线之间，但略近于上刻线为佳。东风 $_{7C}$ 型内燃机车的机油储备量约为 750 kg，$HX_N5$ 型内燃机车的机油储备量为 1 300 L。

## 活动 6.3.3　冷却水的整备作业

【活动要点】：① 对内燃机车用冷却水的基本要求。
② 冷却水的主要质量指标。
③ 加水、放水的方法。
④ 东风 $_{4B}$ 型、东风 $_{7C}$ 型、$HX_N5$ 型内燃机车水系统总容量。

### 1. 对内燃机车用冷却水的基本要求

对内燃机车用冷却水的基本要求是：不含机械杂质；不生成水垢；对金属不发生腐蚀作用；添加剂有较低的成本；无毒或低毒；来源较广为好。

柴油机冷却水必须清洁，水质硬度和酸碱度应适当。水质过软，对柴油机水系统侵蚀过大。水质硬，水中矿物质多易形成水垢，影响散热。而酸碱度过高会腐蚀机器。

根据多年来的机车运用经验，应选用大功率机车专用改进型缓蚀剂或防垢、缓蚀效果显防腐蚀添加剂冷却液，对冷却水的配方要求如下：

① 冷却水采用去离子水或蒸馏水。

② 冷却水质量标准应符合表 6–8 的要求。

③ 冷却水添加剂，选用 TB/T 1750—2006 中的 3 号防腐蚀添加剂，同时将配方中的苯骈三氮唑提高到 100 mg/L 以上。复合配方后的冷却液应达到如表 6–9 所示的要求。

**表 6–8　冷却水质量标准**

| 项目 | 指标 |
|---|---|
| pH 值 | 5.0～7.5 |
| 氯离子浓度/（mg/L） | ≤5 |
| 钙镁离子总浓度/（mmol/L） | ≤0.05 |

**表 6–9　复合配方后的冷却液要求**

| 项目 | 指标 | 限度值 |
|---|---|---|
| 外观 | 清晰透明、无色 | 清晰透明，基本无色，无油污 |
| pH | 8～10 | ≤6.5 |
| 总离子浓度/（mg/L） | 4 500～5 500 | <4 000 |
| 氯离子浓度/（mg/L） | ≤10 | ＞20 |
| 钙镁离子总浓度/（mmol/L） | ≤0.05 | ＞0.5 |
| 苯骈三氮唑浓度/（mg/L）（建议项） | ≥60 | ＜60 |

**2. 冷却水的质量指标**

经过软化处理的基础水，加添加剂后就成了内燃机车的冷却水。基础水包括：煮沸水、蒸馏水和离子交换水。冷却水的主要质量指标如下：

1）总硬度

硬度的大小决定于溶解于水中的钙盐和镁盐的总含量。水中钙的含量，称为钙硬度。水中镁的含量，称为镁硬度。钙、镁含量的总和，称为总硬度。所谓水锈，即为水中的盐类经过蒸发浓缩，达到饱和程度时在金属表面呈现出的一种沉淀物。

2）总碱度

碱度的大小决定于水中的氢氧化钠、碳酸盐和重碳酸盐的含量。因为这些化合物构成水的碱性，所以，其总的含量称为总碱度。冷却水具有一定的碱性可以防止水锈的生成。

3）氯离子

水中氯离子含量增加到一定的程度，则引起对金属的腐蚀。所以，水中的氯离子越少越好。

4）pH

pH 值是水中氢离子的浓度。当 pH 为 6.5～7.5 时，为中性水；当 pH 为 7.5～10 时，为弱碱性水。pH 值过大、过小的水都具有腐蚀性。

5）亚硝酸钠

亚硝酸钠是添加剂中的一种化学成分，对铁及某些金属是种不错的缓蚀剂。pH 低于 6，亚硝酸钠相对无效，随着 pH 的增加，其缓蚀作用增加，当 pH 为 9～10 时，其缓蚀力最大。

6）硼砂

硼砂也是添加剂中的一种化学成分，能抑制生锈，保护焊锡，其作用原理是以吸附性膜附在铸铁的表面，起到缓蚀作用。另外，它能提供 pH 为 8～9.5 的良好环境，使防腐性能充分发挥作用。

7）苯骈三氮唑

苯骈三氮唑是添加剂中一种新的化学成分，能在铜的表面形成致密的保护膜，阻止铜和铜合金的腐蚀，所以它是铜和铜合金的专用缓蚀剂。

内燃机车冷却系统中的材料有：铸铁、铸钢、铝合金、黄铜、紫铜和锡等多种金属，这些金属在冷却水中易被不同程度地腐蚀，为此，必须提高冷却水的质量。

**3. 安全注意事项**

① 机车制动后再进行冷却水的整备。

② 上水压力不能过高。

**4. 冷却水的整备**

东风 $_{4B}$ 型内燃机车水系统总容量约为 1 200 kg。东风 $_{7C}$ 型内燃机车水系统总容量约为 1 100 kg。$HX_N5$ 型内燃机车水系统总容量约为 1 100 L。机车运用中，水位应在膨胀水箱玻璃水表 2/3 以上。

1）加水注意事项

加水温度应在 40～60 ℃为宜，加水完毕后如果水温低于 20 ℃，应使用预热锅炉进行加温。当机车全部加入新水时，应将所有的放气阀开放，排出空气，待出水后立即将放气阀关闭。加水不要过多，一般以水位距水表上端略低为宜。

2）加水方法

① 需要补充少量的水时，可从车顶部加水口将水加入水箱。

② 需要大量加水时，应从机车两侧上水（排水）管用加水设备加水。用加水设备加水时，将加水设备与机车任一侧上水（排水）管接好，开启上水（排水）阀和上水截止阀即可上水。在正常运用情况下不得加入没有添加剂的水。机车在外运行，因某种原因水位低于规定时，在没有符合要求的水源情况下，可从水箱上部加水口加入少量自来水，回段后应及时报告并进行水质化验。

3）放水注意事项

① 水温降至 50 ℃以下时方准放水。如果水温高于 50 ℃但又急于放水，可将静液压系统的温度控制阀调整螺钉拧进，使冷却风扇工作，进行强制冷却。

② 当气温低于 5 ℃时，水温应降至 35 ℃以下方准放水，防止温差过大。

③ 冬季放水时，应迅速将各排水阀、排水堵开启，防止冻结。

④ 放完水后，各排水阀、排水堵开启，防止冻结。

⑤ 为达到彻底放水的目的，必要时用别的机车移动放水机车。

4）放水方法

① 开启上水（排水）阀、上水截止阀。

② 为节省放水时间，在放水时可将水箱加水口盖打开。

③ 当冷却水基本放净时，根据情况还应开启散热器及管路放水阀、机油热交换器放水阀、静液压油热交换器放水阀，并拧下水泵的排水堵和增压器的排水堵。

④ 在冬季放水时还应开启：预热锅炉放水塞门、热水管（司机室）放水阀、管路放水阀以及燃油预热器放水阀等。

## 活动 6.3.4　联合调节器工作油的整备作业

【活动要点】：① 对联合调节器工作油的要求。
② 联合调节器工作油的主要质量指标。
③ 联合调节器工作油的整备过程。

### 1. 对联合调节器工作油的要求

① 在正常工作温度范围内，工作油的黏度要适当，并且随温度的变化要小。

② 形成泡沫的可能性要小，并且油内含空气量要少。

③ 油内含水分和杂质要少。

④ 要有高的热稳定性，高温下抗氧化和分解能力强，并且在长期工作中不析出浮游性胶状物。

⑤ 对机件不腐蚀，不损伤油封及油漆。

**2. 联合调节器工作油的质量指标**

联合调节器工作油采用内燃机车调速器油，它的质量指标如表 6–10 所示。

表 6–10　内燃机车调速器油的质量指标

| 项目 | 质量指标 |
|---|---|
| 100 ℃时的运动黏度/（$10^{-6}m^2/s$） | 19～21 |
| 闪点（闭口）/℃ | ≥240 |
| 水分 | 无 |
| 腐蚀（100 ℃，3 h） | 合格 |
| 水溶性碱或酸 | 无 |
| 酸值（未加剂）/（mgKOH/g） | ≤0.05 |
| 机械杂质 | 无 |
| 凝点/℃ | ≤–30 |

**3. 联合调节器工作油的整备**

1）换油、清洗时的注意事项

① 在正常运行中的机车，按规定每走行 6 000～8 000 km 更换一次工作油。

② 加油时，应使用清洁的专用容器通过上盖加油杯加油，并用绸布过滤，加油至油位表的中线附近，在柴油机运转时油位应在中线上下 1～2 mm 处。

2）更换工作油的程序

① 柴油机停机后，立即从联合调节器中间体下部的放油堵放出全部工作油。

② 用低黏度的干净洗涤剂或机油、柴油、煤油等进行冲洗。冲洗后油液留在体内，起动柴油机后，在空载工况下，游车运转（松开补偿针阀）3～5 min，然后停机，并排净冲洗剂。

③ 注入新的工作油至标定位置。

④ 起动柴油机，再在游车状态下工作几分钟后，停机后排出工作油。

⑤ 重新注入工作油，游车几分钟后进行排气，换油工作完成。

注意：向联合调节器注入的油（无论是清洗剂还是工作油），不能掺和其他油，以免渗入杂质，为此须用绸布过滤并经注油口滤网缓慢注油。在联合调节器正常运转时，不应开启上盖，以免工作油受到污染。

## 活动 6.3.5　机车用砂的整备作业

【活动要点】：① 东风 $_{4B}$ 型、东风 $_{7C}$ 型、$HX_N5$ 型内燃机车的砂储备量。

② 机车用砂主要质量指标。

③ 机车用砂的整备过程。

**1. 机车用砂的技术要求**

机车在运用中发生空转的危害性是很大的。为了增大机车车轮与钢轨间的黏着系数，防止机车轮对空转，在运用中应在适当时机采取撒砂措施，使车轮与钢轨间增大黏着力。

机车用砂要能在砂管中均匀流动，不会结成砂块堵塞砂管；砂子应保持松散，不能黏附在砂箱壁上；砂粒要大小合适，过小时容易从钢轨上吹掉，过大时又容易从钢轨上滚落；砂粒要具有足够的硬度和强度，砂粒中含石英量越大，硬度和强度就越大；原砂中所含的水分应很少而且容易排掉，烘干后砂的品质不会降低。

为了满足上述要求，首先要选择合适的原砂，同时在机务段内要有一套用于筛选、烘干、贮存和发放砂子的设备。

**2. 机车用砂储备量**

东风 $_{4B}$ 型内燃机车共有 8 个砂箱，分别安装于两台转向架的四个角落，砂储备量为 8×100 kg；东风 $_{7C}$ 型内燃机车共有 8 个砂箱，分别安装于两台转向架的四个角落，砂储备量为 600 kg；$HX_N5$ 型内燃机车共有 4 个砂箱，分别安装于机车两端的四个角落，砂储备量为 500 L。

撒砂器设在砂箱漏斗底部，撒砂作用阀安装在每个司机室正操纵台下，当脚踏此阀时，从总风缸来的压力空气直接进入安装在转向架前进方的撒砂器，吹动干燥的细砂进入砂管，通过喷嘴将砂撒在轨道上。

**3. 安全注意事项**

① 机车制动后再进行砂的整备。

② 防止加砂过量。

**4. 机车用砂的质量指标**

供机车用的砂分为普通良质砂和优质砂两种。普通良质砂要求含石英 70%以上，黏土成分不超过 3%。优质砂要求含石英 90%以上，黏土成分不超过 1%。原砂须经过筛选后使用，砂粒直径最好为 0.5～1 mm，最小不宜小于 0.2 mm，最大不宜大于 2 mm。潮湿的砂子应烘炒或摊开自然晒干，直至干透再用，以防结成砂块堵塞砂管或黏附在砂箱壁上。

**5. 机车用砂整备及注意事项**

砂子从砂箱顶部小口处加入砂箱，装砂后应注意将砂箱盖盖严，防止雨水漏入，使砂子失去流动性。

用砂整备的注意事项如下：

① 确认砂的质量和砂箱中的砂量，砂量不少于砂箱容积的一半。装砂后应盖严扣紧，以防运行中砂流失和混入水及其他杂质。

② 机车撒砂装置应作用良好，砂管的撒砂量均应调整到 2～3 kg/min。

③ 砂管距轨面 30～55 mm，砂管距高动轮踏面 15～30 mm。

④ 砂子要经过干燥处理，粒度要均匀，成分要符合规定。

## 活动 6.3.6 整备中乘务员的清扫保养作业

【活动要点】：乘务员的清扫保养作业范围。

清扫保养作业由两部分组成，即整备场所的乘务员清扫保养作业和机车中检、小中修的清扫保养。这里只简单介绍整备场所交班时乘务员的清扫保养作业。

机车回到本段整备场（或应换班地点）后，按段规定，一般是交班乘务员对本务机车进行清扫保养，尤其对机车柴油机、电机电器的清洁，为接班乘务员创造良好的工作条件。因此，做好机车整备的清扫保养工作不可忽视。

机务段制订乘务员清扫保养范围，其依据是：

① 机车交路的长短和回段整备次数；

② 担当列车交路的环境；

③ 机车密封与过滤除尘的性能；

④ 整备场所设备条件等。

根据上述 4 项合理确定乘务员清扫保养范围，按不同情况对不同部位做不同规定，分为每次均需清扫保养和隔次（隔日）清扫保养。

为保证整备场清扫保养的质量，机务段对此项工作实行司机、副司机分工负责制，清扫保养质量由专人负责监督检查，定期公布评定结果。

## 【考核评价】

### 1. 自我评价

① 自我考核：内燃机车燃油、机油、冷却水、联合调节器工作油、机车用砂整备作业描述。

② 自我评价（见表 6–11）。

**表 6–11　自我评价（每项满分为 10 分）**

| 序号 | 评价内容 | 得分 | 亮点 |
|---|---|---|---|
| 1 | 课前知识查阅、调研完成情况 | | |
| 2 | 课前、课中与人协作沟通表现 | | |
| 3 | 按规定进行燃油、机油、冷却水、联合调节器工作油、机车用砂的整备作业，作业中不得违反安全操作注意事项 | | |
| 4 | 课前、课中学习态度表现 | | |

### 2. 小组评价（见表 6–12）

**表 6–12　小组评价（每项满分为 10 分）**

| 序号 | 评价内容 | 得分 | 亮点 |
|---|---|---|---|
| 1 | 课中学习态度表现 | | |
| 2 | 课前、课中与人协作沟通表现 | | |
| 3 | 按规定进行燃油、机油、冷却水、联合调节器工作油、机车用砂的整备作业，作业中不得违反安全操作注意事项 | | |

**3. 教师评价（见表 6–13）**

**表 6–13　教师评价（每项满分为 10 分）**

| 序号 | 评价内容 | 得分 | 亮点 |
|---|---|---|---|
| 1 | 课前知识查阅、调研完成情况 | | |
| 2 | 课中参与及协作情况 | | |
| 3 | 能否按规定完成燃油、机油、冷却水、联合调节器工作油、机车用砂的整备作业 | | |

## 【教师建议】

在掌握东风 $_{4B}$、东风 $_{7C}$、$HX_N5$ 型内燃机车燃油、机油、冷却水、联合调节器工作油、机车用砂整备作业的基础上，进一步探究其他机型的燃油、机油、冷却水、联合调节器工作油、机车用砂的整备作业，为今后从事相关工作打好基础。

# 项目 7

# 内燃机车辅助装置检修技能训练

## 任务 7.1 变速箱检修

### 【任务描述】

在实训教学中，需要在检修室提供起动变速箱、静液压变速箱。为了增强学生对起动变速箱、静液压变速箱的直观感性认识，可将学生分成若干小组，以小组为单位，结合所学理论知识，对照实物学习起动变速箱、静液压变速箱的结构特点，能正确使用检修工具、材料，按检修作业程序完成起动变速箱、静液压变速箱的检修工作。

### 【学习目标】

| 知识目标 | 了解起动变速箱、静液压变速箱的结构及驱动部件 |
|---|---|
| 能力目标 | 能按起动变速箱、静液压变速箱的检修作业标准进行检修作业 |
| 素质目标 | 养成细致、认真的工作作风；养成独立分析问题的良好习惯；能够比较自如地与他人沟通、协作完成工作 |

### 活动 7.1.1 起动变速箱检修

【活动要点】：① 起动变速箱的结构特点。
② 起动变速箱检修作业程序。

**1. 起动变速箱结构认知**

起动变速箱主要由起动发电机、测速发电机、励磁机、前通风机、万向轴等组成，其传动机构和外观如图 7–1、图 7–2 所示。

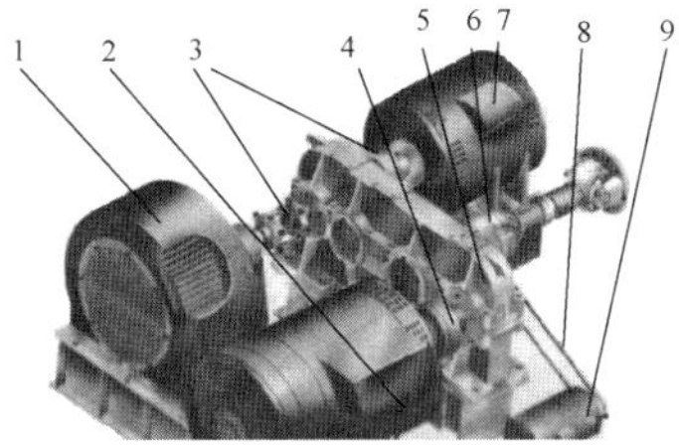


1—前通风机；2—起动发电机；3—尼龙绳传动轴；4—弹性柱销联轴节；5—起动变通箱；6—万向轴；7—励磁机；8—三角皮带；9—测速发电机。

图 7–1　起动变速箱传动机构

图 7–2　起动变速箱外观

**2. 起动变速箱检修作业程序**

起动变速箱检修作业程序如表 7–1 所示。

**表 7–1　起动变速箱检修作业程序**

| 程序 | 序号 | 作业过程 | 工装机具 | 技术标准 |
|---|---|---|---|---|
| 分解 | 1 | 放净箱内润滑油 | 17 mm 开口扳手、油盘 | |
| | 2 | 置起动变速箱于专用支架上 | 天车、12 mm 钢丝绳专用支架 | |
| | 3 | 拆去全部轴承压盖的紧固螺丝，取下中间轴两端及主传动轴非输入端的轴承压盖 | | |
| | 4 | 拆去上下分箱体的紧固螺栓，打出定位销，吊下上箱体 | 天车、12 mm 钢丝绳专用支架 | |
| | 5 | 顺序吊出主传动轴、中间轴、励磁机传动轴、起动发电机传动轴，放在专用支架上 | 天车、12 mm 钢丝绳专用支架 | |
| | 6 | 检查各传动轴的齿轮、轴承、法兰、轴，状态良好者不必进一步分解，但须进行清洗及相应探伤检查 | | 各传动轴、齿轮不许有裂纹。当轴与齿轮为过盈配合时，若外观检查良好，可不分解探伤 |
| | 7 | 主动轴分解： | | |
| | | 起开防缓垫片，拆下防缓螺母，将法兰从轴上退出 | 手锤、扁铲、高压油枪 | |
| | | 取下输入端轴承压盖 | 铜棒 | |
| | | 取出卡环，拔出非输入端轴承 | 卡环钳子、轴承拔出器 | |
| | | 用压力机将齿轮、轴承、迷宫圈、挡圈从轴上取出 | 压力机 | |
| | 8 | 中间轴分解： | | |
| | | 用卡环钳取出两端卡环 | 卡环钳 | |
| | | 拔出中间轴凸肩侧轴承 | 轴承拔出器 | |
| | | 压出齿轮、轴承 | 压力机 | |

续表

| 程序 | 序号 | 作业过程 | 工装机具 | 技术标准 |
| --- | --- | --- | --- | --- |
| 分解 | 9 | 起动发电机轴分解： | | |
| | | 起开防缓垫片，拆下防缓螺母 | 手锤、扁铲 | |
| | | 用高压油枪退出法兰，取下轴承压盖 | 高压油枪 | |
| | | 拔出皮带轮，取下平键及轴承压盖 | 拔出器 | |
| | | 拔出轴凸肩轴承、迷宫圈、挡圈 | 轴承拔出器 | |
| | | 压出齿轮、轴承、迷宫圈、挡圈 | 压力机 | |
| | 10 | 励磁机轴分解： | | |
| | | 将通风机法兰、励磁机法兰从轴上退出 | 高压枪 | |
| | | 取下两侧盖 | 铜棒 | |
| | | 压出齿轮、轴承、迷宫圈、挡圈 | 压力机 | |
| 清洗、探伤、检查 | 1 | 清洗各零件上下箱体内表面，除去箱体外表面的油污、脏物等 | 柴油 | |
| | 2 | 外观检查上下箱体、轴承座孔状态，打磨分箱面，消除飞边毛刺及任何残留物 | 毛巾布、砂纸、锉刀 | 箱体不得有裂纹，轴承座孔磨损后允许修复，修复后座孔的不同心度不大于 0.05 mm |
| | 3 | 检查轴承状态 | | 须符合段规要求，不良者更换 |
| | 4 | 外观检查各齿轮状态 | | 须符合段规要求，不良者应修复或更换 |
| | 5 | 探伤检查各齿轮、轴及法兰 | | 探伤合格，不得有裂纹、毛刺 |
| | 6 | 检查迷宫圈、挡圈状态 | | 不得有磨损及飞边、毛刺 |
| | 7 | 检查卡环状态 | | 消除飞边、毛刺 |
| 测量、整修 | 1 | 测量各有关尺寸，计算配合过盈量，须符合要求；否则应查出尺寸过限部件，根据规定修复或更换 | 内径百分表、外径千分尺 | 根据规定修复或更换尺寸过限件 |
| | 2 | 整修螺丝、螺母、平键、防缓螺母及垫或换用新品 | | |
| | 3 | 检查法兰锥面接触面 | | 应符合技术条件要求 |
| 组装各组件 | 1 | 主动轴组装。(组装前各零件须保持清洁) | | |
| | | 把主动轴立于平台上。将加热到 180 ℃、恒温 30 min 的齿轮装到主动轴上 | 恒温箱 | 主动齿轮的齿轮轴与孔配合过盈量：0.10～0.13 mm； |
| | | 顺序热装（温度不高于 100 ℃）317 轴承于齿轮两侧 | 恒温箱 | 与轴配合过盈量：0.003～0.046 mm；<br>与孔配合过盈量：-0.052～0.014 mm；<br>原始径向游隙：0.016～0.040 mm |
| | | 装上卡环 | 卡环钳 | |
| | | 装上迷宫圈；热装挡圈（右旋，从挡圈一侧向箱内看，挡圈螺纹旋向应与轴的旋向相反。下同） | 恒温箱 | |
| | 2 | 中间轴组装： | | |
| | | 立轴于平台上，热装(加温至 180 ℃，恒温 30 min）齿轮于轴上 | 恒温箱 | 中间齿轮的齿轮轴与孔配合过盈量：0.06～0.09 mm |
| | | 热装（温度不高于 100 ℃）两个 315 轴承于齿轮两侧 | 恒温箱 | |
| | | 装上两个轴承卡环 | 卡环钳 | |

续表

| 程序 | 序号 | 作业过程 | 工装机具 | 技术标准 |
| --- | --- | --- | --- | --- |
| 组装各组件 | 3 | 励磁机轴组装： | | |
| | | 立轴于平台上，热装（加温至 180 ℃，恒温 30 min）齿轮于轴上 | 恒温箱 | 齿轮轴与孔配合过盈量：0.06～0.09 mm |
| | | 热装（温度不高于 100 ℃）两个 315 轴承于齿轮两侧 | 恒温箱 | 励磁机轴、齿轮轴、315 轴承：与轴配合过盈量：0.003～0.038 mm；与孔配合过盈量：–0.052～0.014 mm；原始径向游隙：0.014～0.034 mm |
| | | 顺序装入两侧的迷宫圈、挡圈（热装挡圈时，励磁机侧为右旋，通风机侧为左旋） | 卡环钳 | |
| | 4 | 起动发电机轴组装： | | |
| | | 立轴于平台上，热装（加温至 180 ℃，恒温 30 min）齿轮于轴上 | 恒温箱 | 起动发电机齿轮的齿轮轴与孔配合过盈量：0.10～0.13 mm |
| | | 热装（温度不高于 100 ℃）两个 317 轴承于齿轮两侧 | 恒温箱 | 317 轴承与轴配合过盈量：0.003～0.046 mm；与孔配合过盈量：–0.052～0.014 mm；原始径向游隙：0.016～0.040 mm |
| | | 顺序装入两侧的迷宫圈、挡圈（热装挡圈时，起动发电机侧为右旋，测速发电机侧为左旋） | 卡环钳 | |
| 总组装 | 1 | 将各组件用柴油彻底清洗干净 | | |
| | 2 | 将各传动轴分别正确装入下箱体上 | | |
| | 3 | 向各齿轮及轴承注以干净的润滑油，用丙酮擦拭上下分箱面，涂上密封胶，盖好上箱体。紧固靠近轴承两侧的螺栓后，用压铅法测量齿轮啮合间隙，应符合技术条件要求 | | 各齿轮啮合间隙：0.13～0.50 mm；齿轮轴向间隙：0.50～1.00 mm |
| | 4 | 松动轴承两侧螺栓，打入定位销，均匀坚固全部螺栓，检查各轴，须转动灵活 | | |
| | 5 | 调整各轴承压盖的止口高度及与其相对的轴承外圈端面到箱体座孔端面的距离，用石棉纸垫进行调整，保证轴的轴向间隙为 0.50～1.00 mm | | |
| | 6 | 正确装入轴承压盖（注意回油槽位置），均匀紧固全部螺丝 | | |
| | 7 | 用热装法或油压法装上各法兰，并检查压入行程，应符合要求。装好皮带轮。紧固主动法兰及起动发电机法兰锁紧螺母，打好防缓止垫 | | 各轴与法兰锥度配合接触面不少于 80%，接触面不得有严重拉伤，其配合尺寸如下：<br>① 主动轴：圆柱度为 1:10；过盈量为 0.125～0.18 mm；压入行程为 1.25～1.8 mm。<br>② 起动发电机轴：圆柱度为 1:10；过盈量为 0.10～0.15 mm；压入行程为 1～1.5 mm。<br>③ 励磁机轴：圆柱度为 1:25；过盈量为 0.07～0.10 mm；压入行程为 1.75～2.5 mm。<br>④ 通风机轴配合过盈量为 0.07～0.10 mm。<br>⑤ 迷宫圈、挡圈与轴配合过盈量为–0.01～0.02 mm |
| | 8 | 检查油尺标记是否正确 | | 清晰 |

续表

| 程序 | 序号 | 作业过程 | 工装机具 | 技术标准 |
|---|---|---|---|---|
| 空转试验 | 1 | 将检修后的起动变速箱固定在试验台上，加润滑油至油尺刻线间。起动后逐渐提高输入转速，待转速达到 1 100 r/min，空转试验 1 h 后，检查各部状态。应符合要求 | 试验台 | 变速箱组装后须转动灵活，并做空转磨合试验 |
| | 2 | 检查各部，不得有漏油现象 | | 分箱面无泄漏，油封处在起、停机时允许有微量渗油 |
| | 3 | 测量各轴承部位的温度，不得超过 80 ℃ | 点温计 | |
| | 4 | 观察变速箱运转过程 | | 应转动平稳、无异音 |

## 活动 7.1.2　静液压变速箱检修

【活动要点】：① 静液压变速箱传动机构的组成。
② 静液压变速箱的检修作业程序。

### 1. 静液压变速箱传动机构的组成

静液压变速箱由传动轴、静液压泵、后通风机、静液压变速箱等组成，其传动机构如图 7–3 所示。

1—传动轴；2—传动柱销联轴节；3—静液压变速箱；4—静液压泵；5—尼龙绳传动轴；6—后通风机。

图 7–3　静液压变速箱传动机构

### 2. 静液压变速箱检修作业程序

静液压变速箱检修作业程序如表 7–2 所示。

**表 7–2　静液压变速箱检修作业程序**

| 程序 | 序号 | 作业过程 | 工装机具 | 技术标准 |
|---|---|---|---|---|
| 分解 | 1 | 放净箱内润滑油 | 17 mm 开口扳手、油盘 | |
| | 2 | 置静液压变速箱于平整地面上 | 天车、12 mm 钢丝绳 | |
| | 3 | 拆下主、从动轴的轴承压盖螺丝，取下压盖 | 18 mm 扳手、铜棒 | |
| | 4 | 折下静液压泵与箱体的紧固螺丝，将两个静液压泵用工艺顶丝顶出 | 工艺顶丝 | |
| | 5 | 松下箱体的紧固螺栓，打出定位销，分解上箱体 | | |
| | 6 | 依次取出主、从动轴组件，放在专用支架上 | 专用支架 | |
| | 7 | 检查各传动轴的齿轮、轴承、法兰、轴，状态良好者，不必进一步分解，但应进行清洗及相应探伤检查 | | |
| | 8 | 主动轴的分解： | | |
| | | ① 拔出 317 轴承、迷宫圈、挡圈 | 轴承拔出器 | |
| | | ② 取下轴承挡盖，用卡环钳取下卡环 | 卡环钳 | |
| | | ③ 用压力机压出齿轮及 224 轴承 | 压力机 | |
| | | 从动轴的分解： | | |
| | | ① 用卡环钳取下轴两端卡环 | 卡环钳 | |
| | | ② 拔出 317 轴承 | 轴承拔出器 | |
| | | ③ 压出齿轮及 317 轴承 | 压力机 | |
| | | 通风机传动轴分解： | | |
| | | ① 起开防缓垫片，松下防缓螺母，取出法兰 | 手锤、扁铲、轴承拔出器、卡环钳 | |
| | | ② 松下两端轴承压盖螺丝，取下压盖 | | |
| | | ③ 用铜棒从法兰侧将轴敲出（此时轴上只留下非法兰侧 311 轴承） | | |
| | | ④ 取下卡环，拔出 311 轴承 | | |
| | | ⑤ 从箱体内取出齿轮 46311 轴承等件 | | |
| 清洗、探伤、检查 | 1 | 用柴油机清洗各零件及上下箱体内表面，除去箱体外表面的油污、脏物等 | | |
| | 2 | 外观检查上下箱体、轴承座孔状态，打磨分箱面，消除飞边、毛刺及任何残留物 | 毛巾布、砂纸、锉刀 | 箱体不得有裂纹，轴承座孔磨损后允许修复，修复后座孔的不同心度不大于 0.05 mm |
| | 3 | 检查各轴承状态，须符合段规技术条件要求，不良者更换 | | 各传动轴、齿轮不许有裂纹。轴与齿轮过盈配合时，外观检查良好者，允许不分解进行探伤 |
| | 4 | 外观检查各齿轮花键状态，不良者应修复或更换 | | 须符合段规要求：齿轮花键与花键轴侧面间隙为 0.065～0.50 mm；静液压泵花键与花键槽侧面间隙为 0.036～0.13 mm |
| | 5 | 探伤检查各齿轮、轴及法兰、不得有裂纹，消除其飞边、毛刺 | | 探伤合格，不得有裂纹、毛刺 |
| | 6 | 检查密封圈、挡圈状态 | | 不得有磨损及飞边、毛刺 |
| | 7 | 检查卡环及轴承挡圈状态 | | 消除飞边、毛刺 |

续表

| 程序 | 序号 | 作业过程 | 工装机具 | 技术标准 |
|---|---|---|---|---|
| 测量、整修 | 1 | 测量各有关尺寸，计算配合过盈量，须符合要求，否则应查出尺寸过限件，根据规定修复或更换 | 内、外径千分尺 | 根据规定修复或更换尺寸过限件 |
| | 2 | 整修螺丝、螺母、防缓螺母及垫，或换用新品 | | 组装前各零件须保持清洁 |
| 组装各组件 | 1 | 主动轴组装： | | |
| | | ① 置主动轴于平台上，热装（加温至 180 ℃，恒温 30 min。下同）齿轮于轴上 | 恒温箱 | 齿轮与轴配合过盈量为 0.08～0.13 mm |
| | | ② 顺序热装（温度不超过 100 ℃，下同）317 轴承及 224 轴承 | 恒温箱 | ① 317 轴承：<br>与轴过盈量：0.003～0.046 mm；<br>与孔过盈量：–0.052～0.014 mm；<br>径向原始游隙：0.016～0.04 mm<br>② 224 轴承：<br>与轴过盈量：0.003～0.046 mm；<br>与孔过盈量：–0.06～0.016 mm；<br>径向游隙：0.02～0.046 mm |
| | | ③ 将卡环装于 224 轴承外侧 | 卡环钳 | |
| | | ④ 装上迷宫圈、热装挡圈（注意旋向，不得装反。下同） | | |
| | 2 | 从动轴组装： | | |
| | | ① 置从动轴于平台上，热装齿轮于轴上 | 恒温箱 | |
| | | ② 热装齿轮两端的 317 轴承 | 恒温箱 | 与轴配合过盈量：0.003～0.046 mm；<br>与孔过盈量：–0.052～0.014 mm；<br>径向原始游隙：0.016～0.04 mm |
| | | ③ 装好两轴承端卡环 | 卡环钳 | |
| | 3 | 通风机轴组装： | | |
| | | ① 立通风机轴于平台上，热装非输出端 311 轴承及止环 | | 311 轴承、46311 轴承：与轴过盈量为 0.003～0.039 mm；与孔过盈量为–0.038～0.012 mm |
| | | ② 将齿轮悬挂在下箱体内，从非输出端穿入轴，使齿轮装于轴上 | | |
| | | ③ 从输出端侧顺序热装轴承、迷宫圈、挡圈于轴上 | 恒温箱 | |
| | | ④ 测量轴承压盖止口高度及相应的轴承外圈距离体座孔端面的距离，调整石棉纸垫的厚度，保证齿轮轴轴向间隙符合要求 | | 311 轴承径向游隙为 0.013～0.033 mm。<br>46311 轴承径向游隙为 0.02～0.04 mm |
| | | ⑤ 垫好石棉调整垫，正确装上两端轴承压盖，紧固螺丝 | | |
| | | ⑥ 校验轴向间隙，转动轴应灵活、无死点 | | |
| 总组装 | 1 | 将各组件用柴油彻底清洗干净 | | |
| | 2 | 将各传动轴分别正确装入下箱体上 | | |
| | 3 | 向各轴承及齿轮注以干净的润滑油，用丙酮擦拭上下分箱面，涂上密封胶，盖好上箱体。紧固靠近轴承两侧的螺栓后，用压铅法测量齿轮啮合间隙，应符合要求 | | 各齿轮啮合间隙为 0.13～0.50 mm |
| | 4 | 松动轴承两侧螺栓，打入定位销，均匀紧固全部螺栓。检查各轴，须转动灵活 | | |
| | 5 | 调整轴向间隙 | | |

续表

| 程序 | 序号 | 作业过程 | 工装机具 | 技术标准 |
|---|---|---|---|---|
| 总组装 | 5 | 从动轴：<br>① 测量静液压泵止口高度加轴承挡圈厚度 $a_1$，以及相对的轴承外圈到箱体座孔端面的距离 $b_1$，用石棉纸垫调整，使得 $a_1-b_1=0$。<br>② 测量轴承压盖止口高度 $a_2$，以及相对应的轴承外圈到箱体座孔端面的距离 $b_2$，用石棉纸调整，使得 $a_2-b_2$=0.50～1.00 mm | | |
| | | 主动轴：<br>① 测量轴承压盖止口高度加轴承挡盖厚度 $a_3$，以及相对应的轴承外圈到箱体座孔端面的距离 $b_3$，用石棉纸垫调整，使得 $a_3-b_3=0$；<br>② 测量轴承压盖止口高度 $a_4$，以及相对应的轴承外圈到箱体座孔端面的距离 $b_4$，用石棉纸垫调整，使得 $a_4-b_4$=0.50～1.00 mm | | |
| | 6 | 将轴承压盖及调整好的石棉纸垫用螺栓坚固在相对应的箱体孔上 | | |
| | 7 | 校验各轴轴向间隙，应符合要求。手转动轴，应灵活、无死点 | | 齿轮轴轴向间隙为 0.5～1.0 mm |
| | 8 | 检查油尺标记是否正确 | | 清晰 |
| 空转试验 | 1 | 将检修后的静液压变速箱固定在试验台上，加润滑油尺线间，起动后逐渐提高输入转速 | 空转试验台 | |
| | 2 | 待转速达到 1 100 r/h 后，空转试验 1 h，检查各部状态 | | 油封不得有漏泄，起、停机时允许有微量漏油 |
| | 3 | 测量轴承各部温度 | 点温计 | 不得超过 80 ℃ |
| | 4 | 检查变速箱运转情况 | | 转动平稳、无异音 |

## 【考核评价】

### 1. 自我评价

① 自我考核：起动变速箱和静液压变速箱检修过程描述。

② 自我评价（见表 7–3）。

**表 7–3　自我评价（每项满分为 10 分）**

| 序号 | 评价内容 | 得分 | 亮点 |
|---|---|---|---|
| 1 | 课前知识查阅、调研完成情况 | | |
| 2 | 课前、课中与人协作沟通表现 | | |
| 3 | 起动变速箱和静液压变速箱检修作业程序掌握情况 | | |
| 4 | 课前、课中学习态度表现 | | |

**2.** 小组评价（见表 7–4）

表 7–4　小组评价（每项满分为 10 分）

| 序号 | 评价内容 | 得分 | 亮点 |
|---|---|---|---|
| 1 | 课中学习态度表现 | | |
| 2 | 课前、课中与人协作沟通表现 | | |
| 3 | 起动变速箱和静液压变速箱检修作业程序掌握情况 | | |

**3.** 教师评价（见表 7–5）

表 7–5　教师评价（每项满分为 10 分）

| 序号 | 评价内容 | 得分 | 亮点 |
|---|---|---|---|
| 1 | 课前知识查阅、调研完成情况 | | |
| 2 | 课中参与及协作情况 | | |
| 3 | 掌握起动变速箱和静液压变速箱检修作业程序的效果 | | |

### 【教师建议】

在掌握起动变速箱和静液压变速箱检修作业程序的基础上，熟悉检修技术要求，为今后从事内燃机车检修相关工作打好基础。

## 任务 7.2　静液压系统检修

### 【任务描述】

在实训教学中，需要在检修室提供静液压系统。为了增强学生对静液压系统的直观感性认识，可将学生分成若干小组，以小组为单位，结合所学理论知识，对照实物学习静液压系统的结构和组成，能正确使用检修工具、材料，按检修作业程序完成检修工作。

### 【学习目标】

| 知识目标 | 了解静液压系统的作用、组成、传动过程、工作油通路 |
|---|---|
| 能力目标 | 能按检修作业程序完成检修作业 |
| 素质目标 | 养成细致、认真的工作作风；养成独立分析问题的良好习惯；能够比较自如地与他人沟通、协作完成工作 |

## 活动 7.2.1　静液压系统认知

【活动要点】：① 静液压系统的作用、组成。
② 静液压系统的传动过程。
③ 静液压系统工作油通路。

**1. 静液压系统的作用**

静液压系统的作用是根据油、水温度的变化，自动控制冷却风扇的转速，使油、水温度保持在规定范围内，并使风扇的转动实现无级变速。（海拔 3 000 m 以上水温为 66～74 ℃，海拔 3 000 m 以下水温为 74～82 ℃，油温为 55～65 ℃）

**2. 静液压系统的组成**

机车冷却系统有两个冷却风扇，每个冷却风扇有一个独立的静液压传动系统。两个静液压系统的零件完全一样，所不同的仅仅是两个冷却风扇的控制温度稍有差别，即温度控制阀中使用的温度控制元件动作温度不一样。

两个静液压系统均由静液压泵、静液压电动机、温度控制阀、安全阀、静液压油热交换器、静液压油箱、管路等组成，如图 7–4 所示。

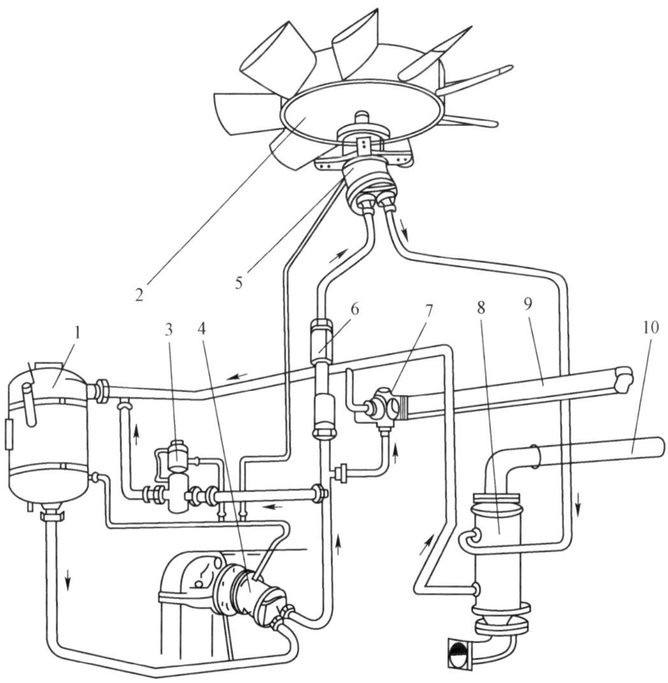


1—静液压油箱；2—冷却风扇；3—安全阀；4—静液压泵；5—静液压电动机；6—高压软管；7—温度控制阀；8—静液压油热交换器；9，10—冷却水管。

图 7–4　静液压系统的结构

**3. 静液压系统的传动过程**

① 柴油机起动后，由柴油机自由端的曲轴经传动轴驱动静液压变速箱，由变速箱驱动两台静液压泵。

② 静液压泵从油箱中吸入低压油，然后加压打入高压油管送至静液压电动机。

③ 当工作油的压力达到一定值后，就能驱动静液压电动机的主轴旋转，从而带动冷却风扇工作。工作油在电动机里释放能量后，通过回油管返回静液压油箱。东风 $_{4B}$ 型内燃机车的机械传动装置如图 7–5 所示。

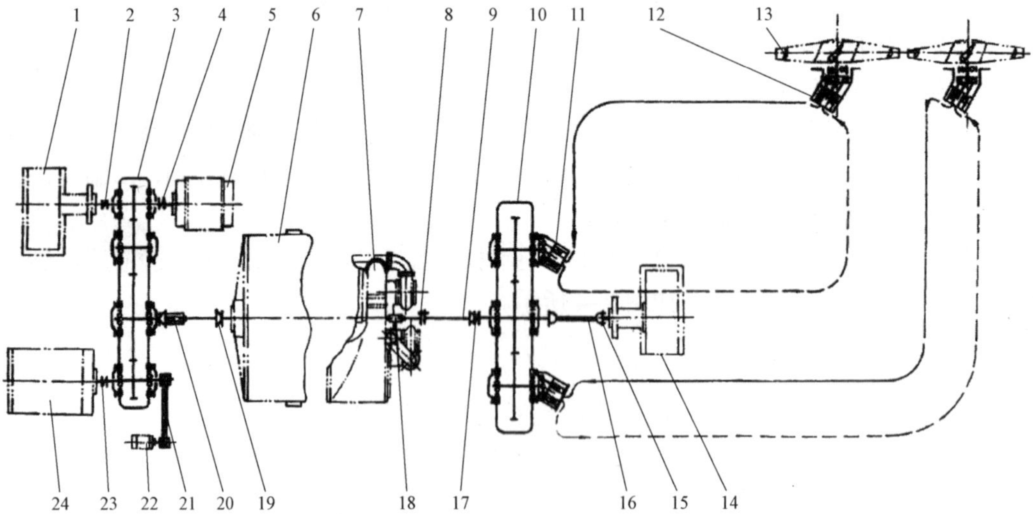


1—前通风机；2，16—尼龙绳联轴节；3—起动变速箱；4，23—弹性套柱销联轴节；5—励磁机；6—牵引发电机；7—柴油机；8—刚性联轴节；9—传动轴；10—静液压变速箱；11—静液压泵；12—静液压电动机；13—冷却风扇；14—后通风机；15—U 形螺栓；17—弹性柱销万向联轴节；18—花键；19—万向轴；20—花键副；21—三角皮带；22—测速发电机；24—起动发电机。

图 7–5　东风 $_{4B}$ 型内燃机车的机械传动装置

**4. 静液压系统工作油通路**

静液压油箱→静液压泵 { 安全阀（超过 17 MPa 时开通）；静液压电动机→静液压油热交换器；温度控制阀（油、水温度低于规定值时开通） } →回油管→油箱

提示：静液压泵、静液压电动机、安全阀均设有泄油管，泄出的油回油箱。

**5. 静液压系统的要求**

① 静液压系统工作油的温度应为 15～60 ℃。

② 静液压系统工作油放置在自设的静液压油箱中。

③ 机车每运行 40 000～50 000 km 应更换静液压系统的工作油。

④ 静液压系统的工作油是与柴油机相同牌号的机油。

## 活动 7.2.2　静液压泵及静液压电动机检修作业程序

【活动要点】：① 静液压泵检修作业程序。
② 将液压电动机检修作业程序。

静液压泵及静液压电动机检修作业程序如表 7–6 所示。

**表 7–6　静液压泵及静液压电动机检修作业程序**

| 程序 | 序号 | 作业过程 | 工装机具 | 技术标准 |
|---|---|---|---|---|
| 分解 | 1 | 将静液压泵（电动机）放在专用拆装台上，用布或清洗液擦洗干净 | 拆装台 | |
| | 2 | 用扳手松开前泵体油封压盖螺栓，取下端盖及骨架橡胶油封 | 扳手 | |
| | 3 | 用改锥撬开轴承锁紧固螺母的防缓垫，松开防缓螺母及防缓垫 | 改锥 | |
| | 4 | 拆下后盖紧固螺栓，取下后盖及配流盘。然后松开配流盘与后盖固定螺栓，取下配流盘 | | |
| | 5 | 抽出油缸体，取出芯轴球套、弹簧及弹簧座 | | |
| | 6 | 用改锥起开主轴上连杆球头压板紧固螺栓防缓片，用扳手栓开螺栓，取下压板、连杆活塞及芯轴 | 改锥、扳手 | |
| | 7 | 用压力机将主轴从前泵体中压出，轴承调整垫随着拆下来 | 压力机 | |
| 清洗 | 1 | 将轴承、芯轴、连杆活塞、油缸体、配流盘、弹簧、弹簧座在专用清洗槽中用柴油清洗干净。前后泵体及盖用清洗液清洗干净后，消除飞边和毛刺 | 清洗槽、清洗液 | |
| 检查、探伤、测量 | 1 | 检查轴承状态 | | 不得有剥离，点蚀、滚道拉伤，轴承因拆装而导致内外圈分离者，不得使用 |
| | 2 | 外观检查主轴 | | 不得有裂纹，主轴花键偏磨量应小于 0.5 mm。主轴与骨架橡胶油封接触部位，若有严重拉伤，可采用镀铬或喷涂、磨修方法进行处理 |
| | 3 | 尺寸芯轴、活塞连杆进行荧光或着色探伤 | | 各柱塞、连杆、芯轴探伤检查不得有裂纹，禁止用电磁探伤。其球头与主轴球窝接触面积不得少于球头表面积的 60%，否则必须选用研磨剂，彼此对研，以达到要求 |
| | 4 | 测量柱塞与油缸体配合间隙 | 深度尺<br>外径千分尺<br>内径百分表 | 其间隙为 0.025～0.080 mm。油缸有较大面积、深度超过 0.50 mm 严重拉伤的不得使用，弹簧座芯轴球套不得有严重拉伤 |
| | 5 | 油缸面凹面配流盘手感拉伤检查 | | 油缸面凹面配流盘不得有手感拉伤，两者接触面不得少于表面积的 80%，否则两者互相研配，直至符合要求，不能修复者予以报废 |

续表

| 程序 | 序号 | 作业过程 | 工装机具 | 技术标准 |
|---|---|---|---|---|
| 检查、探伤、测量 | 6 | 将 46315 两并列轴承，进行同步检查并选配 | | 测量 46315 轴承内圈与主轴配合的过盈量，应为 0.00～0.01 mm。46315 轴承与泵体的配合间隙为 0.00～0.65 mm |
| | 7 | 更换所有橡胶油封件 | | 骨架油封与前端盖内孔配合过盈量为 0.25～0.40 mm。配流盘 O 形橡胶槽，由于后加工尺寸有较大出入，所以选用 O 形橡胶圈时使其压缩量在为 20%～30%（指槽深方向），充满系数大于 1.15（指胶圈截面与槽截面之比）。配流盘与后端组装后，其间隙不许 0.02 mm 塞尺通过 |
| | 8 | 检查前后泵体盖、调整垫、螺扣状态，以及静液压电动机主轴锥面与风扇接触状态、键槽状态 | | 前后泵体盖、调整垫不得有裂纹，螺扣状态良好，静液压电动机主轴锥面与风扇接触状态良好，键槽状态良好 |
| 组装 | 1 | 组装前再次清洗各部件 | 柴油、绸布、毛巾布 | |
| | 2 | 将两并列 46315 轴承加热后压入主轴 | 恒温箱（或油浴加热器）、压力机 | 加热至 80～100 ℃，保温 30 min |
| | 3 | 计算调整垫厚度 | | 调整垫厚度 $\delta=(c+a)-A$<br>$A$——两轴承厚度加主轴球窝法兰厚度；<br>$a$——法兰平面到球窝平台距离；<br>$c$——前泵体法兰端面到调整垫止推面距离 |
| | 4 | 将另一个 46315 轴承压入泵体内，再将主轴连同两个并列 46315 轴承一起压入前泵体内，并在主轴上紧好防缓螺母，装好防缓垫 | 恒温箱（或油浴加热器）、压力机 | 加热至 80～100 ℃，保温 30 min |
| | 5 | 将装有骨架油封及 O 形胶圈的前端盖用螺栓紧固在泵体上 | | |
| | 6 | 将活塞连杆、芯轴套入压板上，再对号装在主轴上，用螺栓紧固住压板。上好防缓垫。顺序装好弹簧、弹簧座、芯轴、球套，然后将 7 个活塞对号装入油缸体内 | | 此时左右摇摆油缸体，不得有卡滞现象，组装时，往油缸及主轴球窝内注点润滑油 |
| | 7 | 配流盘装在后端盖后，使配流盘中心孔对准芯轴，将后端盖用螺栓紧固于后泵体上 | | 装配后应转动灵活，不得有卡滞及异音。前泵体、主轴、轴承调整垫及两个并列轴承中之任意零件更换时，应保证连杆球头的中心与前后泵体接合面的偏差不大于 0.1 mm |
| 空载试验 | 1 | 将组装好的静液压泵、静液压电动机，装在试验台上，以 450 r/ min 进行空转试验 15～20 min | 空转试验台 | 检查油封及各接合面，不得泄漏。轴承及泵体有无过热现象 |
| | 2 | 试验完毕后，进出油口带上防尘盖，以备装车 | | |

## 活动 7.2.3　温度控制阀检修

【活动要点】：温度控制阀检修作业过程及检修技术标准。

温度控制阀检修作业程序如表 7–7 所示。

**表 7–7　温度控制阀检修作业程序**

| 程序 | 序号 | 作业过程 | 工装机具 | 技术标准 |
| --- | --- | --- | --- | --- |
| 分解 | 1 | 用柴油或清洗液将外表面清洗、擦拭干净 | 柴油或清洗液 | |
| | 2 | 在拆装台上拆下感温组件 | 拆装台 | |
| | 3 | 慢慢松开阀盖与阀体紧固螺栓（防止弹簧把滑阀弹簧弹出），取出滑阀与弹簧 | 卡环钳、改锥 | |
| | 4 | 拆下调节螺栓止动片，拆下调节螺栓 | 螺丝刀 | |
| | 5 | 用卡环钳拆下挡圈 | 卡环钳 | |
| 清洗 | 1 | 在专用清洗剂中把各零件清洗干净 | 清洗剂 | |
| 检查、测量 | 1 | 检修阀体、阀盖，不得有裂纹及破损，局部轻微硬伤及毛刺用油石修整光滑 | 油石 | |
| | 2 | 检查滑阀与阀体配合面状态，有轻微拉伤时，用油石修整光滑，并用研磨剂研磨，使滑阀能在自重下沿阀体缓慢落下 | 油石、研磨剂 | |
| | 3 | 测量滑阀外径和阀体内径，配合间隙应符合要求。滑阀应在自重下沿阀体内孔缓慢落下 | 18～50 mm 内径百分表、25～50 mm 外径千分尺 | 滑阀与阀体接触面须研配，允许有手感无深度的拉伤，其间隙为 0.015～0.030 mm |
| | 4 | 检查弹簧、挡圈、弹簧座、阀体、挡圈槽，不得有裂纹及破损 | | 弹簧不得断裂、严重偏磨 |
| | 5 | 检查调节螺栓，螺纹与锥面状态应良好 | | |
| 组装 | 1 | 清洗滑阀与阀体，用压力空气吹净 | | |
| | 2 | 将阀体法兰四方处夹紧在虎钳上，装入挡圈、弹簧座、弹簧及滑阀，然后装 O 形橡胶圈于阀体上，将阀盖紧固在阀体上 | 虎钳 | |
| | 3 | 将感温组件装在阀盖上，使其推杆与滑阀端相接触，并压缩滑阀，使其移动至外径圆柱面露出阀体部分符合技术要求为止，装上阀盖螺栓，紧固均匀 | | 感温元件在中修时必须更换新品 |
| | 4 | 将调节螺栓拧入阀体上，使其安装正确。拧紧调节螺栓时，滑阀应自由移动 | 螺丝刀 | |
| 试验 | 1 | 将组装好的温度控制阀装在试验台上进行性能试验，并符合技术条件要求。在温度达到动作范围时，关闭油路 | 温度控制阀试验台 | 感温元件在（84±2）～（92±2）℃或（56±2）～（64±2）℃温度范围内动作，其行程大于 7 mm |
| | 2 | 试验合格后，上好调节螺栓止片，将进出油口密封好，以备装机 | | |
| | 3 | 填写检修、试验记录，做好合格标识 | | |

## 活动 7.2.4　冷却风扇检修

【活动要点】：冷却风扇检修作业过程及检修技术标准。

冷却风扇检修作业程序如表 7–8 所示。

**表 7–8　冷却风扇检修作业程序**

| 程序 | 序号 | 作业过程 | 工装机具 | 技术标准 |
|---|---|---|---|---|
| 分解 | 1 | 拆下冷却风扇罩盖上的防缓钢丝和螺栓，取下罩盖 | 克丝钳 | |
| | 2 | 拆下静液压电动机主轴上的开口销与螺母，取下静液压电动机 | 克丝钳 | |
| 检修、测量、试验 | 1 | 外观检查，并用检查锤轻轻敲击听其声音，检查各部及焊缝有无裂纹，有裂纹者允许用 T 422 焊条（或机械性能不低此牌号的焊条）进行焊修，焊修前须整修裂纹处，使其呈现纯金属光泽 | 检查锤、电焊机 | 冷却风扇不许有裂纹存在，有裂纹者，若满足以下条件则允许焊修：① 各叶片根部与支架连接处，从轮毂起 40 mm 以内叶片单面裂纹允许焊修，但裂纹长度不大于 168 mm；② 各叶片其余部分各单面裂纹不在同一截面，且各单面裂纹条数不超过一条，并符合下列情况时允许焊：叶片单面裂纹长度不大于 168 mm；各单面均有裂纹者，裂纹长度不大于 126 mm |
| | 2 | 焊修后的冷却风扇须在轮毂处装上芯轴，在静平衡试验设备上，进行平衡试验，其不平衡度不大于 200 g • cm，超过时在轮毂处焊平衡块 | 静平衡试验设备、电焊机 | 焊修后需做静平衡试验，不平衡度不大于 200 g • cm |
| | 3 | 静液压电动机主轴上涂以红丹油，检查主轴与轮毂接触面积，不小于其表面积的 70%，否则应对轮毂涂镀处理，必要时对静液压电动机主轴进行镀铬处理 | 红丹油 | 冷却风扇轮毂锥孔与静液压电动机主轴接触面积不小于其表面积的 70% |
| 组装 | 1 | 把接触面符合要求的静液压电动机装在冷却风扇上，紧固好主轴螺母，穿好开口销，装好罩盖的螺栓和防缓铁丝，以待装机 | 开口扳手一套、$\phi$0.5 mm 钢丝 | |

### 【考核评价】

**1. 自我评价**

① 自我考核：静液压系统的作用、组成、传动过程、工作油通路及主要部件检修作业程序描述。

② 自我评价（见表 7–9）。

**表 7–9　自我评价（每项满分为 10 分）**

| 序号 | 评价内容 | 得分 | 亮点 |
|---|---|---|---|
| 1 | 课前知识查阅、调研完成情况 | | |
| 2 | 课前、课中与人协作沟通表现 | | |
| 3 | 静液压系统主要部件检修作业程序掌握情况 | | |
| 4 | 课前、课中学习态度表现 | | |

### 2. 小组评价（见表 7–10）

表 7–10　小组评价（每项满分为 10 分）

| 序号 | 评价内容 | 得分 | 亮点 |
|---|---|---|---|
| 1 | 课中学习态度表现 | | |
| 2 | 课前、课中与人协作沟通表现 | | |
| 3 | 静液压系统主要部件检修作业程序掌握情况 | | |

### 3. 教师评价（见表 7–11）

表 7–11　教师评价（每项满分为 10 分）

| 序号 | 评价内容 | 得分 | 亮点 |
|---|---|---|---|
| 1 | 课前知识查阅、调研完成情况 | | |
| 2 | 课中参与及协作情况 | | |
| 3 | 掌握静液压系统主要部件检修作业程序的效果 | | |

## 【教师建议】

掌握静液压系统的组成特点及主要部件检修作业程序，掌握检修技术要求，正确使用检修工具，为日后从事内燃机车检修工作打好基础。

# 项目 8

# 内燃机车电气试验及故障处理

## 任务 8.1　东风 $_{7C}$ 型内燃机车电气试验

### 【任务描述】

本电气试验适用于 $DF_{7A}$、$DF_{7B}$、$DF_{7C}$ 机型。为强化学习效果，将学生分成学习小组，以小组为单位学习东风 $_{7C}$ 型内燃机车电气试验程序和试验方法，让学生熟练掌握试验步骤，熟悉各电器位置、逻辑控制关系、电气线路布置，能分辨电路正常和故障时的状态显示，逐步具备发现故障、分析故障的能力。

### 【学习目标】

| | |
|---|---|
| 知识目标 | 了解东风 $_{7C}$ 型内燃机车电气试验程序，熟悉电器位置、电器接线、联锁布置，巩固东风 $_{7C}$ 型内燃机车电路控制逻辑知识和基本控制原理 |
| 能力目标 | 掌握东风 $_{7C}$ 型内燃机车电气试验程序、试验方法。学会观察东风 $_{7C}$ 型内燃机车电路正常工作状态，具备发现故障、分析故障的能力 |
| 素质目标 | 养成细致、认真的工作作风；养成独立分析问题的良好习惯；能够比较自如地与他人沟通、协作完成工作 |

### 活动 8.1.1　准备工作

【活动要点】：ZK 类开关、万能开关检查。

① 检查 ZK 类开关，除 ZK7、ZK10、ZK11 置“分”位外，其余开关均应置“合”位。

② 万能开关检查：

a）接地开关 WHK1 置“运转”位；

b）燃料泵开关 WHK3 置“Ⅰ”或“Ⅱ”泵位；

c）起动机油泵开关 WHK2 置“正传”位；

d）照明总开关 WHK14 置“通”位；

e）当控制风缸压力高于 350 kPa 时，牵引电动机故障开关 WHK6～WHK11 置“运转”

位，低于 350 kPa 时置“故障”位；

f）闭合蓄电池闸刀开关 XK，操纵台上辅助电压表应显示 96 V 以上，机组保护红灯亮。如果总风缸压力低于 500 kPa，应短接 B3/18 与 B3/27 两接线柱，为机控电路准备好通路。

## 活动 8.1.2　试验程序与要求

【活动要点】：按顺序完成 11 项试验工作。

**1. 闭合总控开关 AK1**

确认操纵台油水温度表显示。

**2. 闭合起动泵开关 AK3**

起动泵接触器 QBC 得电吸合，起动泵电机 QBD 运转，开始泵滑油。断开 AK3，QBC 失电，QBD 停转。然后再闭合 AK3 泵滑油。

**3. 闭合燃油泵开关 AK4**

燃油泵接触器 RBC 得电吸合，燃油泵电机 RBD 运转，开始泵燃油，做以下试验：

① 断开 AK4，RBC 和 RBD 失电。

② 闭合 AK4，RBC 和 RBD 重新得电。

③ 人为接通差压中间继电器 J3，J3 吸合并自锁，RBC 和 RBD 失电，操纵台“差示压力”红灯亮。

④ 断开 AK4，J3 释放，操纵台“差示压力”红灯灭。

闭合 AK4，继续进行试验时，可将燃油泵电机自动脱扣开关 ZK6 置“分”位，使 RBC 得电，RBD 失电，燃油泵不工作。

**4. 闭合辅助发电开关 AK5**

辅助发电接触器 FLC 得电吸合，操纵台“发电”指示灯亮。

① 人为使辅助发电过压继电器 GYJ 动作，FLC 失电，“发电”指示灯灭。恢复 GYJ，GYJ 释放，FLC 重新得电吸合。

② 人为使固定发电接触器 GFC 吸合，FLC 失电； 释放 GFC，FLC 得电。试验完毕后，断开 AK5，FLC 失电，“发电”指示灯灭。

**5. 闭合固定发电开关 AK6**

固定发电接触器 GFC 得电吸合，操纵台“固定发电”指示灯亮。

① 人为使辅助发电过压继电器 GYJ 动作，GFC 失电，“固定发电”指示灯灭。恢复 GYJ，GYJ 释放，GFC 重新得电吸合。

② 人为使 FLC 吸合，GFC 失电； 释放 FLC，GFC 得电。

试验完毕后，断开 AK6，GFC 失电，“固定发电”指示灯灭。

**6. 闭合空气压缩机开关 AK9，按下“空压机手动”按钮 AN2**

空气压缩机接触器 YC1 吸合，操纵台“空压机”指示灯亮。松开 AN2，YC1 失电，操纵台“空压机”指示灯灭。（可按同样方法试验第二台空气压缩机）

以下进行走车电路试验，首先使机组保护中间继电器 J1 吸合，“机组保护”红灯灭，试验方能继续进行。

**7. 闭合机控开关 AK2，换向手柄置“前”或“后”位**

换向开关 HK 与换向手柄方向相符。换向完毕后，主接触器 C1～C6 电空阀得电吸合。

**8. 控制手柄提至“1”位**

励磁接触器 LC 得电吸合。人为闭合高位保护中间继电器 J2，LC 失电。断开 J2，LC 重新得电。

**9. 控制手柄提至“保”位（“降”“保”“升”均可）**

励磁机励磁接触器 LLC 得电吸合，J2 随之吸合并自锁。

① 人为闭合主电路接地继电器 DJ，DJ 吸合并自锁，LLC、LC、C1～C6 电空阀都失电，操纵台“接地”红灯亮。DJ 解锁，操纵台“接地”红灯灭。控制手柄回“1”位，重提至“保”位。

② 人为闭合主电路过流继电器 LJ，LJ 吸合并自锁，LLC、LC、C1～C6 电空阀都失电，操纵台“过流”红灯亮。LJ 解锁，操纵台“过流”红灯灭。控制手柄回“1”位，重提至“保”位。

③ 人为释放 J1，LLC、LC、C1～C6 失电，操纵台“机组保护”红灯亮。控制手柄回“1”位。

**注意：**在进行上述 3 项试验时，当 LLC、LC、C1～C6 失电时，J2 并没有失电；在 DJ、LJ、J1 恢复后，LLC、LC、C1～C6 不会自动得电，只有回手柄后重提控制手柄才能得电。

**10. 闭合故障励磁开关 AK7**

控制手柄提至“保”位，LLC 得电吸合，故障励磁接触器 GLC 吸合，J2 吸合并自锁。

**11. 人为闭合过渡手动开关 AK8**

过渡中间继电器 J4 吸合，磁场削弱接触器 XC 得电（有风时，XC 得电吸合后，操纵台“过渡”绿灯亮）。断开 AK8，J4、XC 失电。

## 活动 8.1.3 试验结束工作

【活动要点】：3 项收尾工作。

① 换向手柄回至中立位，断开 AK1。

② 取下短接线。

③ 恢复 J1、ZK6，电气动作试验完毕。

## 【考核评价】

**1. 自我评价**

① 自我考核：东风 $_{7C}$ 型内燃机车电气试验程序及要求描述。

② 自我评价（见表 8–1）。

表 8–1　自我评价（每项满分为 10 分）

| 序号 | 评价内容 | 得分 | 亮点 |
|---|---|---|---|
| 1 | 课前知识查阅、调研完成情况 | | |
| 2 | 课前、课中与人协作沟通表现 | | |
| 3 | 东风 $_{7C}$ 型内燃机车电气试验程序及要求掌握情况 | | |
| 4 | 课前、课中学习态度表现 | | |

**2. 小组评价（见表 8–2）**

表 8–2　小组评价（每项满分为 10 分）

| 序号 | 评价内容 | 得分 | 亮点 |
|---|---|---|---|
| 1 | 课中学习态度表现 | | |
| 2 | 课前、课中与人协作沟通表现 | | |
| 3 | 东风 $_{7C}$ 型内燃机车电气试验程序及要求掌握情况 | | |

**3. 教师评价（见表 8–3）**

表 8–3　教师评价（每项满分为 10 分）

| 序号 | 评价内容 | 得分 | 亮点 |
|---|---|---|---|
| 1 | 课前知识查阅、调研完成情况 | | |
| 2 | 课中参与及协作情况 | | |
| 3 | 掌握东风 $_{7C}$ 型内燃机车电气试验程序及要求的效果 | | |

**【教师建议】**

在掌握东风 $_{7C}$ 型内燃机车电气试验程序及要求的基础上，进一步探究其他机型的电气试验程序及要求，为今后从事内燃机车检修相关工作打好基础。

# 任务 8.2　东风 $_{7C}$ 型内燃机车常见故障处理

**【任务描述】**

在实训教学中，学习东风 $_{7C}$ 型内燃机车常见故障表现，使学生掌握故障分析、判断、处理方法。通过人为设置假设故障，要求学生能够发现故障，并根据故障现象判断出故障原因，进行故障查找，确定故障位置，在保证人身及设备安全的前提下做出正确的处理。为培养学生对东风 $_{7C}$ 型内燃机车故障的分析能力，增强学生对机车控制逻辑的理解，将学生分成若干小组，针对故障现象展开针对性的讨论。

## 【学习目标】

| 知识目标 | 了解东风 $_{7C}$ 型内燃机车常见故障，掌握故障分析、判断、处理方法及注意事项 |
|---|---|
| 能力目标 | 具备东风 $_{7C}$ 型内燃机车常见故障的分析、判断能力，学会故障处理方法，具备安全作业能力 |
| 素质目标 | 养成细致、认真的工作作风；养成独立分析问题的良好习惯；能够比较自如地与他人沟通、协作完成工作 |

## 活动 8.2.1　按下起机按钮 AN1，柴油机不能起动，应如何处理？

【活动要点】：三种故障现象及其处理措施。

**现象 1：闭合 AN1，起动接触器 QC 不吸合。**

**判别：**

① 用正灯检查 QC 线圈正端（按下 AN1），确认是否：

a）QC 线圈不良；

b）QC 线圈续流二极管击穿。

② 司机控制器插件接触不良。

③ AN1 接线不良或松脱。

④ QBC 正联锁（c5F）接触不良。

⑤ FLC 反联锁（c6F）接触不良。

⑥ 起动保护接触器 QXC 反联锁不良或 QXC 吸合。

**处理：**

① 接触不良时，应进行打磨整修。

② 当 QXC 吸合时，应检查时间继电器 SJ1 是否损坏或 QXC 是否卡滞。

③ 甩掉续流二极管，返段后更换。

④ 在运用中，可人工闭合 QC，强迫起动，待返段后处理（在强迫起机时，要注意油压、水温等各部情况，强迫起机时间不许超过 10 s）。

**现象 2：QC 吸合，起动发电机 QD 不转动。**

**判别：**

① QC 主触头接触不良。

② 起动发电机连线或电机故障。

**处理：**

① QC 吸合，QD 不转，应立即松开 AN1，不能长时间通电。

② 打磨或更换 QC 主触头。

③ 更换电机电刷，或返段更换电机，或处理电机连线。

**现象 3：QD 转动，柴油机不爆发，不能起动。**

**判别：**

① 电磁联锁 DLS 线圈烧损或断路，DLS 心杆不合适。

② RBC 反联锁（c6H）接触不良，使 DLS 不能吸合。

③ DLS 经济电阻 $R_{dls1}$、$R_{dls2}$ 断路、烧损或阻值太大。

④ 柴油机超停装置作用后未恢复。

⑤ 柴油机调速器等其他故障。

**处理：**

① 当 DLS 故障或其线路故障时，均可顶死 DLS 起机。

② 当 DLS 心杆长度不合适时，应进行调整，调整后紧好防缓螺母。

③ 恢复超速停车装置。

## 活动 8.2.2　闭合辅助发电开关 AK5，起动发电机 QD 不发电，操纵台“发电”绿灯不亮，应如何处理？

【活动要点】：4 种故障现象及其处理措施。

**现象 1：闭合 AK5，辅助发电接触器 FLC 不吸合。**

**判别：**

① 用正灯检查 FLC 的正端电路：

a）AK5 是否虚接、松脱；

b）J10 反联锁（c5I）接触是否良好，或 J10 是否误动作；

c）固定发电接触器 GFC 反联锁（c6I）接触是否良好。

② 用负灯检查 RBC 正联锁接触是否良好。

③ 检查 FLC 线圈是否烧损断路，FLC 是否犯卡。

④ 续流二极管 D14 是否击穿，若击穿，则 Z12 脱扣、停机。

**处理：**

① 打磨、整修接触不良处所，紧固接线，判断故障原因是否为上述①，可用副台 AK5。

② FLC 线圈断路时，可人为压合 FLC，或使用固定发电。

③ 如果是 J10 误动作，可断开 AK5，使 J10 反联锁触点接触好后，重新闭合 AK5。

如果是辅助发电过流继电器 FLJ 调整不良或故障造成 J10 吸合，可修整 FLJ 或短接 J10 反联锁，但要注意充电电流不得大于 80 A。

**现象 2：FLC 吸合，ZK2 在“合”位时 QD 不发电。**

**判别：**

① 闭合 AK6，断开 AK5，提手柄发电，应检查：

a）电压调整器故障或插头插座接触不良；

b）FLC 主触头（b8C）和（b8E）接触不良；

c）电压调整器电阻 $R_{dt1}$～$R_{dt2}$ 断路。

② 闭合 AK6、断开 AK5（确认 24 V 线路有电），提手柄不发电则检查：

a）D3 击穿；

b）QD 故障。

**处理：**

① 当电压调整器故障时，应及时更换或转固定发电。

② 当接触不良时须打磨整修。

③ 当 $R_{dt1}$ ～$R_{dt2}$ 断路时则转固定发电。

④ 当 D3 击穿时，应及时更换，不允许甩掉。

⑤ 当 QD 故障时，可返段处理。

⑥ 当电压调整器故障时，应检查整修 FLC 主触头（b8E）是否粘连，并检查二极管 D3 是否击穿。

**现象 3：辅机电压表 V2 显示 110 V，充电电流表显示充电，操纵台"发电"绿灯不亮。**

**判别：**

① 用万用表测量稳压器 DF4 的输出电压，如无电压则说明 DF4 故障。

② 信号灯烧损。

③ FLC 正联锁（d10E）接触不良。

**处理：**

① DF4 故障可暂不处理，待返段处理。

② 信号灯烧损故障可暂不处理，待返段处理。

③ 当 FLC 正联锁接触不良时，可打磨整修。

**现象 4：QD 发电，充电电流表显示为零或放电。**

**判别：**

① 当电流表显示为零，电压表显示 110 V 时，说明 RD1 熔断或充电电阻 RC 开焊。

② 当电流表显示放电，电压表显示 96 V 时，说明 RD2 熔断。

**处理：**此故障不影响空气压缩机电路，可维持运用，待停机后断开蓄电池刀闸 XK，更换 RD1 或 RD2。

## 活动 8.2.3　柴油机起动后闭合 AK5、AK9、AK10，充、放电电流表显示充电，当总风缸压力低于 750 kPa 时，空气压缩机不工作，应如何处理？

【活动要点】：两种故障现象及其处理措施。

**现象 1：当总风缸风压低于 750 kPa 时，不打风，按手动按钮 AN2 打风。**

**判别：**

① 用正灯接触端子 B5/21，若正灯不亮则说明风压继电器接触不良或断路。

② 用正灯接触 QBC 反联锁（d3B）的 303 号线，若正灯不亮，则说明 QBC 反联锁接触不良或 QBC 吸合。

③ 用正、负灯判断 J7 线圈是否烧损、断路。

④ 用正灯判断 J7 正联锁（d2B）接触是否良好、松脱。

⑤ 若以上均无故障，则说明 YK5 调整不当。

**处理：**

① 在正常运用中，可暂不处理，用手动打风。但手动打风时，应注意控制总风缸风压在 750 kPa 与 900 kPa 之间。

② 接触不良，可打磨整修。若 QBC 吸合，应检查是否卸载。

**现象 2：手动也不打风。**

**判别：**

① 检查开关 ZK13 是否在合位。若 ZK13 开关脱扣，应检查续流二极管和阻容吸收装置是否良好（续流二极管是否击穿）。

② 检查是否在固定发电位，若在固定发电位，则是空气压缩机 YD1 控制电路故障，可先进行处理，然后检查 YD1 控制电路故障所在：

a）用正、负灯检查 YC1 线圈是否烧损、断线；

b）若 YC1 线圈无故障，检查 YC1 主触头是否接触良好；

c）YD1 电机故障。

**处理：**

① 若原因是①，应闭合 ZK13。若仍脱扣，则断开 AK9，更换续流二极管和阻容吸收装置。

② 若原因是②，可先断开 AK9、AK10，然后用短接线短接 GFC 反联锁（d4C），再闭合 AK10（AK9 断开），此时可用空气压缩机 YD2 维持打风。

## 活动 8.2.4　闭合机控开关 AK2，换向手柄在“前进”或“后退”位，机车不换向，应如何处理？

【活动要点】：故障原因及判别、处理措施。

**故障原因（以前进方向为例）：**

① AK2 开关接触不良或接线松脱。

② 换向开关触指不良或插销不良。

③ 励磁机励磁接触器 LLC 反联锁（c12D，在 203C 与 274F 之间）接触不良。

④ 换向保护器 HX BQ 内反联锁不良。

⑤ $HK_{1f}$、$HK_{2f}$ 开关机械犯卡或电磁阀线松脱。

**判别：**提主手柄至“1”位，若工况转换电磁阀能动作，说明故障原因为②、③、④；若不能动作，则说明故障原因为①。用短接线短接 LLC 的 203C—274F 号线，若能换向说明故障原因为③。用短接线短接 HXBQ 的 274F—274 号线，若能换向说明故障原因为④，否则为②。

**处理：**

① 原因①、② 可用副操纵台换向，但要注意运行方向和闭合副操纵台的 AK2。

② 修理不良处所。

③ 机械犯卡后，人为扳动 $HK_{1f}$、$HK_{2f}$，手动换向。

④ 故障排除后要拆去短接线。

⑤ 手动换向时，$HK_{1f}$、$HK_{2f}$的位置必须与换向手柄位置相同。

## 活动 8.2.5 提主手柄至“1”位，工况转换开关不转换，应如何处理?

【活动要点】：故障原因及判别、处理措施。

**故障原因：**

① 主控制器 7 号触指接触不良或接线松脱。

② 换向开关 2 号触指接触不良或接线松脱。

③ 电磁阀不良或 $HK_1g$、$HK_2g$ 犯卡。

**判别：**

提主手柄至“1”位，观察 LC 是否动作。若 LC 动作则原因为②，若 LC 不动作则原因为①。否则原因为③。

**处理：**该故障的应急处理措施是：手动使 $HK_{1g}$、$HK_{2g}$ 处“牵引”位。

## 活动 8.2.6 提主手柄至“1”位，励磁接触器 LC 不吸合，应如何处理?

【活动要点】：故障原因及判别、处理措施。

**判别：**

① 检查司机控制器的插座和触头（7Z、7d）接触是否良好。

② 用正、负灯判断 J2 反联锁（c10E）接触是否良好。

③ 检查某一主接触器正联锁接触是否良好。

④ 检查励磁接触器 LC 的反联锁（C111）接触是否良好。

⑤ 检查 LC 线圈是否烧损或卡滞。

⑥ 检查续流二极管是否击穿或阻容故障。

**处理：**

① 对于 LC 线圈正端线路，可用正试灯来检查。当托起 LC 能吸合时，可以检修 LC 的反联锁，接触不良处须打磨整修。

② 当 LC 线圈故障时，可托起捆绑，维持应用。但操纵时要注意，主手柄回“1”或“0”位后须重新提手柄，要注意主机电流和主机工作情况。LC 捆绑后，高位保护不起作用，要注意机油压力。

③ 当续流二极管击穿或阻容故障时，可甩掉。

④ 当某一接触器正联锁不良时，可以整修或把相应的接触器置“故障”位，同时切除电子恒功箱上相应的牵引电动机开关。

## 活动 8.2.7　柴油机突然停机，应如何处理？

【活动要点】：6 种原因及相应处理措施。

**1. 自动开关 JK12 跳开**

由于过载或短路使自动开关 ZK12 跳开时，燃油泵接触器 RBC 将失电，燃油泵停止供油。同时，电磁联锁 DLS 也失电，使供油拉杆回到停止供油位置。此时，应查明 ZK12 跳开的原因，处理后再行起机。

**2. 差示压力计导通**

由于曲轴箱压力升高，使差示压力计 CY 导通后，“差示压力”信号灯亮，中间继电器 J3 将得电动作。J3 常闭触头（c5H）断开，使 RBC 失电，使燃油泵停止供油；DLS 也将失电，使供油拉杆回到停止供油位置。此时，应检查柴油机活塞、缸套可见部位的状态，并检查曲轴箱至差示压力计的管路是否畅通，还要检查差示压力计的液面距触针的距离是否为 20～30 mm。如有问题，应做相应处理。然后断开燃油泵开关 AK4，使 J3 释放后重新起机。严禁在未查明原因的情况下盲目切除差示压力计或短路 J3 的常闭触头（c5H）。

**3. 油压继电器 YK4 释放**

当主滑油道油压低于 30～50 kPa 时，YK4 将释放，DLS 也将断电，使供油拉杆回到停油位。此时，可重新起机，观察司机室或机械间的机油压力表。严禁将 YK4 短路后起机，以免造成柴油机抱缸等严重后果。

**4. 经济电阻 $R_{dls}$ 烧损**

停机后，用正灯插头触 B4/ 16 接线柱。正灯不亮说明 $R_{dls}$ 烧损。$R_{dls}$ 烧损后，将使电磁联锁 DLS 失电，供油拉杆回到停止供油位置。此时，可利用备用电阻并相应地调整其使用阻值。

**5. DLS 线圈断路**

电磁联锁 DLS 线圈烧损，会使供油拉杆回到停油位。停机后，用负灯插头触 B4/ 16 接线柱。负灯不亮，说明 DLS 线圈断路。此时，可将 DLS 顶死，重新起动柴油机，但油压继电器 YK4 却失去了保护作用。运行中要注意机油压力表的显示。

**6. 燃油泵电机故障**

燃油泵电机故障时，将停止供油。此时，应检查电机接线和电刷等，并做相应处理，也可用另一燃油泵向柴油机供油。

## 活动 8.2.8　机车运用中水温达到规定值，但百叶窗冷却风扇均不转动，应如何处理？

【活动要点】：故障现象及处理措施。

高温为 75 ℃，低温为 43 ℃，下面以高温为例进行介绍。

**判别**：WHK12 置自动位时，检查：

① WHK12（1、2）接点接触不良或接线松脱。

② 温度继电器 WJ2 故障。

③ 高温风扇充油，开窗电空间 F1 故障。

④ 风扇、百叶窗开关 ZK17 在“分”位。

⑤ 风路堵塞等其他故障。

**处理：**

① 当把 WHK12 置“手动”位时，若开窗开扇，可用手动方式。但操纵时要注意，水温不能太低。

② 当把 WHK12 置“手动”位时，若 F1 不吸合，则检查 F1。若 F1 故障，可人为垫住电空阀；若 F1 良好，则检查风路。当风路故障时，可将百叶窗置于手动位卡死，顶死充油调节阀，维持应用。

## 活动 8.2.9 机车运用中水温达到规定值，百叶窗开起，但冷却风扇不转，应如何处理？

【活动要点】：故障现象及判别、处理措施。

**判别：**百叶窗开起说明电路良好，此故障主要是风路机械方面的原因造成的，可能原因如下：

① 当压力表无压力时，说明温度调节阀恒温元件故障，风路堵塞或漏风严重。

② 当压力表压力正常时，说明充油调节阀的活塞杆滑阀卡死在停止充油位或膜板破损。

③ 充油调节阀的来油、出油管路漏油严重或油泵故障。

④ 耦合器故障或滤油网堵塞严重。

⑤ 风扇本身故障或机械抗劲。

⑥ 风扇制动电空阀卡死在“吸合”位或制动器在“制动”位。

**处理：**

① 将风路转换开关置“手动”位。

② 当风压正常时，可拧动充油调节螺栓。停机后，方可进入冷却室。先松开防缓螺母，再拧入螺栓，待螺栓顶住活塞后再拧入 5～8 mm。起机后，耦合器油表位下降到刻度上线的 1/ 2 或 1/ 3 时，应充油，否则不充。

③ 当滤网堵塞时，应关闭塞门，拆下清洗。

**注意事项：**当清洗滤网或拧充油调节螺栓时，一定要在停机状态进行。

## 活动 8.2.10 柴油机不保速，是何原因？如何处理？

【活动要点】：故障原因及处理措施。

**原因：**

① 司机控制器触点粘连（升速）。

② J1 正联锁（c4F）接触不良（降速）。

③ 若“保”位降速，则为司机控制器（5j、5d）接触不良。

④ 驱动器故障或步进电机故障。

**处理：**

① 修整司机控制器各触点。

② 更换一套驱动器或手动调速。

## 活动 8.2.11　机车运用中，接地继电器 DJ 动作，接地信号灯亮，应如何处理？

【活动要点】：故障现象及判别、处理措施。

**故障原因：**

① 主电路瞬间接地或 DJ 误动作。

② 主电路直流正端接地。

③ 主电路直流负端接地。

④ 主电路交流端接地。

**判别：**

① 主手柄回“1”位，人为解锁 DJ，重新加负荷，若 DJ 不再动作则说明故障原因为①。

② 若 DJ 动作，主手柄回“1”位，并解锁 DJ 后，将接地开关 WHK1 置“ + ”位，提主手柄加负载。此时若 DJ 再动作，则说明故障原因为②。

③ 若 WHK1 在“+”位时 DJ 不再动作，将 WHK1 置“–”位后 DJ 又动作，则说明故障原因为③。

④ 若 WHK1 置“+”“–”位时 DJ 都不再动作，则说明故障原因为④。

**处理：**

① 故障原因①可不做处理，继续运行，注意观察。

② 当主电路直流正端接地时：

a）应将 WHK1 置“+”位，逐个将牵引电动机故障开关 WHK6～WHK11 置“故障”位。逐次加负载，直到 DJ 不再动作，说明该开关对应牵引电动机正端接地。可甩掉该牵引电动机，维持运用。

b）若甩完牵引电动机后，DJ 还动作，则说明 C1～C6 主触头以上部分接地。此时，可将 WHK1 置“–”位，维持运行。回段后及时处理。

c）当主电路直流负端接地时，须查明是哪一点接地，可将 WHK1 置“+”位。低转速维持运行，注意观察。

d）主电路交流端接地或接地点不在牵引电动机时，应检查主发电机的内部及整流柜 ZL1 的接线，消除接地处所。若确认为一点接地，可将 WHK1 置“0”位，低转速维持运行。

**注意事项：**

① 切除牵引电动机后，应将电子恒功箱上的相应牵引电动机开关置“切”位。当甩掉两台以上牵引电动机时，电子恒功箱上的扣功开关应置“扣功”位。

② 没有消除接地点时，应密切注意运行动向，若发现异常火花、声响、过流，应立即回手柄，进行检查处理。

③ 甩掉某牵引电动机后再运行时，剩余牵引电动机的电流不得超过 800 A。

## 【考核评价】

### 1. 自我评价

① 自我考核：东风 $_{7C}$ 型内燃机车常见故障分析、判断、处理方法描述。

② 自我评价（见表 8–4）。

**表 8–4　自我评价（每项满分为 10 分）**

| 序号 | 评价内容 | 得分 | 亮点 |
|---|---|---|---|
| 1 | 课前知识查阅、调研完成情况 | | |
| 2 | 课前、课中与人协作沟通表现 | | |
| 3 | 东风 $_{7C}$ 型内燃机车故障分析、判断、处理方法及注意事项掌握情况 | | |
| 4 | 课前、课中学习态度表现 | | |

### 2. 小组评价（见表 8–5）

**表 8–5　小组评价（每项满分为 10 分）**

| 序号 | 评价内容 | 得分 | 亮点 |
|---|---|---|---|
| 1 | 课中学习态度表现 | | |
| 2 | 课前、课中与人协作沟通表现 | | |
| 3 | 东风 $_{7C}$ 型内燃机车故障分析、判断及处理方法及注意事项掌握情况 | | |

### 3. 教师评价（见表 8–6）

**表 8–6　教师评价（每项满分为 10 分）**

| 序号 | 评价内容 | 得分 | 亮点 |
|---|---|---|---|
| 1 | 课前知识查阅、调研完成情况 | | |
| 2 | 课中参与及协作情况 | | |
| 3 | 掌握东风 $_{7C}$ 型内燃机车常见故障分析、判断、处理方法的效果 | | |

## 【教师建议】

在掌握东风 $_{7C}$ 型内燃机车常见故障分析、判断、处理方法及注意事项的基础上，进一步探究其他机型故障的分析、判断、处理方法，为今后从事内燃机车检修相关工作打好基础。

# 任务 8.3　$HX_N5$ 型内燃机车电气试验

## 【任务描述】

通过学习 $HX_N5$ 型内燃机车电气试验程序和方法，使学生熟练掌握电气试验步骤，熟悉各电器位置、逻辑控制关系、电气线路布置，能分辨电路正常和故障时的状态显示，逐步具备发现故障、分析故障的能力。为增强学习效果，将学生分成若干学习小组，以小组为单位，展开针对性的讨论。

## 【学习目标】

| 知识目标 | 了解 $HX_N5$ 型内燃机车电气试验程序，熟悉电器位置、电器接线、联锁布置，巩固机车电路控制逻辑知识和基本控制原理 |
|---|---|
| 能力目标 | 掌握 $HX_N5$ 型内燃机车电气试验程序、试验方法，学会观察 $HX_N5$ 型内燃机车电路正常工作状态，具备发现故障、分析故障的能力 |
| 素质目标 | 养成细致、认真的工作作风；养成独立分析问题的良好习惯；能够比较自如地与他人沟通、协作完成工作 |

## 活动 8.3.1　起机前的检查

【活动要点】：① 机车上部检查项目。
② 机车下部检查项目。

### 1. 机车上部检查

① 起机前对柴油机油底壳的润滑油油位进行检查，在停机状态下，油位应在上刻线的区域内。起机后再次对油位进行检查，油位应在下刻线的区域内。

② 起机前对水箱的水位进行检查，在停机状态下，水位应在水表上方最满和最低的区域内。

③ 起机前对机车冷却室内两台螺杆式空气压缩机的油位进行检查，油位应在上下刻线之间。

④ 起机前检查控制区 9 内的排气机断路器（EMB）应处于闭合状态。

⑤ 检查机车后端部砂箱，砂量应满足要求，孔盖应关闭严密。

⑥ 检查控制区 4 内的预润滑泵断路器（PLCB），应处于闭合状态。

⑦ 检查机油滤清器回油阀，应处于关闭状态。

⑧ 起机前检查机车 B 侧燃油精滤器放气阀及下部的精滤器回油阀，应处于关闭状态。

⑨ 检查燃烧空气室内冬夏季门的状态，冬季处于开放状态，夏季处于关闭状态。

**2. 机车下部检查**

① 检查走行部。机车 A、B 侧前后裙板内侧的制动缸均衡管塞门、总风/客车供风塞门处于关闭状态，机车 A 侧前后裙板内侧的制动管塞门处于关闭状态，机车 A 侧前后转向架上的制动缸截断塞门和弹簧停车截断塞门均处于开放状态。

② 检查空气干燥器前后的截断塞门，应处于开放状态。检查安全阀下方的检修塞门，应处于关闭状态。检查第二总风缸出口处的截断塞门，应处于开放状态。检查第一、二总风缸的自动排水阀，应关闭严密、无漏泄。

③ 检查机车 A 侧柴油机润滑油放油管塞门，应处于关闭位，放油堵无松漏，柴油机放水管无渗漏；空气压缩机排油阀关闭严密，放油堵无松漏。检查机车 B 侧污油箱排放塞门，应处于关闭位，放油堵无松漏。

④ 检查各闸瓦，应安装正确，缓解状态良好，缓解间隙不大于 9 mm。

⑤ 司机重点检查轴箱衬板，不得有裂纹。每轴有 4 块共 24 块衬板，应逐块检查。

⑥ 检查地沟齿轮箱，油位应符合要求，放油堵无松漏。

## 活动 8.3.2 起机前的准备

【活动要点】：① 简述起机前操纵台的设置。

② 简述起机前断路器面板的设置。

**1. 操纵台的设置**

① 主手柄置“零”位。插入换向手柄，置“中间”位。

② 自阀手柄置“重联”位，单阀手柄置“运转”位。

③ 操纵台下方的控制开关置“闭合”位；两操纵台下方的主发电机励磁开关和电阻制动开关均置“断开”位。

**2. 断路器面板的设置**

① 闭合蓄电池闸刀开关。

② 闭合司机室墙壁（柴油机控制面板）上的“空气干燥器”“电空制动”“多重功能”三个开关。

③ 闭合柴油机控制面板上第四排“燃油泵/电子控制单元”“燃油箱监视器”“本务机控制”三组开关。

④ 闭合柴油机控制面板上的“蓄电池充电器及计算机断路器”开关。

⑤ 将柴油机控制面板上的“柴油机控制”开关置“起动”位。

⑥ 确认司机室（主台 1、辅助 2、副台 3）智能显示器完全起动后（响铃 2 s），按下“柴油机起动”按钮 1 s 后松开，等待自动起机。

**注意：**必须确认操纵台上智能显示器完全起动后，方可进行起动柴油机的操作！起机程序是自动进行的，计算机系统会控制柴油机起机系统完成此过程。

⑦ 观察司机室主台智能显示器上的柴油机转速，柴油机转速平稳后方可对机车进行检查。

## 活动 8.3.3　起机后的检查

【活动要点】：起机后应检查的内容。

① 柴油机起动后，乘务员应重新检查柴油机的润滑油油位及水箱的水位，低于标准刻线的应及时补充。

② 柴油机起动后，智能显示器会自动检测油、水温度并适时提高转数，提高柴油机油、水温度。

③ 根据总风缸内风压值的高低，计算机系统会自动控制空气压缩机的工作。

## 活动 8.3.4　接通制动机及试验

【活动要点】：接通制动机的程序。

① 闭合断路器面板上电控制动断路器（ABCB）。

② 将单阀手柄置“全制动”位。

③ 取下自阀手柄定位销，将手柄移至“抑制”位，停留 1 s 以上，将自阀手柄移至“运转”位。

④ 将智能显示器设置为“本机”位（接通电控制动系统）。

⑤ 按接车整备程序进行制动机机能试验。

注意：电控制动系统可在起动柴油机之前接通，也可在柴油机起动之后接通。

## 活动 8.3.5　转换操纵台的操作

【活动要点】：① 被切除操纵台的操作。
② 接入操纵台的操作。

**1. 被切除操纵台**

① 停车，机车全制动。

② 主手柄置“空载”位，换向手柄置“中间”位。

③ 自阀手柄置“重联”位并定位，单阀手柄置“缓解”位。

④ 主、副操纵台的主发电机励磁断路器、电阻制动断路器均断开；主操纵台上的控制断路器接通。

⑤ 将断路器面板上的“操纵台选择”开关置需要的位置。

**2. 接入操纵台**

① 插入换向手柄置“中间”位。

② 单阀手柄置“全制动”位，将自阀手柄置“抑制”位 1 s 以上，回到“运转”位。

## 活动 8.3.6　走车试验

【活动要点】：① 动车前的准备工作。
② 动车工作。
③ 电阻制动操作。

**1. 动车前的准备工作**

① 按压“空气制动”键，确认电控制动接通。

② 确认均衡风缸、制动管压力达到定压，总风缸压力在规定范围内。

③ 缓解停放制动。

**2. 动车**

① 将断路器面板上的柴油机控制开关置“运行”位。

② 将操纵台下方控制开关（主操纵台）、主发电机励磁开关、电阻制动开关置“闭合”位。

③ 缓解机车单独制动。

④ 将换向手柄置所需的运行方向，向后拉动主操作手柄，机车起动。

**3. 电阻制动操作**

① 主手柄回到“空载”位，停留 10 s 以上。

② 将主手柄向前移至“设置”位，稍做停留，然后将手柄推到电阻制动区。

③ 根据需要调整制动力的大小。

**注意**：① 在牵引和电阻制动之间进行转换时，主手柄需在“空载”位停留 10 s，否则可能导致设备损坏。

② 电阻制动时可能会出现打滑警告，系统会自动向打滑的车轮撒砂；如果警告依然存在，则应降低电阻制动手柄的挡位。

③ 在使用电阻制动期间，如果进行机车单独制动，当制动缸压力上升至超过预设置的最大值时，电阻制动力会下降。

## 活动 8.3.7　柴油机停机操作

【活动要点】：柴油机停机步骤。

柴油机停机的操作步骤如下：

① 主手柄置“空载”位。

② 将柴油机控制开关移至“起动”位。

③ 按下柴油机面板上的“停机”按钮。

④ 停机后，断开断路器面板上的 BCCB 断路器，确认智能显示器停止工作。

⑤ 依次断开本务控制、燃油箱监视器、燃油泵断路器，断开面板上的其他断路器。

⑥ 断开蓄电池闸刀开关。

⑦ 实施停放制动。

**注意**：机车柴油机满负荷运行后，要使柴油机在惰转状态下运行至少 5 min 再停机。立即停机可能会损害柴油机部件！

## 活动 8.3.8　蓄电池移车

【活动要点】：蓄电池移车步骤。

蓄电池移车的操作步骤如下：

① 柴油机控制（EC）开关置“移车”位。

② 向机车移动方向推动换向器手柄。

③ 闭合主发电机励磁断路器。

④ 按下“蓄电池移车”按钮移动机车。

⑤ 松开“蓄电池移车”按钮停止牵引机车。

**注意**：在蓄电池移车时，为确保电子空气制动（EAB）运行正常，应检查总风缸是否达到最低风压（414 kPa）。动车前必须试闸，机车应设置为“本务”，否则会导致无法停车，并造成严重的人身伤害。

## 活动 8.3.9　柴油机自动起/停机操作

【活动要点】：① 设置自动起/停机的条件。
② 自动起/停机的设置。
③ 自动停机的触发条件。
④ 自动起机的触发条件。

### 1. 设置自动起/停机的条件

① 机车停车。

② 实施全制动。

③ 主手柄置“空载”位，换向手柄置“中间”位。

④ 柴油机控制开关不在“移车”位。

⑤ 高压室门关闭。

⑥ 蓄电池闸刀开关闭合。

⑦ 机车不在自测试状态。

### 2. 自动起/停机的设置

在显示器主操作界面进行以下工作：

① 按压“开关”键。

② 按压“自动起/停机”键。

③ 按压“是”键。

### 3. 自动停机的触发条件

① 机油温度为 71～110 ℃。

② 环境温度为 7～43 ℃。

③ 蓄电池充电电流为 3～150 A。

④ 蓄电池电压为 69～85 V。

⑤ 总风缸压力在 825 kPa 以上。

⑥ 24 h 内发生 8 次以上自动停机。

**注意**：以上条件必须同时具备，方能自动停机！

**4. 自动起机的触发条件**

① 蓄电池电压低于 63 V。

② 制动风缸的压力比制动管压力高出不足 103 kPa。

③ 自动停机时间（90～210 min）已耗尽。

以上条件满足一项即可自动起动柴油机。

**警告**：因为柴油机可能在乘务员未操作的情况下起动，所以在柴油机、牵引发电机或冷却室周围工作时要小心。在对机车执行任何维护之前，请确认 AESS 已禁用。如果不这样做，将会导致死亡或严重的人身伤害。

## 【考核评价】

**1. 自我评价**

① 自我考核：$HX_N5$ 型内燃机车电气试验程序描述。

② 自我评价（见表 8–7）。

**表 8–7　自我评价（每项满分为 10 分）**

| 序号 | 评价内容 | 得分 | 亮点 |
|---|---|---|---|
| 1 | 课前知识查阅、调研完成情况 | | |
| 2 | 课前、课中与人协作沟通表现 | | |
| 3 | $HX_N5$ 型内燃机车电气试验程序掌握情况 | | |
| 4 | 课前、课中学习态度表现 | | |

**2. 小组评价（见表 8–8）**

**表 8–8　小组评价（每项满分为 10 分）**

| 序号 | 评价内容 | 得分 | 亮点 |
|---|---|---|---|
| 1 | 课中学习态度表现 | | |
| 2 | 课前、课中与人协作沟通表现 | | |
| 3 | $HX_N5$ 型内燃机车电气试验程序掌握情况 | | |

**3. 教师评价（见表 8–9）**

**表 8–9　教师评价（每项满分为 10 分）**

| 序号 | 评价内容 | 得分 | 亮点 |
|---|---|---|---|
| 1 | 课前知识查阅、调研完成情况 | | |
| 2 | 课中参与及协作情况 | | |
| 3 | 掌握 $HX_N5$ 型内燃机车电气试验程序的效果 | | |

【教师建议】

在掌握 $HX_N5$ 型内燃机车电气试验程序的基础上，进一步探究其他机型电气试验程序，为今后从事内燃机车检修相关工作打好基础。

# 任务 8.4　$HX_N5$ 型内燃机车常见故障处理

【任务描述】

在实训教学中，学习 $HX_N5$ 型内燃机车常见故障表现，使学生掌握故障分析、判断、处理方法。通过人为设置假设故障，要求学生能够发现故障，并根据故障现象判断出故障原因，进行故障查找，确定故障位置，在保证人身及设备安全的前提下做出正确的处理。为培养学生对机车故障的分析能力，增强学生对机车控制的逻辑的理解，将学生分成若干小组，以小组为单位展开针对性的讨论。

【学习目标】

| | |
|---|---|
| 知识目标 | 了解 $HX_N5$ 型内燃机车常见故障，掌握故障分析、判断、处理方法、注意事项 |
| 能力目标 | 具备 $HX_N5$ 型内燃机车常见故障的分析、判断能力，学会故障处理方法，具备安全作业能力 |
| 素质目标 | 养成细致、认真的工作作风；养成独立分析问题的良好习惯；能够比较自如地与他人沟通、协作完成工作 |

## 活动 8.4.1　机车复位

【活动要点】：① 小复位时机及操作方法。
② 大复位时机及操作方法。

**1. 小复位的时机及操作方法**

1）时机

① 机车发生通信中断时。

② 显示器死机、乱显示（如白屏、花屏等）时。

③ 自动切轴影响运行需解除时。

④ 无法设置“制动管充风非保压”时。

**注意：**当“小复位”处理无效时，应进行“大复位”。

2）操作方法

① 常用制动停车。

② 断开蓄电池充电器及计算机断路器 BCCB。

③ 等待三台显示器完全关闭，左下角的绿灯熄灭。

④ 闭合蓄电池充电及计算机断路器 BCCB。

⑤ 等待显示器起动后，按“操作信息”按钮（F5 键）观察提示信息。

⑥ 在“请等待……系统诊断正在运行”提示消除后，将自阀手柄移至“抑制”位，消除由于上电引起的惩罚制动，可恢复运行。

**2.“大复位”的时机及操作方法**

1）时机

① 按正常操作柴油机不能起动，无故障信息提示时。

② 辅助发电机不发电且处理无效时。

③ 转数不升不降时。

④ 电空制动系统故障，且正常检查、操作处理无效时。

⑤ 产生锁轴或他车报警，且切除传感器无效时。

⑥ 无故障信息提示，牵引受限或无法加载时。

⑦ 动力控制系统断开，牵引、电阻制动、自负荷无效时。

⑧ 空路管路无泄漏处所，空气压缩机持续泵风、总风缸压力下降、安全阀排风不止，不能维持运行时。

⑨ 机车出库前。

2）操作方法

① 停车、停机。

② 断开柴油机控制面板 ECP 上的蓄电池充电及计算机断路器 BCCB，等待主司机操纵台微机显示器完全关闭（左下角的绿灯熄灭）。

③ 依次断开以下断路器：本务机控制断路器 LCCB、燃油箱监视器断路器 FMB、燃油泵/电子控制单元断路器 FPB、电空制动断路器 ABCB、多重功能断路 MTB。

注意：电空制动断路器 ABCB 及多重功能断路 MTB 在防护罩内。

④ 断开 EC 面板下方蓄电池大闸刀开关。

⑤ 打开电器柜 CA2，断开柜内蓄电池维护闸刀开关，使机车完全断电静止 3 min。

⑥ 闭合蓄电池维护闸刀开关，关闭电器柜 CA2 门。

注意：电器柜的柜门有联锁装置，不完全关闭的话无法起动柴油机。

⑦ 闭合 EC 面板下方蓄电池大闸刀开关。

⑧ 依次闭合以下断路器：多重功能断路 MTB、本务机控制断路器 LCCB、燃油箱监视器断路器 FMB、燃油泵/电子控制单元断路器 FPB、蓄电池充电及计算机断路器 BCCB。

⑨ 此时机车微机起动，待主操纵台微机屏幕上显示机车状态信息后，闭合电空制动断路器 ABCB。

3）注意事项

① 大复位操作前后 3 min 内，不建议转换司机操纵台，否则易造成大复位无效。

② 大复位操作前后，务必按规定顺序断合 EC 面板上的各断路器，顺序错误可能导致大复位无效。

③ 两次大复位最少间隔 5 min，否则易造成大复位无效。

## 活动 8.4.2　常见故障处理

【活动要点】：19 个常见故障的处理方法。

**故障 1　移动机车挡位手柄，机车无法加载**

① 确认机车换向手柄位置正确，非操纵台自阀手柄在“重联”位。

② 闭合主操纵台的控制断路器，闭合当前操纵台的主发电机励磁断路器和电阻制动断路器，柴油机控制开关置“运行”位。

**注意：**非操纵台的主发电机励磁断路器必须断开，否则牵引受限。

③ 检查显示器信息提示，按信息提示进行检查处理。

④ 如果显示器无任何故障信息提示，进行“大复位”操纵。若无效，则请求救援。

**故障 2　辅助发电机不发电，机车无法加载，空调机不工作**

① 常用制动停车。

② 停机后断开排尘风机断路器（CA9 区内），起机后确认辅助发电正常再闭合该断路器。

③ 断开 BCCB，检查并处理卡滞、粘连的空气压缩机接触器（左右侧各 3 个）。

④ 当显示器提示“高压保护手柄或门联锁关闭不严”时，捆绑固定故障的控制门联锁（高压保护手柄位于高压柜内左上角，带黑色橡胶防护套）。

⑤ 进行“大复位”。若无效，则请求救援。

**故障 3　按压柴油机“起动”按钮，柴油机不能起动，有时显示屏显示“起机程序断开”**

① 当智能显示器有不能起机的故障提示信息时（如曲轴箱压力高、机油压力低、增压器故障），严禁起机。

② 柴油机控制开关 EC 置“起动”位。

③ 当燃油泵继电器 FPR 不吸合时，可手动使之吸合（司机室 CA1 控制区右上方左边第一个断电器）。

④ 起动柴油机，如果警铃不响，可检查停机开关并二次起机，二次起机不成功的话可尝试第三次起机。

⑤ 如果上述方法无法起动柴油机，可先切除 6 位电机，再尝试起动；如果仍无法起动柴油机，则请求救援。

**注意：**如果蓄电池电压低于 61 V，柴油机同样不能起动，而且智能显示器无提示，但是可以在二级菜单中查到此信息。

**故障 4　显示器空气制动参数显示“***”，机车产生惩罚制动且将手柄置“抑制”位 1 s 后移回“运转”位无法缓解**

① 确认电空制动断路器 ABCB 是否断开。若断开，则将其恢复。由于电空制动断路器

上加装了防护罩，确认是否断开时必须用手进入防护罩确认。

② 如果未断开，则进行“大复位”。

③ 确认显示器显示的信息，按其相应要求处理。

**故障 5 机车出现锁轴报警**

① 停车，自阀手柄置“抑制”位。

② 下车检查显示器报警提示的车轴状态是否完好，有无异常情况，包括牵引电动机轴承、轴箱轴承、齿轮箱。

③ 切除锁轴位牵引电动机速度传感器，若无效则进行“大复位”。在保证行车安全的情况下，动车观察该轴是否转动，如果该轴仍可转动，可保持切除速度传感器继续运行，否则请求救援。

**说明：**当机车出现锁轴报警时，有时会伴随“牵引力受限”信息出现，进行“大复位”的目的是消除“牵引力受限”。

**故障 6 机车功率低，牵引力下降，显示器提示“牵引力受限”等信息**

① 进行全部重置。

② 机车发生空转时，密切关注机车运行状态，适当撒砂，保持手柄位置，等待空转自动消除。

③ 牵引电动机自动切除时，若不影响牵引，可维持运行。

④ 进行“大复位”操作，若无效则请求救援。

**故障 7 机车在运行中突然停机**

① 当显示器有不能起机的提示信息（如曲轴箱压力高、机油压力低、增压器故障）时，严禁起机，须请求救援。

② 当燃油泵断路器断开时，可在恢复后起机。

③ 如果没有信息提示，可重新起机。

④ 进行“大复位”操作，若无效则请求救援。

**故障 8 空气压缩机不工作**

① 显示器重置。

② 辅助发电机不工作时，按本活动的故障 2 方法处理。

③ 如果辅助发电正常，在保证安全的情况下维持运行至前方站，停车处理。

④ 当以上处理无效时，请求救援。

**故障 9 手动切除故障牵引电动机和速度传感器**

① 卸载后，按下主屏或副屏主操作界面上的 F7 键。

② 在开关界面上按 “电动机切除”键转到电动机和速度传感器切除界面。

③ 在执行牵引电动机或速度传感器切除前，应注意以下事项：仅手动切除有故障的部

件；切除牵引电动机传感器将自动切除相应的电动机（牵引电动机开关位置不会随之更改）；手动切除牵引电动机不会影响相应的牵引电动机速度传感器。

④ 用按键 1～6（切除牵引电动机 1～6）或按键 F1～F6（切除速度传感器 1～6）手动切除牵引电动机或速度传感器。

⑤ 按 F8 键返回主屏或副屏主操作界面。

**故障 10　机车发生惩罚制动的处理**

① 对于警惕解锁不及时列车管减压 100 kPa 的惩罚制动，若速度不低于操规规定的缓解速度，可将单阀置“全制动”位，迅速将自阀手柄置“抑制”位 1 s 后，移回“运转”位充风缓解。

② 对于 ABCB 跳开或 CCBⅡ本身故障（包括 EBV、EPCU、BIPM 之间失去通信）所产生的使列车管降压至 90 kPa 的惩罚制动，停车后，自阀置“抑制”位 1 s 后，缓解运行。

**故障 11　运行中，显示器有弹簧停车标志**

① 停车。

② 将司机室停放制动塞门置 “作用”位，手动操纵缓解杆（左 2、3，右 4、5），彻底缓解停车制动，确认缓解良好后，维持运行。

**故障 12　机车显示器出现黑屏、显示混乱或文字不可见故障**

① 如果不影响牵引，则维持运行。

② 如果有影响，一台显示器故障时，先停车，然后断开 ECP 面板后面对应的显示器断路器，进行“小复位”，维持运行，若无效则请求救援。

**故障 13　显示器显示英文界面**

按两次菜单键，按压 F8 键返回微机显示屏主界面后，按压 7 号键（屏幕控制）进入下一子界面后再按压 F4 键即可。

**注意：**禁止机车乘务员对显示器进行中英文界面转换，以防止不能恢复。

**故障 14　手动重置**

1. 条件

① 无任何信息提示，运行中功率下降。

② 在进入长大上坡道前。

③ 辅助发电正常，空气压缩机不工作。

2. 方法

在二号智能显示器主界面上按 F5 键进入操作界面，按“全部重置”一次。

**注意：**下列情况严禁重置：

① 连续显示同一故障信息时，不允许进行重置。

② 发生增压器、曲轴箱过压故障停机时，不能进行机车重置。

**故障 15　停车制动指示灯不熄灭**

故障现象：停机后，总风缸达到标准压力 750～900 kPa 时，缓解停车制动，停车制动指示灯不熄灭。

处理方法：打开机车 A 侧（副司机座下方）外侧门，向左或向右微调上部手轮，直至停车指示灯熄灭。调整后，使用扳手将固定螺母锁紧。

**故障 16　机车油、水温高判断及处理方法**

故障现象：机车运行中，8 挡位油温高于 91 ℃，柴油机功率自动下降，冷却模式保持在“模式 1”。

处理方法：对冷却水系统进行排气，在二级菜单下，机车惰转时让冷却风扇反转，反转结束后，维持运行。如果处理无效，则请求救援。

**故障 17　总风缸自动排水阀排风不止**

故障现象：总风缸自动排水阀排风不止，造成总风缸压力下降，风泵泵风不止，机车产生自然制动。

处理方法：顺时针扭动总风缸自动排水阀手轮，将总风缸自动排水阀从“自动”位打至“手动”位，强制总风缸自动排水阀停止排风。

**故障 18　总风缸安全阀排风不止**

① 关闭总风缸压力传感器管路塞门（塞门位置在 CA9 背面“A 空压机电机”），强制空气压缩机泵风，利用空气压缩机排气压力将异物吹出。

② 强制空气压缩机泵风 1 min 后，打开总风缸压力传感器管路塞门，恢复总风定压。

**提示：**塞门手柄水平位置为“开放”位，垂直位置为“关闭”位。

**故障 19　$HX_N5$ 型内燃机车发生惩罚制动后的操作**

① 机车发生惩罚制动（界面显示动力系统控制断开）后，首先应按照司机操纵台微机屏幕下方提示进行操作，提示内容一般包括制动手柄位置、保持时间等，提示字体为黄色。

② 如果按微机提示操作无法消除惩罚制动，则立即进行“大复位”操作。乘务员在进行大复位操作前，必须保证机车自阀在“重联”位，单阀在“前进”位，否则易造成“大复位”无效。

③ 完成机车“大复位”操作后，乘务员可通过机车微机显示信息来判断机车状况：

a）故障提示信息消失时，通过屏幕下方操作提示判断：如提示字体为黄色，需要按提示信息进行操作，进一步恢复机车状态；如果提示字体为白色，说明“大复位”成功，可起动柴油机继续运行。

b）故障提示信息未消除（如像刚发生时显示）时，须保持机车静止 3 min，如果故障信息消失，按 a）执行；如故障信息仍未消失，说明“大复位”无效，应视当时情况判断是再次进行“大复位”操作还是请求救援。

## 【考核评价】

### 1. 自我评价

① 自我考核：$HX_N5$ 型内燃机车复位及常见故障表现、原因分析、故障判断及处理方法的描述。

② 自我评价（见表 8–10）。

表 8–10　自我评价（每项满分为 10 分）

| 序号 | 评价内容 | 得分 | 亮点 |
|---|---|---|---|
| 1 | 课前知识查阅、调研完成情况 | | |
| 2 | 课前、课中与人协作沟通表现 | | |
| 3 | $HX_N5$ 型内燃机车复位及常见故障分析、判断、处理方法掌握情况 | | |
| 4 | 课前、课中学习态度表现 | | |

### 2. 小组评价（见表 8–11）

表 8–11　小组评价（每项满分为 10 分）

| 序号 | 评价内容 | 得分 | 亮点 |
|---|---|---|---|
| 1 | 课中学习态度表现 | | |
| 2 | 课前、课中与人协作沟通表现 | | |
| 3 | $HX_N5$ 型内燃机车复位及常见故障分析、判断、处理方法掌握情况 | | |

### 3. 教师评价（见表 8–12）

表 8–12　教师评价（每项满分为 10 分）

| 序号 | 评价内容 | 得分 | 亮点 |
|---|---|---|---|
| 1 | 课前知识查阅、调研完成情况 | | |
| 2 | 课中参与及协作情况 | | |
| 3 | 掌握 $HX_N5$ 型内燃机车复位及常见故障分析、判断、处理方法的效果 | | |

## 【教师建议】

在掌握 $HX_N5$ 型内燃机车复位及常见故障分析、判断、处理方法的基础上，进一步探究其他机型常见故障分析、判断、处理方法，为今后从事内燃机车检修相关工作打好基础。

# 项目 9

# 内燃机车制动机检查试验技能训练

## 任务 9.1　JZ–7 型制动机认知

### 【任务描述】

在实训教学中，需要提供 JZ–7 型制动机试验系统，每 10 人一台。为了增强学生对 JZ–7 型制动机的直观感性认识，可将学生分成若干小组，以小组为单位，对照实物，学习 JZ–7 型制动机主要部件的控制关系及主要性能参数，并展开针对性的讨论。

### 【学习目标】

| | |
|---|---|
| 知识目标 | 了解 JZ–7 型制动机的总体概况，掌握 JZ–7 型制动机主要部件的控制关系 |
| 能力目标 | 熟练掌握 JZ–7 型制动机的主要性能参数 |
| 素质目标 | 养成细致、认真的工作作风；养成独立分析问题的良好习惯；能够比较自如地与他人沟通、协作完成工作 |

### 活动 9.1.1　掌握 JZ–7 型制动机主要部件控制关系

【活动要点】：JZ–7 型制动机主要部件控制关系。

**1. 自阀**

自阀的控制关系如下：

自阀→均衡风缸→中继阀→列车管压力变化→
- →车辆制动缸
- →机车分配阀→作用阀→机车制动缸

**2. 单阀**

单阀的控制关系如下：

单阀 —
- （单独缓解时）→ 分配阀 → 作用阀 → 机车制动缸
- （单独制动时）→ 作用阀 → 机车制动缸

## 活动 9.1.2　JZ–7 型制动机主要性能参数

【活动要点】: ① JZ–7 型制动机单独制动性能表。
② JZ–7 型制动机自动制动性能表。

JZ–7 型制动机主要性能参数包括单独制动性能参数和自动制动性能参数，如表 9–1、表 9–2 所示。

**表 9–1　单独制动性能参数**

| 技术项目 | 技术要求 |
|---|---|
| 全制动位制动缸最高压力/kPa | 300 |
| 全制动位制动缸压力自 0 升到 280 kPa 的时间/s | 2～3 |
| 运转位制动缸压力自 300 kPa 降至 35 kPa 的时间/s | ＜4 |

**表 9–2　自动制动性能参数**

| 技术项目 | 技术要求 |
|---|---|
| 分配阀工作风缸初充气压力自 0 上升到 480 kPa 的时间/s | 30～50 |
| 分配阀降压风缸初充气压力自 0 上升到 480 kPa 的时间/s | 50～70 |
| 列车管有效局减量/kPa | 25～35 |
| 常用全制动后阶段缓解次数（级）/次 | 5（客车位） |
| 均衡风缸自 500 kPa 常用减压至 360 kPa 的时间/s | 4～7 |
| 常用全制动制动缸最高压力/kPa | 340～360 |
| 常用全制动制动缸升压时间/s | 5～7 |
| 制动缸自最高压力缓解至 0 的时间/s | 5～8 |
| 紧急制动列车管压力排至 0 的时间/s | ＜3 |
| 紧急制动后制动缸最高压力/kPa | 420～450 |
| 紧急制动后制动缸压力升至最高的时间/s | 4～7 |

## 【考核评价】

**1. 自我评价**

① 自我考核：JZ–7 型制动机主要部件控制关系及主要性能参数描述。

② 自我评价（见表 9–3）。

**表 9–3　自我评价（每项满分为 10 分）**

| 序号 | 评价内容 | 得分 | 亮点 |
|---|---|---|---|
| 1 | 课前知识查阅、调研完成情况 | | |
| 2 | 课前、课中与人协作沟通表现 | | |
| 3 | JZ–7 型制动机主要部件控制关系及主要性能参数掌握情况 | | |
| 4 | 课前、课中学习态度表现 | | |

**2. 小组评价（见表 9–4）**

表 9–4　小组评价（每项满分为 10 分）

| 序号 | 评价内容 | 得分 | 亮点 |
|---|---|---|---|
| 1 | 课中学习态度表现 | | |
| 2 | 课前、课中与人协作沟通表现 | | |
| 3 | JZ–7 型制动机主要部件控制关系及主要性能参数掌握情况 | | |

**3. 教师评价（见表 9–5）**

表 9–5　教师评价（每项满分为 10 分）

| 序号 | 评价内容 | 得分 | 亮点 |
|---|---|---|---|
| 1 | 课前知识查阅、调研完成情况 | | |
| 2 | 课中参与及协作情况 | | |
| 3 | 掌握 JZ–7 型制动机主要部件控制关系及主要性能参数的效果 | | |

**【教师建议】**

课前进行 JZ–7 型制动机主要部件相关知识查阅，课中通过小组研讨的方式，掌握 JZ–7 型制动机主要部件控制关系、JZ–7 型制动机主要性能参数，为后期进行故障处理奠定必要的基础。

## 任务 9.2　JZ–7 型制动机检查及常见故障原因分析

**【任务描述】**

在实训教学中，需要提供 JZ–7 型制动机试验系统，每 10 人一台。为增强学习效果，可将学生分成若干小组，以小组为单位，学习 JZ–7 型制动机“七步闸”试验步骤、检查内容及相关要求，熟悉 JZ–7 型制动机主要故障的分析、处理方法，并展开针对性的讨论。

**【学习目标】**

| | |
|---|---|
| 知识目标 | 掌握 JZ–7 型制动机“七步闸”试验步骤、检查内容及相应要求 |
| 能力目标 | 能按照 JZ–7 型制动机“七步闸”试验要求完成检查，并能够分析处理发现的故障 |
| 素质目标 | 养成细致、认真的工作作风；养成独立分析问题的良好习惯；能够比较自如地与他人沟通、协作完成工作 |

### 活动 9.2.1　JZ–7 型制动机“七步闸”试验

**【活动要点】**：JZ–7 型制动机“七步闸”试验程序、操作步骤和相关要求。

JZ–7 型制动机“七步闸”试验程序及检查内容如表 9–6 所示。

**表 9–6 JZ–7 型制动机“七步闸”试验程序及检查内容**

| 操作顺序 | 自阀（过充位、运转位、制动区：最小～最大、过减位、取柄位、紧急位）；单阀（缓解位、运转位、制动区：制动～全制） | 检查内容 |
| --- | --- | --- |
| 1 | 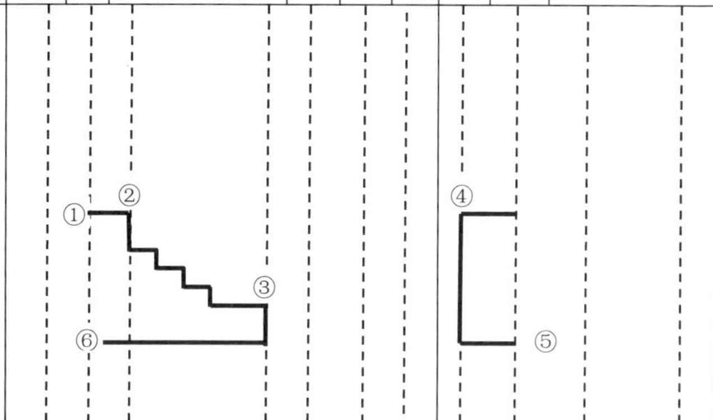 | ① 确认压力表指示规定压力：总风缸压力为 750～900 kPa，工作风缸、均衡风缸及列车管压力为 500 kPa 或 600 kPa，制动缸压力为 0。<br>② 列车管减压 50 kPa，制动缸压力为 100～125 kPa；制动管泄漏量每 min 不超过 20 kPa。<br>③ 由②到③在制动区移动 3～4 次，观察阶段制动是否稳定，减压量与制动缸压力的比例是否正确，至最大减压位时，列车管减压量为 140 kPa 或 170 kPa，制动缸压力应为 350 kPa 或 420 kPa（装有切控阀的机车此值为 120～140 kPa 或 140～170 kPa）。<br>④ 单阀缓解作用应良好，应能缓至 50 kPa 以下。<br>⑤ 复原弹簧应作用良好。<br>⑥ 自阀缓解作用应良好，工作风缸、均衡风缸及列车管应恢复定压；制动缸压力下降为 0 |
| 2 | 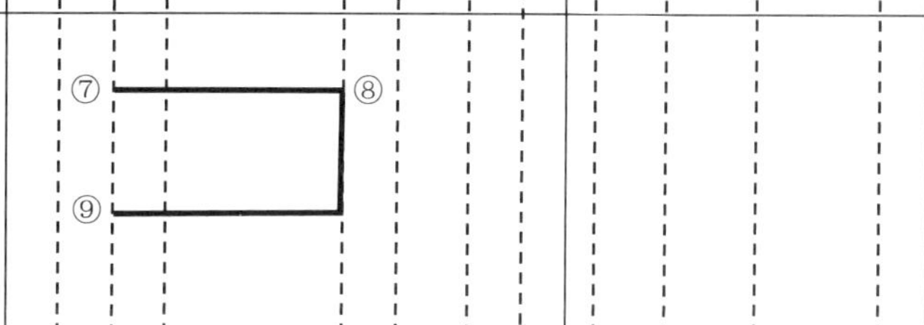 | ⑦ 间隔 10 s 以上，待分配阀各气室充满风后再制动。<br>⑧ 制动管减压为 140 kPa 或 170 kPa，制动缸压力由 0 升到 350 kPa 或 420 kPa 的时间为 5～7 s 或 7～9 s。<br>⑨ 缓解作用应良好，制动缸压力由 350 kPa 降到 35 kPa 的时间为 5～7 s。均衡风缸、制动管、工作风缸的压力恢复正常 |
| 3 | 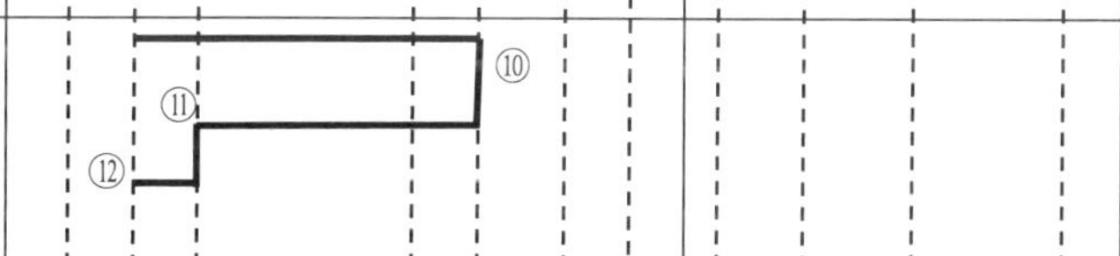 | ⑩ 均衡风缸及制动管减压量为 240～260 kPa，制动缸压力应为 350～420 kPa，不得紧急制动。<br>⑪ 均衡风缸压力回升，而制动管压力保持不变，总风遮断阀作用应良好。<br>⑫ 缓解作用应良好，各表压力应恢复正常 |
| 4 | 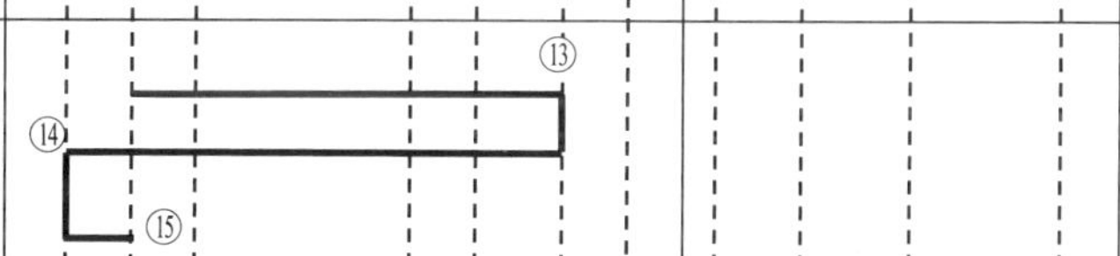 | ⑬ 均衡风缸减压量应为 240～260 kPa。<br>⑭ 过充压力应为 30～40 kPa，过充风缸排风孔应排风。<br>⑮ 过充压力自动消除的时间不少于 120 s，机车不应自然制动 |
| 5 | 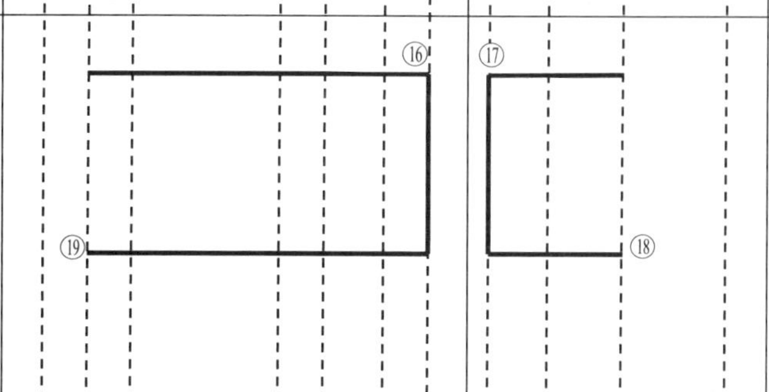 | ⑯ 制动管压力在 3 s 内降到 0。制动缸压力达到 450 kPa，其升压时间为 5～7 s。均衡风缸减压量为 240～260 kPa，撒砂装置自动撒砂。<br>⑰ 单阀手柄置缓解位 12～15 s，制动缸压力开始逐渐缓解到 0。<br>⑱ 单阀复原作用应良好，制动缸压力不应回升。<br>⑲ 自阀缓解作用应良好，各压力表压力恢复正常。调压器作用检查：总风缸压力降到（750±20）kPa 时空气压缩机开始泵风；总风缸压力升到 900 kPa 时，空气压缩机应停止泵风。空气压缩机泵风时间，从 750 kPa 升至 900 kPa，双空气压缩机为 30 s 以内，单空气压缩机不超过 60 s |
| 6 | 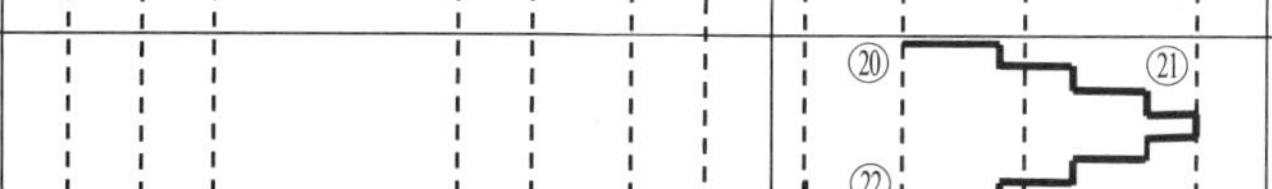 | ⑳ 单阀制动作用应良好。<br>㉑ 阶段制动应稳定，制动缸压力达 300 kPa。<br>㉒ 阶段缓解作用应良好 |
| 7 | 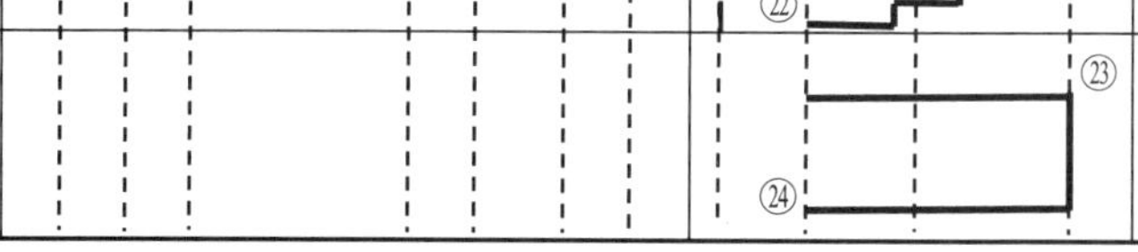 | ㉓ 制动缸压力由 0 上升到 300 kPa 的时间应在 3 s 以内。检查制动缸活塞行程，应符合规定。<br>㉔ 制动缸压力由 300 kPa 降到 35 kPa 以下的时间应在 4 s 以内 |

## 活动 9.2.2 JZ–7 型制动机常见故障原因分析

【活动要点】：① JZ–7 型制动机检查中 35 种常见故障原因分析。
② JZ–7 型制动机运用中 33 种常见故障原因分析。

### 1. JZ–7 型制动机检查中常见故障原因分析

#### 故障 1

**故障现象：**均衡风缸、列车管定压、工作风缸压力均为 0 kPa。
**故障原因：**单独缓解管堵塞。

#### 故障 2

**故障现象：**均衡风缸、列车管、工作风缸压力均为 0 kPa。
**故障原因：**自阀调整阀弹簧取出或未装入。

#### 故障 3

**故障现象：**均衡风缸、列车管、工作风缸压力与总风缸压力一致，自阀调整阀排风口排风。
**故障原因：**自阀调整阀膜板破。

#### 故障 4

**故障现象：**均衡风缸、列车管、工作风缸压力为 100～300 kPa。
**故障原因：**自阀调整阀手轮松。

#### 故障 5

**故障现象：**均衡风缸、列车管、工作风缸压力与总风缸压力接近，自阀调整阀紧固。
**故障原因：**自阀调整阀膜板右侧缩口风堵。

#### 故障 6

**故障现象：**均衡风缸、列车管、工作风缸压力均为 0。
**故障原因：**中均管堵塞（有 20 kPa 过充压力），中继阀总风缸管堵塞。

## 故障 7

**故障现象：**控制风缸压力低于或者高于 600 kPa。

**故障原因：**控制风缸调整阀调整压力低于或者高于规定压力 20 kPa 以上。

## 故障 8

**故障现象：**列车管压力下降每分钟超过 20 kPa。

**故障原因：**列车管漏泄每分钟超过 20 kPa。

## 故障 9

**故障现象：**均衡风缸压力不降，自阀排风口不排风。

**故障原因：**自阀调整阀压板螺母排风孔堵塞。

## 故障 10

**故障现象：**均衡风缸、列车管减压正常，机车不制动，单阀正常。

**故障原因：**分配阀、列车管塞门关闭，或者变向阀卡死在分配阀侧。

## 故障 11

**故障现象：**自阀、单阀都不起制动。

**故障原因：**作用阀 14#管堵塞。

## 故障 12

**故障现象：**制动缸压力不按比例上升，且不保压（自缓），工作风缸表针指示压力先下降，制动缸压力跟着下降。

**故障原因：**工作风缸及其管系漏泄。

## 故障 13

**故障现象：**制动缸增压正常，不保压（自缓）；工作风缸与制动缸压力同时下降。

**故障原因：**降压风缸及其管系漏泄。

## 故障 14

**故障现象：** 制动缸压力表指针忽上忽下。
**故障原因：** 作用风缸堵塞。

## 故障 15

**故障现象：** 制动缸压力上升不成比例，拉单缓时工作风缸下降快，制动缸缓解慢。
**故障原因：** 工作风缸堵塞。

## 故障 16

**故障现象：** 制动缸压力上升至常用限压阀限制压力。
**故障原因：** 主阀供气阀漏，或者主阀小膜板上方缩孔堵塞。

## 故障 17

**故障现象：** 制动缸压力低于或高于 340～360 kPa。
**故障原因：** 常用限压阀调整压力高于或低于规定压力 20 kPa 以上。

## 故障 18

**故障现象：** 拉单缓，单阀柱塞排风口不排风，机车不缓解。
**故障原因：** 单缓管堵塞（工作风缸无压力）。

## 故障 19

**故障现象：** 拉单缓，单阀手柄不能自动回到运转位。
**故障原因：** 自阀复原弹簧未装或取出。

## 故障 20

**故障现象：** 均衡风缸压力不降，列车管压力下降 240～260 kPa。
**故障原因：** 均衡风缸与列车管表管倒装。

## 故障 21

**故障现象：**中继阀不自锁，列车管压力下降。
**故障原因：**中均管泄漏。

## 故障 22

**故障现象：**没有过充压力，过充压力缩口风堵不排风。
**故障原因：**过充管靠自阀侧堵塞。

## 故障 23

**故障现象：**没有过充压力，过充压力缩口风堵排风。
**故障原因：**中继阀过充管堵塞。

## 故障 24

**故障现象：**过充压力不能消除，过充风缸缩口不排风。
**故障原因：**过充风缸堵塞，或过充风缸缩口风堵堵塞。

## 故障 25

**故障现象：**制动缸压力上升到 340～360 kPa。
**故障原因：**紧急限压阀弹簧未装或取出。

## 故障 26

**故障现象：**制动缸压力高于或低于 450 kPa。
**故障原因：**紧急限压阀调整压力高于或低于规定压力 20 kPa。

## 故障 27

**故障现象：**不能自动撒砂。
**故障原因：**6#管（撒砂管）堵塞。

## 故障 28

**故障现象：**制动缸风压只能升到 100～150 kPa。
**故障原因：**单阀手轮全松。

## 故障 29

**故障现象：**制动缸压力低于或高于 300 kPa。
**故障原因：**单阀调整阀调整压力低于或高于规定压力 20 kPa 以上。

## 故障 30

**故障现象：**不制动。
**故障原因：**单独作用管堵塞，或单阀调整阀弹簧取出。

## 故障 31

**故障现象：**制动缸压力超过 650 kPa。
**故障原因：**单阀调整阀手轮全松。

## 故障 32

**故障现象：**拉单缓，单缓柱塞排风口不排风；推单缓，机车制动缸无压力。
**故障原因：**单阀座垫装反。

## 故障 33

**故障现象：**自阀从过减位移回最小减压位，列车管压力跟随均衡风缸上升，但自阀在过充位时列车管没有过充压力。
**故障原因：**自阀前端盖总风通路堵塞。

## 故障 34

**故障现象：**自阀制动时，制动缸按 1:2.5 的压力上升，不保压，最大减压量达 400 kPa 以上；自阀在过减位时，制动缸压力在 600 kPa 以上；自阀在非常位时，制动缸压力追总风缸压力。

**故障原因：**紧急限压阀止阀弹簧取出或未装，或者紧急限压阀柱塞第 2 道 O 形圈破损。

### 故障 35

**故障现象：**自阀最大减压量达 180～200 kPa，过减位减压量达 240～260 kPa，非常位压力正常，缓解不稳定（制动缸），有时不完全缓解。

**故障原因：**常用限压阀弹簧未装或取出。

**2. JZ–7 型制动机运用中常见故障**

### 故障 1

**故障现象：**总风遮断阀口关闭不良。

**故障原因：**遮断阀胶垫不平整、阀口损伤、有异物，或阀体直径为 2 mm 的通气孔堵塞且阀套 O 形圈密封不良。

### 故障 2

**故障现象：**自阀手柄在前两位时正常，但在后五位时主阀排气口排气不止。

**故障原因：**主阀空心阀杆上端 O 形圈密封不良。

### 故障 3

**故障现象：**工作风缸最大增压时间超过 60 s。

**故障原因：**工作风缸充气止回阀充气限制堵堵塞。充气限制堵孔径为 1.2 mm，堵塞后将会影响工作风缸增压速度，使工作风缸压力由 0 增至 480 kPa 的时间超过 60 s。

### 故障 4

**故障名称：**均衡风缸泄漏。

**故障现象：**

① 均衡风缸大漏时，均衡风缸和制动管均无压力。

② 均衡风缸小漏时，自阀手柄在前两位时均衡风缸和制动管增压慢。

③ 自阀手柄在制动区时，均衡风缸降压快。

④ 客货车转换阀置货车位时，制动管降压快，且大于均衡风缸减压量，但制动管保压良好（减压量大时制动管压力可降至 0，甚至使机车产生紧急制动作用）。

自阀手柄在取柄位时，均衡风缸排气时间小于 4 s，制动管压力正常。

## 故障 5

**故障名称：**中均管泄漏。

**故障现象：**自阀手柄在前五位时，与均衡风缸泄漏表现相同；自阀手柄在取柄位时，均衡风缸排风速度正常，制动管压力逐渐下降。

## 故障 6

**故障名称：**制动管泄漏。

**故障现象：**

① 当自阀手柄在前两位时，均衡风缸增压正常，制动管增压缓慢。

② 当客货车转换阀在货车位时，自阀手柄在制动区和过减位时均衡风缸排气速度正常，但制动管不保压。

③ 当自阀手柄在取柄位时，不论客货车转换阀在哪个位置，制动管均不保压。

## 故障 7

**故障名称：**均衡风缸、制动管、中均管泄漏。

**故障原因：**

① 客货车转换阀置货车位，若自阀手柄在制动区、过减位、取柄位时制动管都不能保压，说明制动管泄漏。

② 自阀手柄在制动区、过减位时制动管保压良好，但在取柄位时制动管却不保压，说明中均管泄漏。

③ 制动管保压良好，但降压快，自阀手柄置在前两位时制动管增压缓慢，说明均衡风缸及其管路泄漏。

## 故障 8

**故障名称：**均衡风缸、制动管、中均管大漏。

**故障原因：**

① 自阀手柄在运转位时均衡风缸压力正常，但制动管无压力，说明制动管大漏。

② 自阀手柄在运转位、制动区、过减位时，均衡风缸和制动管都无压力；自阀手柄在取柄位时，均衡风缸压力正常，制动管仍无压力，说明中均管大漏。

③ 自阀手柄无论在哪个位置均衡风缸和制动管都无压力，且拧紧调整阀手轮也不起作用，说明均衡风缸及其管路大漏。

## 故障 9

**故障名称：** 中继阀排风口排风不止。

**故障原因：** 双阀口式中继阀的供气部分漏泄或排气部分漏泄，都会使排气口排气不止。将自阀手柄置运转位，将调整阀手轮全部松开，若制动管追随均衡风缸压力降至 0 后即停止排气，说明排气部分漏泄；如果压力降为 0 后仍然排气不止，说明供气部分漏泄。

## 故障 10

**故障名称：** 总风遮断阀管 8 或通路 8a 半堵。

**故障现象：** 自阀制动后手柄移回运转位，均衡风缸立即正常增压，但制动管须过一会儿待遮断阀口开启后才能正常增压。

**故障原因：** 将自阀手柄置制动区，将客货车转换阀置客车位，若二位柱塞阀尾端排气，说明通路 8a 半堵；若排气缓慢则说明总风遮断阀管 8 半堵。

## 故障 11

**故障名称：** 工作风缸内漏和外漏。

**故障原因：** 自阀制动后，工作风缸内漏和外漏，都会使机车不制动或制动后自然缓解。若工作风缸压力降至与制动管压力相同便不再下降，说明工作风缸内漏；若降至压力相同后工作风缸与制动管压力仍继续同时下降，则说明工作风缸外漏。

**注意：** 外漏指工作风缸及其管路泄漏，将压力空气漏至大气。内漏有两种情况：① 当工作风缸充气止回阀胶垫不平整、阀口有损伤、有异物，将工作风缸压力空气漏入制动管；当副阀柱塞或阀套尾端 O 形圈密封不良时，将工作风缸压力空气漏入降压风缸。

## 故障 12

**故障名称：** 作用阀排风口排风不止。

**故障原因：** 当作用阀中供气阀橡胶底面不平整，或阀座有异物、伤痕时，会造成供气部分漏泄；当空心阀杆顶面有伤痕、异物或阀杆上部 O 形圈密封不良时，会造成排气部分漏泄。供气或排气部分泄漏，都会使作用阀排气口排风不止。

将单阀手柄置运转位，自阀手柄在各位置时都会使作用阀排风口均排风不止，说明供气部分泄漏；自阀在前两位时正常，仅在后五位时排风不止，说明排气部分泄漏。

## 故障 13

**故障名称：**单阀调整阀盖下方缺口排气不止。

**故障原因：**单阀调整阀供气或排气部分泄漏，均会使阀盖下方缺口排风不止。若单阀手柄在各个位置时都排气不止，说明供气部分泄漏；若单阀手柄仅在制动区时才排气不止，说明排气部分泄漏。

## 故障 14

**故障名称：**分配阀与作用阀故障。

**故障原因：**

① 使用自阀操纵时，机车制动、缓解不良，但使用单阀制动时一切正常，说明分配阀故障。

② 使用单阀、自阀操纵，机车制动、缓解均不良，说明作用阀故障。

## 故障 15

**故障名称：**变向阀柱塞 O 形圈密封不良。

**故障原因：**

① 自阀制动时，操纵端单阀调整阀盖下方缺口排风不止；单阀制动时，主阀排风口排风不止，说明分配阀变向阀柱塞 O 形圈密封不良。

② 自阀操纵正常，但单阀制动时非操纵端单阀调整阀盖下方缺口排风不止，说明单作管变向阀柱塞 O 形圈密封不良。

## 故障 16

**故障名称：**变向阀柱塞卡滞。

**故障原因：**

① 自阀制动有效，但单阀制动无效，说明分配阀变向阀柱塞卡滞在单作管侧。

② 单阀制动有效，自阀制动无效，但自阀制动后移回运转位时，主阀排气口排气正常，说明柱塞卡滞在作用风缸管侧。

③ 自阀制动有效，单阀一端制动有效，另一端制动无效，说明单作管变向阀柱塞卡滞。

**处理方法：**将制动阀手柄移至制动无效时的作用位置，然后轻轻敲击故障变向阀体，一般情况下故障便能自行消失。

## 故障 17

**故障名称：**作用风缸、管堵塞。

**故障原因：**

① 当作用风缸、管均堵塞时，单阀制动正常，自阀制动开始时工作风缸表针上下摆动，主阀排风口间断排风。

② 仅作用风缸堵塞时，机车能产生制动作用，机车制动缸表针也会上下摆动，作用阀排风口间断排风。

③ 当通往分配阀变向阀的作用风缸支管堵塞时，机车不能制动，作用阀排风口不排风，仅工作风缸表针上下摆动，主阀排气口间断排风。

## 故障 18

**故障名称：**限压阀泄漏。

**故障原因：**当常用限压阀柱塞 O 形圈密封不良或紧急限压阀止阀关闭不良时，均会造成限压阀泄漏。当制动管减压量小于常用限压阀所限制的压力范围时，无故障现象；当制动管减压量和机车制动缸增压量均大于常用限压阀所限制的压力范围时，限压阀虽在限压位，但机车制动缸却仍可继续增压，最高可增至与总风缸压力相同。

## 故障 19

**故障名称：**制动管与作用风缸间 O 形圈密封不良。

**故障现象：**

① 当自阀手柄在前两位时，制动管增压缓慢，主阀排气口排气不止。

② 当自阀手柄在制动区时，制动管压力漏入作用风缸，使制动管压力逐渐下降，制动缸压力上升，两者压力平衡时制动管停止降压，制动缸压力停止上升。

③ 当自阀手柄在紧急制动位时，作用风缸压力漏入制动管，使自阀凸轮盒排风口排风不良。

## 故障 20

**故障名称：**副阀部充气阀排风口排风不止。

**故障原因：**

① 当自阀手柄在前两位时排风不止，说明副阀柱塞或阀套端部第一道 O 形圈密封不良，

将制动管压力空气漏入局减室所致。

② 当自阀手柄在后五位时，充气阀仅在作用位时其排风口才排风不止，说明充气阀柱塞或阀套端部第一道 O 形圈密封不良，将局减室压力空气漏入排风口所致。

## 故障 21

**故障名称：** 工作风缸与制动管漏泄。

**故障原因：** 自阀手柄在前两位时，若工作风缸与制动管泄漏，会使制动管增压缓慢。自阀制动后，若制动管泄漏，则工作风缸压力正常，制动缸压力随制动管泄漏而逐渐增高；若工作风缸泄漏，其压力会逐渐下降，机车自然缓解。

## 故障 22

**故障名称：** 降压风缸泄漏。

**判断依据：** 自阀制动正常，保压一段时间后机车突然自行阶段缓解，工作风缸压力阶段下降，制动缸压力降至 0 后，制动管和工作风缸压力同时下降。

## 故障 23

**故障名称：** 主阀供气阀漏泄。

**判断依据：** 当自阀手柄在前四位时，主阀排气口排气不止；当自阀手柄在后三位时，若机车制动缸压力增至限压阀所限制的压力，则主阀排气口停止排气。

## 故障 24

**故障名称：** 自阀手柄在制动区时机车紧急制动。

**故障原因：**

① 均衡风缸管堵塞。此原因会使均衡风缸容积大大缩小，这可通过检查均衡风缸的排风速度来断定。

② 分配阀的紧急放风阀第一排风堵与第二排风堵装错或堵塞。

③ 紧急放风阀充气限制堵被污物堵塞。

## 故障 25

**故障名称：** 过充压力消除过快引起自然制动。

**故障原因：**

制动管最小减压量理论计算值为 41.5 kPa，其假设前提如下：

① 制动缸缓解弹簧的阻力是按制动缸活塞最大行程 200 mm 时取值 35 kPa 计算的，实际上初压缩阶段阻力达不到 35 kPa，制动缸活塞行程也远小于 200 mm。

② 副风缸与制动缸容积比按 3.25 计算，但实际值要大于 3.25。

③ 目前使用的三通阀具有局部减压作用，这一特点在确定最小减压量时也未考虑。

因此，实际最小减压量小于 40 kPa。根据试验，制动管减压 20 kPa 以上时，列车就能产生制动作用。所以，当制动管内过充压力消除过快（实际减压量超过 20 kPa）时，就会产生自然制动。

**注意：**以上分析旨在阐述过充压力消除过快产生自然制动的原因，并不证明最小减压量理论计算值有任何错误，实际操作中绝对不允许随意降低最小减压量。

## 故障 26

**故障现象：**自阀手柄在制动区，客货车转换阀在货车位，自阀手柄向运转位方向移动（未达到运转位）过程中制动管压力仍能上升。

**故障原因：**

① 缓解柱塞阀组装尺寸不正确，使总风缸管与通路 8a 不能全部沟通或不通（柱塞尾部到套端面的距离为 7.5 mm）。

② 阀体内的 8a 通路堵塞或铸造通路清砂不净。

③ 凸轮盒内胶垫挤死。

④ 客货车转换阀柱塞组装尺寸不正确（柱塞尾端到体端面距离为 8.55 mm）。

## 故障 27

**故障名称：**自阀调整阀盖下方缺口排风不止。

**故障原因：**当调整阀柱塞 O 形圈密封不良、供气阀座损伤（关闭不良）或供气阀弹簧卡滞、过软时，均会造成供气部分泄漏。当膜板破裂、压紧螺母松动、排气阀座损伤（关闭不良）或排气阀弹簧卡滞、过硬时，均会造成排气部分泄漏。供气部分和排气部分泄漏，均会使自阀调整阀盖下方缺口排气不止。（均衡风缸使用 1.5 级压力表，其灵敏度低于自阀调整阀的压力表灵敏度，故压力表指针一般不会上下摆动。）

**判别方法：**自阀手柄移至取柄位，使用调整手轮将调整弹簧全部松开，均衡风缸压力降至 0，若缺口停止排气，说明排气部分泄漏；若均衡风缸压力不能降至 0，或降至 0 后缺口仍然排气不止，说明供气部分泄漏。

## 故障 28

**故障现象：**正向连挂列车后，自阀手柄移至取柄位，换端后移回运转位，制动管不充风。

**故障原因：**自阀手柄由运转位直接移至取柄位后换端操纵，是一种不正确的操纵方法。

连挂列车后这样换端，再将手柄由取柄位移回运转位时，机车分配阀中紧急放风阀将自动开启。此时若将制动软管连接妥当，并恰好开放列车和机车制动管折角塞门，则制动管容积立即增大，制动管充风速度降低，不能强行将紧急放风阀口关闭，因为关闭该阀口会造成空气压缩机泵风不止，制动管由中继阀充风的同时，又由紧急放风阀口直接将所充气体排向大气，致使制动管始终不能增压。

**处理方法：**自阀手柄移至紧急制动位，待紧急放风阀口自行关闭后，再将自阀手柄移回运转位。

## 故障 29

**故障名称：**施行紧急制动时，自阀的放风口卡住。

**故障原因：**因自阀制动管上未装设管道滤尘器，施行紧急制动时制动管内的煤渣等异物便向自阀的放风阀运动。当异物的当量直径与放风阀口开度大致相同，并运动至放风阀口时，便会将放风阀口卡住，造成放风阀口不能关闭。

**处理方法：**可将自阀手柄在过充位及紧急位之间反复移动几次，同时轻轻敲击放风阀体。若仍不能使异物自行排出，可将司机室地板下方自阀制动管上的塞门关闭后换端操纵，或解体清扫自阀的放风阀。

## 故障 30

**故障名称：**非操纵端自阀手柄误置运转位。

**故障现象：**操纵端自阀施行制动时，均衡风缸减压正常，但制动管压力下降，操纵端中继阀排风口排风不止。

**处理方法：**非操纵端自阀手柄移离运转位。

## 故障 31

**故障名称：**自阀制动后，机车压力单缓至 0，制动管泄漏增加。

**故障原因：**自阀制动后，副阀由制动位自动转至保压位。机车压力单缓至 0，副阀仍处保压位，但充气阀由作用位自动转至缓解位，副阀部形成了这样一条通路：制动管—副阀—局减止回阀—充气阀排风口，所以使制动管泄漏增加。另外，若单阀将工作风缸压力排至低于制动管压力时，制动管将经工作风缸充气止回阀向工作风缸补风，制动管泄漏更大。

## 故障 32

**故障名称：**均衡风缸减压 240 kPa 的排风时间大于 7 s。

**故障原因：**

① 排气阀开度不足。调整阀柱塞组装尺寸过短［原形为（61.1+0.3）mm］、脏物堵塞使其动作不灵活、排气阀弹簧力较弱，均会使排气阀开度不足。

② 均衡风缸排气缓慢。

③ 膜板螺母孔径小于 1.3 mm。

**注意：**均衡风缸排气时间过长，会增加机车空走时间，延长制动距离，易发生行车事故，运行中遇此故障，必要时应及时施行紧急制动。

## 故障 33

**故障名称：**均衡风缸最大减压量排风时间小于 4 s。

**故障原因：**当均衡风缸内积水过多、有泄漏处所，或膜板螺母孔径大于 1.3 mm 时，均会使均衡风缸排气速度过高，排气时间过短。

**注意：**均衡风缸排气速度过高，会使制动管排气速度同样增高，当制动管排气速度大于 650～750 kPa/s 时，常用制动就会产生紧急制动作用。

## 【考核评价】

**1. 自我评价**

① 自我考核：JZ–7 型制动机“七步闸”试验、常见故障及其处理方法描述。

② 自我评价（见表 9–7）。

**表 9–7　自我评价（每项满分为 10 分）**

| 序号 | 评价内容 | 得分 | 亮点 |
|---|---|---|---|
| 1 | 课前知识查阅、调研完成情况 | | |
| 2 | 课前、课中与人协作沟通表现 | | |
| 3 | JZ–7 型制动机“七步闸”试验、常见故障及其处理方法掌握情况 | | |
| 4 | 课前、课中学习态度表现 | | |

**2. 小组评价（见表 9–8）**

**表 9–8　小组评价（每项满分为 10 分）**

| 序号 | 评价内容 | 得分 | 亮点 |
|---|---|---|---|
| 1 | 课中学习态度表现 | | |
| 2 | 课前、课中与人协作沟通表现 | | |
| 3 | JZ–7 型制动机“七步闸”试验、常见故障及其处理方法掌握情况 | | |

**3. 教师评价（见表 9–9）**

表 9–9　教师评价（每项满分为 10 分）

| 序号 | 评价内容 | 得分 | 亮点 |
|---|---|---|---|
| 1 | 课前知识查阅、调研完成情况 | | |
| 2 | 课中参与及协作情况 | | |
| 3 | 掌握 JZ–7 型制动机“七步闸”试验、常见故障及其处理方法的效果 | | |

**【教师建议】**

课前进行 JZ–7 型制动机“七步闸”试验及检查内容查阅，课中熟悉 JZ–7 型制动机“七步闸”试验及检查操作。通过小组讨论，掌握 JZ–7 型制动机试验及运用中常见故障的分析、判别方法。

# 任务 9.3　CCB Ⅱ型制动机认知

**【任务描述】**

在实训教学中，需要提供 $HX_N5$ 型内燃机车所用的 CCB Ⅱ型制动机实训系统，每 10 人一台。为了增强学生的认知，可将学生分成若干小组，以小组为单位，对照实物，学习 $HX_N5$ 型内燃机车 CCB Ⅱ型制动机组成部件，熟悉各部件的安装位置，并展开针对性的讨论。

**【学习目标】**

| | |
|---|---|
| 知识目标 | 了解 CCB Ⅱ型制动机的总体概况，掌握其主要制动部件的控制关系 |
| 能力目标 | 能指出 CCB Ⅱ型制动机主要制动部件的安装位置 |
| 素质目标 | 养成细致、认真的工作作风；养成独立分析问题的良好习惯 |

## 活动　熟悉 CCB Ⅱ型制动机

**【活动要点】**：① 司机室制动部件。
② 空气设备柜制动部件。
③ 电子设备柜制动部件。

**1. 司机室的制动部件**

司机室内安装有电子制动阀、智能显示屏、双针压力表、紧急制动阀、停放制动阀等部件，如图 9–1 所示。

副司机操纵台设置了电子制动阀、智能显示屏和紧急制动阀等部件。另外，在司机室左侧墙壁上还设置了停放制动阀。

**2. 空气设备柜的制动部件**

在司机室地板下方，机车右侧的空气设备柜内安装有电空制动控制单元（EPCU）、停放制动减压阀和客车供风减压阀等部件，如图 9–2 所示。

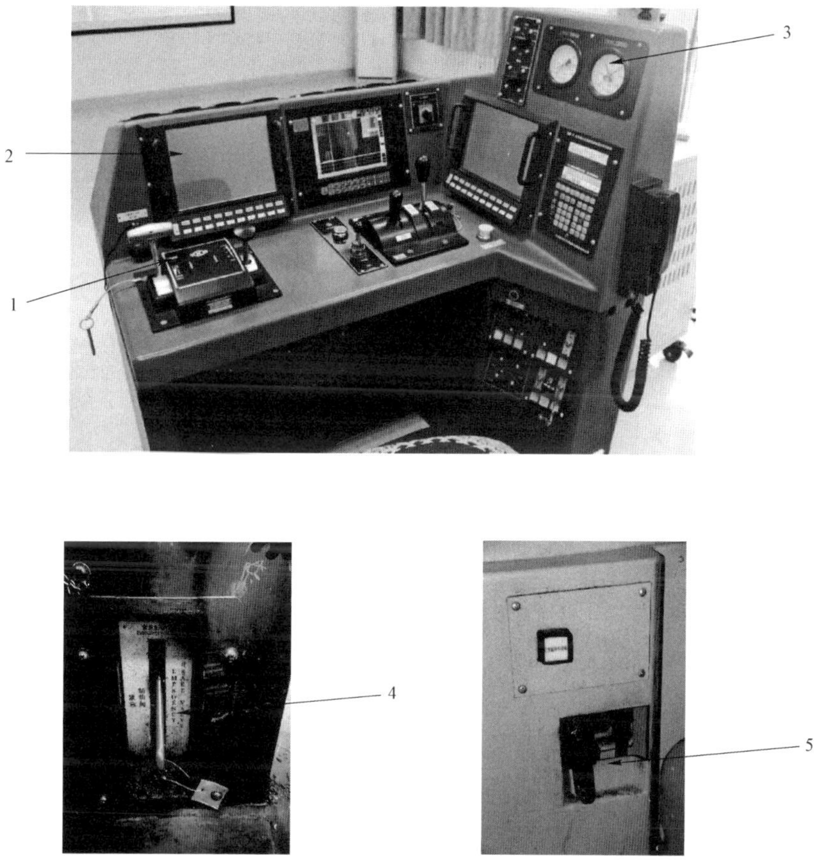


1—电子制动阀；2—智能显示屏；3—双针压力表；4—紧急制动阀；5—停放制动阀。

图 9–1　$HX_N5$ 型内燃机车司机室主要制动部件

**3. 电气设备柜的制动部件**

在电气设备柜内安装有集成处理器模块（IPM）、继电器接口模块（RIM）等部件，如图 9–3 所示。

1—电空制动控制单元（EPCU）；2—停放制动减压阀；3—客车供风减压阀。

图 9–2　$HX_N5$ 型内燃机车空气设备柜的主要制动部件

1—集成处理器模块（IPM）；2—继电器接口模块（RIM）。

图 9–3　$HX_N5$ 型内燃机车电气设备柜的主要制动部件

## 【考核评价】

### 1. 自我评价

① 自我考核：CCB Ⅱ 型制动机主要制动部件布置描述。

② 自我评价（见表 9–10）。

**表 9–10　自我评价（每项满分为 10 分）**

| 序号 | 评价内容 | 得分 | 亮点 |
|---|---|---|---|
| 1 | 课前知识查阅、调研完成情况 | | |
| 2 | 课前、课中与人协作沟通表现 | | |
| 3 | CCB Ⅱ 型制动机主要制动部件布置掌握情况 | | |
| 4 | 课前、课中学习态度表现 | | |

### 2. 小组评价（见表 9–11）

**表 9–11　小组评价（每项满分为 10 分）**

| 序号 | 评价内容 | 得分 | 亮点 |
|---|---|---|---|
| 1 | 课中学习态度表现 | | |
| 2 | 课前、课中与人协作沟通表现 | | |
| 3 | CCB Ⅱ 型制动机主要制动部件布置掌握情况 | | |

**3. 教师评价（见表 9–12）**

表 9–12　教师评价（每项满分为 10 分）

| 序号 | 评价内容 | 得分 | 亮点 |
|---|---|---|---|
| 1 | 课前知识查阅、调研完成情况 | | |
| 2 | 课中参与及协作情况 | | |
| 3 | 掌握 CCBⅡ型制动机主要制动部件布置的效果 | | |

**【教师建议】**

课前进行 CCBⅡ型制动机主要制动部件相关知识查阅，课中通过小组研讨的方式，掌握 CCBⅡ型制动机主要制动部件的位置及控制关系，为故障处理打好基础。

# 任务 9.4　CCBⅡ型制动机检查与故障处理

**【任务描述】**

在实训教学中，需要提供 CCBⅡ型制动机实训系统，每 10 人一套。为了增强学生的操作练习效果，可将学生分成若干小组，以小组为单位进行 CCBⅡ型制动机“五步闸”试验操作，学习 CCBⅡ型制动机主要故障的分析、处理方法，并展开针对性的讨论。

**【学习目标】**

| | |
|---|---|
| 知识目标 | 掌握 CCBⅡ型制动机“五步闸”试验操作步骤及各步检查内容 |
| 能力目标 | 能正确进行制动机试验操作，并且根据相关现象进行故障判断 |
| 素质目标 | 养成细致、认真的工作作风；养成利用理论分析实际问题的良好习惯；能够比较自如地与他人沟通、协作完成工作 |

## 活动 9.4.1　CCBⅡ型制动机“五步闸”试验

**【活动要点】**：① CCBⅡ型制动机“五步闸”试验步骤。
② CCBⅡ型制动机“五步闸”试验各步检查内容。

**1. 试验前的准备工作**

① 制动显示屏初始化正常，模式设置为本务、货车、不补风，管压为 500 kPa（客车为 600 kPa）。

② 确认总风缸压力为 750～900 kPa，均衡风缸、制动管压力为 500 kPa，制动缸压力为 0。

③ 缓解停放制动，确认停放制动指示灯熄灭。

④ 电子制动阀（EBV）自动制动手柄、单独制动手柄放置在运转位。

**2.“五步闸”试验程序及检查内容**

“五步闸”试验程序及检查内容如表 9–13 所示。

**表 9–13 “五步闸”试验程序及检查内容**

| 步骤 | 设置 | 自动制动手柄 | | | | | | | 单独制动手柄 | | | | 检查内容 |
|---|---|---|---|---|---|---|---|---|---|---|---|---|---|
| | | 运转 | 初制 | 制动 | 全制 | 抑制 | 重联 | 紧急 | 侧缓 | 运转 | 制动 | 全制 | |
| 1 | 本机/不补风 | 1 | | | | | 4 | 2 | 3 | | | | ① 总风缸压力为 750～900 kPa，制动缸压力为 0，均衡风缸压力为 500 kPa，列车管压力为 500 kPa。<br>② 列车管压力在 3 s 内降为 0，制动缸压力在 3～5 s 内升至 200 kPa，并继续增压至 450 kPa，均衡风缸压力降为 0，紧急制动倒计时 60 s 开始。<br>③ 制动缸压力下降为 0，手柄复位后制动缸压力恢复。<br>④ 60 s 倒计时结束后操作，列车管、均衡风缸、制动缸压力不变 |
| 2 | 本机/不补风 | 5, 6, 10 | | | 7, 8 | 9 | | | | | | | ⑤ 均衡风缸增压至 500 kPa、列车管增压至 480 kPa 的时间不大于 9 s，制动缸压力下降为 0。<br>⑥ 等 60 s 使系统各风缸充满风。<br>⑦ 均衡风缸在 5～7 s 内减压到 360 kPa，列车管减压到均衡风缸压力±10 kPa，制动缸在 6～8 s 增压到 360 kPa。<br>⑧ 保压 1 min，均衡风缸压力泄漏不大于 7 kPa，列车管压力泄漏不大于 10 kPa，制动缸压力变化不大于 25 kPa。<br>⑨ 各压力无变化。<br>⑩ 均衡风缸增压至 500 kPa，列车管增压至 500 kPa，制动缸压力下降为 0 |
| 3 | 本机/不补风 | 14 | 11 | | | | 13 | | 12 | | | | ⑪ 充满风后，均衡风缸减压 50 kPa，列车管减压到均衡风缸压力的±10 kPa，制动缸增压到 70～110 kPa。<br>⑫ 制动缸压力下降为 0，手柄复位后制动缸压力不恢复。<br>⑬ 均衡风缸以常用制动速率减压为 0，列车管减压至 55～85 kPa 后保持，制动缸增压至 450 kPa。<br>⑭ 均衡风缸增压至 500 kPa，列车管增压至 500 kPa，制动缸压力下降为 0 |
| 4 | 本机/不补风 | | | 19 | | | | | | 16, 18 | | 15, 17 | ⑮ 阶段制动，制动缸压力阶段上升，全制动时制动缸压力为 300 kPa。<br>⑯ 阶段缓解，制动缸压力阶段下降，运转位时制动缸压力下降为 0。<br>⑰ 制动缸压力在 2～3 s 上升到 280 kPa，最终为（300±15）kPa。<br>⑱ 制动缸压力在 3～5 s 降到 35 kPa 以下。<br>⑲ 均衡风缸减压 100 kPa，列车管减压到均衡风缸压力的±10 kPa，制动缸增压到 230～250 kPa |
| 5 | 单机 | 22 | | | 20 | | | | 21 | 24 | | 23 | ⑳ 均衡风缸减压 140 kPa，列车管压力保持不变，制动缸压力保持不变。<br>㉑ 制动缸压力下降为 0，手柄复位后制动缸压力不恢复。<br>㉒ 均衡风缸增压至 500 kPa，列车管压力保持不变，制动缸压力保持不变。<br>㉓ 制动缸压力在 2～3 s 上升到 280 kPa，最终为 300 kPa。<br>㉔ 制动缸压力在 3～5 s 降到 35 kPa 以下 |

注：试验完毕，机车恢复本机/不补风状态设置。

## 活动 9.4.2　常见故障分析、判断及处理方法

【活动要点】：① 了解与 CCBⅡ型制动机电子空气制动（EAB）操作有关的机车故障症状及处理方法。

② 了解 IPM 故障/诊断代码的含义及处理措施。

### 1. 与 EAB 操作有关的机车故障

与 CCBⅡ型制动机电子空气制动（EAB）操作有关的机车故障症状如表 9–14 所示。

**表 9–14　与 CCBⅡ型制动机电子空气制动（EAB）操作有关的机车故障症状**

| 症状 | 故障排除步骤 |
| --- | --- |
| 空气制动故障（air brake fault） | 显示器将显示一个 3 位数故障代码，在代码后显示提示文字。记下这个 3 位数故障代码，并查阅 IPM 故障/诊断代码表，寻找改正措施 |
| 系统不自检 | 显示器将显示一个 4 位数故障代码，在代码后显示故障提示信息。记下这个 4 位数故障代码，并查阅“EAB 自检故障代码”，寻找改正措施 |
| 动力切除开关（PCS）不能清除或不能缓解制动 | （1）放置自动制动手柄在“抑制”位并等待处罚清除。如果“Penalty Source Still Present（处罚来源仍存在）”信息出现，将有必要复位处罚来源。处罚来源被复位后，移动自动制动手柄到“运转”位。检查并确认 ER 和 EP 两个压力是否都升高。如果 ER 压力升高而 BP 压力不升高，见症状“不能给制动管充风”。如果 ER 压力和 BP 压力确实升高，或者如果二者都不升高，到步骤（2）。<br>（2）保证司机控制器主手柄在“隔离”位而换向器手柄在“中间”位。放置自动制动手柄在“抑制”位并监测诊断追踪信息。给微处理器模块（IPM）加动力周期。检查并确认在 IPM 上电过程中“PCS Negated”信息是否出现。如果“PCS Negated”出现在追踪信息中，但是机车 PCS 灯仍亮着，须更换 IPM。如果问题还存在，则更换继电器接口模块（RIM），并从 IPM 经 RIM 到机车 PCS 检查接线的连续性。如果“PCS Negated”没有出现在追踪信息中，说明一个“紧急”或“处罚”来源是活动的，必须将其清除 |
| 不能给制动管充风 | （1）保证机车设置是“牵引车接入”。移动自动制动手柄到“运转”位。保证 ER 充风到缓解设置（60～110 psi）。如果 ER 不充风，见症状“动力切除（PCS）开关不能清除或不能缓解制动”。<br>（2）隔离机车（关闭端角塞门）并重复步骤（1）。如果 BP 现在充风但以前不充风，检查列车是否漏泄，或没有连接。<br>（3）至少 10 次“急剧地”放置电子制动阀（EBV）自动制动手柄到“紧急”位，复位紧急制动，并移动自动制动手柄到“运转”位。如果 BP 压力升高，说明问题由 EBV 上 21 放风阀卡住引起。<br>（4）如果 BP 压力向 ER 压力升高，但是达不到 ER 压力（在 EPCU 听到空气吹动之声），则更换 BPCP（可能是继电器脏）。如果 BP 压力根本不升高，则更换 IPM（可能是二进制输出故障） |
| 在机车上自动制动不能被单独缓解 | （1）保证平均管塞门是关闭的。<br>（2）运行 CCBⅡ自检。如果自检通过，则更换 EBV（可能是单独缓解开关/总线故障）。如果自检未通过，报告故障代码，寻找改正措施 |
| 当有电阻制动时，自动制动不单独缓解 | 把机车放在电阻制动位置 1，并保证 DBI 阀接线盒在 BC 部分有电压。测量空气制动接线盒端子 47 和 48（电缓解）的电压。如果电压为零，问题不在空气制动系统。如果电压不为零，则须更换制动缸控制部分（可能是 DBI 电磁阀故障） |
| 不能建立制动缸压力 | （1）保证机车被设置到“本机投入”，保证转向架制动缸是接入的。<br>（2）用自动制动手柄进行制动作用，注意制动管压力是否降低。<br>（3）在制动缸控制部分检查是否有空气吹动之声，如果没有，从 EPCU 总管到转向架制动缸检查机车管路的完整性 |
| 不能进入空气制动远程对话（自检、标定、事件记录等） | 保证主手柄位于“隔离”位 |
| LCDM 变黄，LED 显示管闪烁 | LCDM 重新启动。如果不能解决问题，则更换 LCDM |

## 2. IPM 故障/诊断代码（见表 9–15）

表 9–15　IPM 故障/诊断代码

| 故障代码 | 描述 | 被……探测 | 故障原因 | 改正措施 | 若问题尚存，请尝试： |
|---|---|---|---|---|---|
| 001 | ERCN 故障 | IPM | ERCN 脉冲损失 4 s | 可以在备份模式下作为牵引机车使用，直到进车间，运行中应保证 ERCP 模块的 LON 电缆安装牢固。断电恢复 | 检查 ER 控制节点上的黄灯，如果黄灯稳定或闪烁，则重装程序或更换 ERCP。如果动力重起后红灯仍亮，则更换 ERCP |
| 002 | ERCP AW4 故障 | ERCP | ER>825 或在 10 s 内压力不在 –35～35 kPa 范围内 | 可以在备份模式下作为牵引机车使用，直到进车间。进行 ER 自检。如果自检通过，断电恢复来清除备份模式；如果失败，则更换 ERCP | 检查管路柜后部的软管和风缸 |
| 003 | ERT 故障 | ERCP | 传感器输出电压大于 4.5 V 或小于 0.5 V | 可以在备份模式下作为牵引机车使用，直到进车间。断电恢复 | 更换 ERCP |
| 004 | MRT 故障 | ERCP | 传感器输出电压大于 4.5 V 或小于 0.5 V，或者 IPM 探测传感器信号被停止发送 15 s | 可以在备份模式下作为牵引机车使用，直到进车间。断电恢复 | 更换 ERCP |
| 006 | MVER 失电关闭 | ERCP | 输出反馈显示失电 | 可以在备份模式下作为牵引机车使用，直到进车间。进车间后更换 ERCP | |
| 008 | MRT 故障 2（MRT 备份） | BPCP | 传感器输出电压大于 4.5 V 或小于 0.5 V，或者 IPM 探测传感器信号被停止发送 15 s | 系统可不带流量指示操作。在下次进车间时更换 BPCP | |
| 009 | FLT 故障 | BPCP | 传感器输出电压大于 4.5 V 或小于 0.5 V | 系统可不带流量指示操作。在下次进车间时更换 BPCP | |
| 010 | BPT 故障 | BPCP | 传感器输出电压大于 4.5 V 或小于 0.5 V，或者 IPM 探测传感器信号被停止发送 15 s | 系统将用备份传感器操作。如果故障仍然存在，断电恢复后，在下一次进车间时更换 BPCP | |
| 014 | MV53 失电打开 | BPCP | 连续性损失 | ① 设置制动系统为断电状态，并以气动备份状态把机车作为拖车使用。<br>② 更换 BPCP | |
| 016 | BPCN 故障（BP 通信丢失） | IPM | BPCN 损失脉冲信号 4 s | AB 系统断电恢复 | 检查 BP 控制节点上的黄灯，如果黄灯稳定或闪烁，则重装程序或更换 BPCP。如果断电恢复后红灯仍亮，则更换 BPCP |
| 017 | MVEM 得电，打开 | BPCP | 输出反馈显示得电 | 如果系统持续处于紧急制动状态，则设置系统断电，并以气动备份状态把机车作为拖车使用，直到下次进车间。进车间后更换 BPCP | |

续表

| 故障代码 | 描述 | 被……探测 | 故障原因 | 改正措施 | 若问题尚存，请尝试： |
|---|---|---|---|---|---|
| 018 | MVEM 失电关闭 | BPCP | 输出反馈显示失电 | 产生紧急情况的备份模块失效。机车可操作，直到进车间。进车间后更换 BPCP | |
| 025 | MV13S 得电打开 | 13CP | 输出反馈显示得电 | 检查机车是否正被单独缓解。如果是，设置系统断电，并以气动备份状态把机车作为拖车使用。如果不是，机车可以作为牵引机车使用，直到下次进车间。进车间后更换 13CP | |
| 026 | MV13S 失电关闭 | 13CP | 输出反馈显示失电 | 按拖车使用，直到进车间。紧急情况的单缓和单缓的备用模式失效时更换 13CP | |
| 027 | MV13E 得电关闭 | 13CP | 输出反馈显示得电 | | |
| 028 | MV13E 失电打开 | 13CP | 输出反馈显示失电 | | |
| 031 | 13CN 故障（13 通信丢失） | IPM | 13CN 丢失脉冲信号 10 s | 按拖车使用，直到进车间。紧急情况的单缓和单缓的备用模式失效时更换 13CP | 检查 13 控制节点上的黄灯，如果黄灯稳定或闪烁，则重装程序或更换 LRU。如果断电恢复后红灯仍亮，则更换 13CP |
| 032 | MVERBU 得电打开 | 16CP | 输出反馈显示得电 | 可以在备份模式作为牵引机车使用，直到进车间。若断电恢复后故障仍存在，则更换 16CP | 更换 13CP。如果故障在更换 16CP 和 13CP 后仍存在，检查 LON 电缆 |
| 033 | MVERBU 失电关闭 | 16CP | 输出反馈显示失电 | 可以在备份模式作为牵引机车使用，直到进车间。若断电恢复后故障仍存在，则更换 16CP | 更换 13CP。如果故障在更换 16CP 和 13CP 后仍存在，检查 LON 电缆 |
| 036 | 16CP AW4 故障（AW4–16 故障） | 16CP | 16 号管压大于 690 kPa 或在 10 s 内压力不在 –35 ～ 35 kPa 范围内 | 可以在备份模式作为牵引机车使用，直到进车间。若断电恢复后故障仍存在，则更换 16CP | 检查制动柜后部的软管和风缸 |
| 037 | 16T 故障 | 16CP | 传感器输出电压大于 4.5 V 或小于 0.5 V，或者 IPM 探测传感器信号被停止发送 15 s | 可以在备份模式作为牵引机车使用，直到进车间。进车间后更换 16CP | |
| 038 | MV16 得电打开 | 16CP | 输出反馈显示得电 | 可以在备份模式作为牵引机车使用，直到进车间。若断电恢复后故障仍存在，则更换 16CP | |
| 039 | MPV16 失电关闭 | 16CP | 输出反馈显示失电 | 可以在备份模式作为牵引机车使用，直到进车间。进车间后更换 16CP | |
| 048 | BPT 故障 2（BPT 备份） | 16CP | 传感器输出电压大于 4.5 V 或小于 0.5 V，或者 IPM 探测传感器信号被停止发送 15 s | 可以在备份模式作为牵引机车使用，直到进车间。若断电恢复后故障仍存在，则更换 16CP | |

续表

| 故障代码 | 描述 | 被……探测 | 故障原因 | 改正措施 | 若问题尚存，请尝试： |
|---|---|---|---|---|---|
| 049 | BCT 故障 | 16CP | 传感器输出电压大于 4.5 V 或小于 0.5 V | 机车可以不带 BC 表使用。建议按补机或无动力使用，直到进车间。进车间后更换 16CP | |
| 052 | 16CN 故障（16 通信丢失） | IPM | 16CN 丢失脉冲信号 4 s | 机车可以不带 BC 表使用在备份模式。建议按补机或无动力使用，直到进车间。更换 16CP，保证 LON 电缆安装牢固。断电恢复 | 检查 16 控制节点上的黄灯，如果黄灯稳定或闪烁，则重装程序或更换 16CP。如果断电恢复后红灯仍亮，则更换 16CP |
| 055 | 20CP AW4 故障（AW–4–20 故障） | 20CP | 在 10 s 内压力不在规定值 –35 ～ 35 kPa 范围内 | 进行 20 自检。如果自检通过，通过断电恢复来清除备份模式。如果自检不能通过，设置到“补车”模式。进车间后更换 20CP | 检查制动柜后部的软管和风缸 |
| 056 | 20T 故障（20T/拖车故障） | 20CP | 传感器输出电压大于 4.5 V 或小于 0.5 V | 设置到补机模式，若单独制动压力有轻微漏泄，则在进车间后更换 20CP | |
| 057 | MVLT 得电打开 | 20CP | 输出反馈显示得电 | 可以在备份模式作为牵引机车使用，直到进车间。若断电恢复后故障仍存在，则更换 20CP | |
| 058 | MVLT 失电关闭 | 20CP | 输出反馈显示失电 | 设置到补机模式，进车间后更换 20CP | |
| 062 | 20CN 故障 | IPM | 20CN 丢失脉冲信号 4 s | 保证 LON 电缆安装牢固，断电恢复。如果故障还存在，设置为补机模式以气动备份状态使用 | 检查 20 控制节点上的黄灯，如果黄灯稳定或闪烁，则重装程序或更换 20CP。如果断电恢复后红灯仍亮，则更换 20CP |
| 075 | 自动制动手柄失效 | EBV | 电位计输出电压小于最小值 | 设置到补机模式，更换 EBV | |
| 076 | 单独制动手柄失效 | EBV | 电位计输出电压小于最小值 | 设置到补机模式，更换 EBV | |
| 077 | 限位开关打开 | EBV | 自动制动手柄或单独制动手柄故障 | 将手柄移离故障位置，再将手柄移回 | 更换 EBV |
| 085 | EBVCN 故障 | IPM | EBVCN 丢失脉冲信号 6 s | 保证 LON 电缆牢固安装在 EBV 连接器和 PSJB、J100 上。断电恢复 | 检查 EBV 控制节点上的黄灯，如果黄灯稳定或闪烁，则重装程序或更换 EBV。如果断电恢复后红灯仍亮，则更换 EBV |
| 090 | IPMCN 故障（LON 通信丢失） | IPM | LON 网信息丢失达 1.5 s | 断电恢复 | 从 IPM 到 RIM 到 PSJB 检查电缆。如果电缆良好，则更换 IPM |
| 098 | BPT 和 BPT2 故障 | IPM | BPT 和 BPT2 备份故障 | 断电恢复。如果故障仍存在，设置系统断电，并按补机方式以空气动备份状态使用 | 检查 BP 控制节点上的黄灯，如果黄灯稳定或闪烁，则重装程序或更换涉及的 LRU。检查 LON 电缆连接。如有必要，更换 BPCP 和 16CP |
| 099 | 故障 20TL（20T/本机车故障） | 20CP | 传感器输出电压大于 4.5 V 或小于 0.5 V | 断电恢复。如果故障还存在，设置到补机模式，使系统断电。进车间后更换 20CP | |
| 100 | ER 备份并伴有代码 036、051、052 | 16CP | ER 备份，并且 036、037、052 故障 | 设置到补机模式 | |

## 【考核评价】

### 1. 自我评价

① 自我考核：对“五步闸”试验操作及 CCBⅡ型制动机常见故障处理方法描述。

② 自我评价（见表 9–16）

表 9–16　自我评价（每项满分为 10 分）

| 序号 | 评价内容 | 得分 | 亮点 |
| --- | --- | --- | --- |
| 1 | 课前知识查阅、调研完成情况 | | |
| 2 | 课前、课中与人协作沟通表现 | | |
| 3 | “五步闸”试验操作及 CCBⅡ型制动机故障处理熟练程度 | | |
| 4 | 课前、课中学习态度表现 | | |

### 2. 小组评价（见表 9–17）

表 9–17　小组评价（每项满分为 10 分）

| 序号 | 评价内容 | 得分 | 亮点 |
| --- | --- | --- | --- |
| 1 | 课中学习态度表现 | | |
| 2 | 课前、课中与人协作沟通表现 | | |
| 3 | “五步闸”试验操作及 CCBⅡ型制动机故障处理熟练程度 | | |

### 3. 教师评价（见表 9–18）

表 9–18　教师评价（每项满分为 10 分）

| 序号 | 评价内容 | 得分 | 亮点 |
| --- | --- | --- | --- |
| 1 | 课前知识查阅、调研完成情况 | | |
| 2 | 课中参与及协作情况 | | |
| 3 | 掌握“五步闸”试验操作及 CCBⅡ型制动机故障处理的效果 | | |

## 【教师建议】

课前进行 CCBⅡ型制动机“五步闸”试验方法、内容查阅，课中熟练掌握 CCBⅡ型制动机“五步闸”试验方法及常见故障处理方法，为以后从事相关工作打好基础。

# 参考文献

[1] 王连森. 内燃机车检修［M］. 2 版. 北京：中国铁道出版社，2015.

[2] 吴书峰. 内燃机车总体［M］. 北京：中国铁道出版社，2017.

[3] 王连森. 内燃机车检修专业实训指导书［M］. 北京：中国铁道出版社，2008.

[4] 杨兆昆. 东风 $_4$ 型内燃机车乘务员［M］. 2 版. 北京：中国铁道出版社，2001.

[5] 曹国丽，杨兆昆，宋兆昆. 东风 $_7$ 型内燃机车乘务员［M］. 北京：中国铁道出版社，2002.

[6] 许建林，崔亚伟，于彦良. 内燃机车检修新技术［M］. 北京：北京交通大学出版社，2018.

[7] 北京铁路局. $HXN_5$ 型内燃机车乘务员手册［M］. 北京：中国铁道出版社，2011.

[8] 于欣杰. 内燃机车驾驶专业实训指导书［M］. 北京：中国铁道出版社，2008.

[9] 鲍维千. 机车总体及转向架［M］. 北京：中国铁道出版社，2010.

[10] 莫坚. 电力机车检修. 北京：中国铁道出版社，2008.